小学语文说课指导

曹爱卫 著

江西教育出版社
JIANGXI EDUCATION PUBLISHING HOUSE

·南昌·

赣版权登字-02-2021-686
版权所有 侵权必究

图书在版编目（CIP）数据

小学语文说课指导 / 曹爱卫著. —— 南昌：江西教育出版社，2022.1（2023.5 重印）
　　ISBN 978-7-5705-2675-8

Ⅰ.①小… Ⅱ.①曹… Ⅲ.①小学语文课－教学研究 Ⅳ.①G623.202

中国国家版本馆CIP数据核字（2021）第223990号

小学语文说课指导
XIAOXUE YUWEN SHUOKE ZHIDAO
曹爱卫　著

江西教育出版社出版
（南昌市学府大道299号　邮编：330038）

出 品 人：熊　炽
责任编辑：曾　琴
美术编辑：张　延

各地新华书店经销
江西省和平印务有限公司印刷
700毫米×1000毫米　　16开本　　18印张　　241千字
2022年1月第1版　　2023年5月第2次印刷

ISBN 978-7-5705-2675-8
定价：58.00元

赣教版图书如有印装质量问题，请向我社调换　电话：0791-86710427
总编室电话：0791-86705643　　编辑部电话：0791-86708350
投稿邮箱：JXJYCBS@163.com　　网址：http://www.jxeph.com

序

说课，教师专业成长的有效路径

说课，是开展教学研究非常有效的一种手段。为了说好课，教师会更深入地学习教育教学理论，研究学生和教材，设计教学实施方案，等等。说课，成了提高教师素质，培养造就研究型、学者型教师的有效途径之一。

但，不少小学语文教师因为对说课本身缺乏基本的认知，对说课的内容和要求也缺乏必要的了解，更谈不上准确区辨说课类型、模式、评价标准等，所以，不能很好地根据活动要求和目的，清晰地思考自己在说课活动中该"说什么"、该"怎么说"、"为什么要这么说"等问题，导致说课成效不够理想。

爱卫老师对教学和教学管理有自己独特的思考。二十三年的一线教学经历，使她积淀了丰厚的教学经验，并转化成了教学设计的能力，形成了"有智有趣"的语文教学风格，出版过《低年级语文这样教》《低年级阅读这样教》《玩转绘本创意读写》等专著。十六年的学校管理经历和六年的区域教研员经历，使她对教学活动组织的目的和要求把握准确。站在这样的一个位置上看说课，也就更高远、更全面。从《小学语文说课指导》的整体架构中，即可见一斑。

爱卫老师就说课的特点、原则、意义和作用，谈了自己对小学语文说课的认识，再围绕教材、学情、教学目标、教学方法、教学程序、板书设计、练习设计和教学反思等，详细阐述了小学语文说课的内容与要求。我们知道，目前，小学语文说课除了有等级评比型，还有教学研究型、典型示范型等，不同的说课类型，其模式也是不一样的。但很少有教师意识到这种差别，往往会用同一个模子去套不同的说课活动。爱卫老师意识到了这种做法的问题所在，她在书中的第三章，就和大家分享了小学语文说课的类型与模式，有效指导教师有针对性地开展说课。

当然，说课除了要有一份漂亮的说课稿之外，在准备过程中和说课现场，还要有一些技巧。说课稿怎么写，技巧是什么，爱卫老师指点的方法简单、实用。最后，她还对当前小学说课的评价进行了"揭秘"，说课教师阅读后，对评委或评说者的关注点就有了了解，可谓"知己知彼"，说课的时候，就不会慌乱了。

此外，在这本书里，爱卫老师还就语文学科的不同课型和不同的说课类型，提供了20多份说课范例，让每一位读者清晰地"看见""听见"到底该怎么说课。

爱卫老师的这本说课专著，既继承了教育界前辈的观点主张，又有效展示自己的所思所想。相信每一位遇到它、阅读它的教师，都能汲取教育教学的养分，不断提升自己的教育教学水平。

是为序。

薛法根

2021年10月26日

目录

上编　说课理论

第一章　认识小学语文说课　3

第一节　什么是说课　3

第二节　小学语文说课的特点　7

第三节　小学语文说课的原则　9

第四节　小学语文说课的意义和作用　12

第二章　小学语文说课的内容与要求　14

第一节　说教材——要找准教学坐标点　14

第二节　说学情——要真实客观　21

第三节　说教学目标——要清晰准确　25

第四节　说教学方法——要实用可操作　29

第五节　说教学程序——要清楚完整、凸显核心环节　34

第六节　说板书——要突出重点、简洁美观　41

第七节　说练习设计——要有效、可选择　48

第八节　说教学反思——要紧扣实践、改进教学　52

第三章　小学语文说课的类型与模式　55

第一节　小学语文说课的类型　55

第二节　小学语文说课的模式　59

第四章　小学语文说课稿的撰写　63

第一节　小学语文说课稿撰写的特点　63

第二节　小学语文说课稿撰写的注意事项　74

第五章　小学语文说课的技巧　77

第一节　说课前的准备技巧　77

第二节　说课过程中的表现技巧　81

第六章　小学语文说课的评价　84

第一节　说课评价的基本原则　84

第二节　说课评价的内容　87

第三节　说课评价表的设计　91

下编　说课实践

第七章　教学研究型说课　97

第一节　一年级识字课《古对今》说课稿　97

第二节　一年级阅读课《小猴子下山》说课稿　105

第三节　二年级阅读课《狐假虎威》说课稿　113

第四节　二年级写话课《猫和老鼠》说课稿　122

第五节　三年级口语交际课《身边的"小事"》说课稿　130

第六节　四年级阅读课《观潮》说课稿　139

第七节　五年级略读课《红楼春趣》说课稿　147

第八节　六年级阅读课《文言文二则·书戴嵩画牛》说课稿　155

第八章　等级评比型说课　162

第一节　一年级识字课《小书包》说课稿　162

第二节　二年级阅读课《当世界年纪还小的时候》说课稿　169

第三节　二年级识字课《树之歌》说课稿　175

第四节　三年级阅读课《古诗三首·三衢道中》说课稿　183

第五节　四年级阅读课《西门豹治邺》说课稿　189

第六节　四年级阅读课《乡下人家》说课稿　195

第七节　六年级阅读课《少年闰土》说课稿　201

第九章　典型示范型说课　209

第一节　一年级口语交际课《我说你做》说课稿　209

第二节　一年级阅读课《乌鸦喝水》说课稿　218

第三节　二年级双绘本创意读写课《最奇妙的蛋》《古利和古拉》说课稿　227

第四节　三年级阅读课《童年的水墨画》说课稿　234

第五节　三年级下册"复述故事"单元说课稿　242

第六节　五年级自选文本《朋友》说课稿　252

第七节　六年级阅读课《我的伯父鲁迅先生》说课稿　264

参考文献　277

后记　279

上编 说课理论

第一章
认识小学语文说课

第一节 什么是说课

一、说课的起源

"说课"是我国特有的一种开展教学研究、考评教师专业能力的方式。

"说课"这个名词的出现及"说课"被作为一种单独的教研形式进行运用和推广，可以追溯到20世纪80年代末。

1987年6月底，河南省新乡市各县要选拔一些优秀选手参加市教坛新秀评选。可当时已临近学期结束，学校的课都已上完了，无法再像以往那样，通过课堂教学评比的方式来遴选参赛选手。怎么办？新乡市红旗区教研室出台了新的办法：让参评教师来说说他们的教学设计，以代替讲课。事后，教研室的同志都觉得这种办法效果不错，不仅能真实、客观地反映出教师的知识水平、教学能力和个人素质，还比讲课评比更省时高效、简便易行。他们套用影视、戏剧场中的导演"说戏"，把这种活动称为"说课"[1]。从此，"说课"这个有着全新概念的名词和全新内容的教研形式，便登上了我国广阔的教育、教学大舞台。

---

[1] 秦忠义、董丞明：《说课探索》，河南教育出版社，1993，第21页。

二、说课的定义

丁昌田先生在其主编的《核心素养导向的说课》一书中,对"说课"定义如下:"说课是教师通过刻苦钻研教材,探讨教学方法,从而实践教学的手段,是不断提高教师教育、教学业务素养的一种行之有效的方法,同时也是深化教育改革后,对教师进一步学习教育理论,用科学手段指导教学实践,提高教学科研水平,增强教学基本功训练的一项内在要求。"[1]

方贤忠先生在其主编的《如何说课》一书中,是这样定义"说课"的:"'说课'是教学改革中涌现出来的新生事物,是进行教学研究、教学交流与探讨的一种教学研究形式。说课是教师备课基础上的理性思考,它有利于提高教师的理论素养和驾驭教材的能力,也有利于提高教师个人在同伴之间的语言表达能力,因而受到教师与教育研究者的广泛重视,登上了教育研究的大雅之堂。"[2]

叶建云、林高明、朱其珠等学者在所编著的《说课实战训练教程(小学数学卷)》里,对"说课"是这样定义的:"说课,就是教师通过对教育目标的分析,结合教材和学生实际情况,针对某一教学内容(某一课题、某一问题、某一观点)口头表达其教学设想及其理论依据。说课的主体是教师,客体是专家、领导和其他听众。它以讲述为主,可采取讲解、讨论、演示、探究等方式。简单地说,说课就是预设教学目标。"[3]

…………

综合各位专家、学者的意见,结合个人的思考和实践,笔者认为"说课"不可或缺的几个要素是:

1.有具体的"说"和"听"的对象

"说者",毫无疑问是教师。"听者",丁昌田先生的论述里没有明确指

---

[1] 丁昌田主编《核心素养导向的说课》,天津教育出版社,2018,第1页。
[2] 方贤忠编著《如何说课》,华东师范大学出版社,2008,第1页。
[3] 叶建云、林高明、朱其珠编著《说课实战训练教程(小学教学卷)》,福建教育出版社,2012,第1页。

出，方贤忠先生的论述里提到了"同伴"，而叶建云等学者则明确提出了是"专家、领导和其他听众"。"听者"到底应该是谁？这得根据"说课"的目的和形式等决定。如果教师仅仅是为了厘清自己对教学内容的思考、明确教学的过程与方法等，如师范毕业生要去参加教师招聘的说课，头天晚上自己进行模拟练习，则"听众"有可能就是自己。但如果是骨干教师要通过说课比赛，实现晋级、评优等，在练习时，"听众"有可能就是自己的同伴，而在正式参赛时，"听众"就是专家、评委。

2. 有明确的内容和要求

"说课"一定有具体的内容，可以是某一课、某一单元等，但其重要的一点，必须是亲自上的或自己备的课，如果说别人上的课或别人备的课，就不能被称为"说课"。要求说课者深入解读教材、全面分析真实学情，结合相关教学理论进行教学设计，即要求说课者在备课基础上进行理性思考。因此，"说课"的要求必须有具体的教学过程及其理论依据，缺少具体教学过程或其理论依据，同样不能称为"说课"。

3. 有多样化的形式

"说课"是一种教学研究、教学能力评价的形式，"说课"的目的不同，"说课"的功能指向也不同。有的"说课"是为了对教学进行深入探讨，其功能指向教学研究；有的"说课"是为了和他人交流自己对教学的思考，其功能指向是教学交流；也有的"说课"，是为了参加招聘、遴选等，其功能指向是教学能力评价。其中，最后一种是教学能力评价的新形式。具体说的方式，以口头表达为主，辅以实物演示、图像、板书等方法来阐述。

4. 有专业、有对象感的语言

"说课"有"说"和"听"的具体对象，是一种言语交际行为，因此对教师的语言表现力就有较高要求，要求思路清晰、简洁明快、有节奏感。又因"说"的是"课"，语言还必须体现学科教学的专业性。如小学语文说课，在理性思考的层面上，就比其他学科讲究文学性。一个语文老师说课，如果语言干瘪、用词贫瘠，给听者的印象就肯定不佳。

简言之,"说课"是一种有具体"说"和"听"的对象的言语交际行为,是教师对课程及教材内容进行深入解读,在全面分析学情的基础上,结合相关教学理论开展教学设计,并用口头语言辅以实物演示、图像、板书等方法,向听的对象(领导、同事、评委等)述说自己对这一教学内容的分析及教学设计和理论根据的过程。

第二节 小学语文说课的特点

说课，使教师的教学构思，从静态思维走向动态思维，从隐性思维走向显性思维。教师要在规定的时间里，说清楚自己上的课是什么，打算怎样上课，为什么要这样上课，这样上课的理论依据是什么，以及这样上课后预期效果会怎样等。让听者知其然，还知其所以然。这正是说课的独特之处。

一、简便性

说课操作简便，不受时间、空间、人员的限制，又不涉及授课对象——学生，相比课堂教学，可操作性要强很多。如果采用课堂观摩的形式，小学语文一节课一般是40分钟，一天只能安排6节课，且要考虑学生的可接受度。以小学语文优质课评比为例，评比活动一般是放在同一所学校进行，若参赛选手多，就要安排两天甚至三天，往往会出现同一个班级多次拉出来"被上课"的情况，操作繁复且对学校正常教学影响较大。而说课一般每人15~20分钟，只需一间多媒体设施齐备的教室，一天可安排15~20人，效率就大大提高了。

所以说，说课能很好地解决教学与研究、理论与实践相脱节的问题。

二、深刻性

教师平时所写的小学语文教学设计，通常只有这几部分：教材解读、教学目标和教学过程。且这几部分内容的编写，不外乎参考与教材配套的教师教学用书、相关名师与骨干教师的教学设计，还有自己的教学经验。"看一看""摘一摘""改一改"，一份教案基本上就完成了。这样的教学设计编写，是非常浅显的，缺乏深入的思考。即便是一些参赛课的教学设计，也是参考他人再加团队研讨的成果，对教师个体而言，系统、深入的思考也是欠缺的。

而说课，教师不但要说清楚教什么，还要说明为什么这么教以及这样教的科学性、可行性、高效性的理论依据和现实意义。也就是说，教师要结合教育学、心理学、教学法等理论去阐明课程与教材、教法与学法、程序与练习设计等方面的关系，理清"课理"，讲清各个环节的安排，清楚说明"怎么想""怎么做""为什么这么做"及其理论应用的必然性。[①]

所以，说课的过程是教师从理论高度审视教学、认识教学规律的过程。

三、探究性

从前期的准备到正式说课再到说后交流、反思，这是一个不断探究、不断深入思考的过程。

说课前，是教师个人对教学内容进行深入的解读，立足课程标准及课程内容进行全面研究，并对学生的学习情况进行调查和分析，在做好这些工作的基础上撰写好说课稿。

正式说课，是教师面对听者（专家、评委、老师等）进行说课。为了保证说课具有良好的效果，教师必须根据现场情况及观察听者的反应随时调整策略与内容等。比如，说课结束时间快到了，该如何快速收尾；比如，听者注意力不是很集中，该如何通过语调、语速的变化或其他方式，吸引其注意力。

课后交流、反思。如果是教学研究型说课，课后肯定有交流，那么如何与听者进行对话，获得指教？若是等级评比型说课，评委不会当场给出意见和建议，自己如何跟进反思，获得进步？这些都是说课者需要进一步思考的。

所以，说课的整个过程，都充满了探究性。

当然，说课并非"万般皆好事"，也有其局限性。课说得再好，也是"纸上谈兵"，是无法看见教师课堂应对、课堂理答的智慧的，很难考察教师课堂的组织能力。另外，说课无法看见课堂上学生学习的真实情况，无法"真实地遇见"课堂是如何生成的。因此，在实际教学中，的确会有"说得好"但"上不好"，或"说不好"但"上得好"的现象。

[①] 叶建云、林高明、朱其珠编著《说课实战训练教程（小学数学卷）》，福建教育出版社，2012，第6页。

第三节　小学语文说课的原则

毫无疑问，说课正日益成为提升教学理论水平、促进教师专业发展的一条快捷又高效的通道。说课和其他教学研究活动一样，必须遵循一定的原则。根据说课的特点，需遵循"教学原则"和"教学设计编写及其说明原则"。

李秉德先生主编的《教学论》里，提出的教学原则包括：教学整体性原则、启发创造原则、理论联系实际原则、有序性原则、师生协同原则、因材施教原则、积累与熟练原则、反馈调节原则和教学最优化原则。[①]

根据说课的特点与属性，参照教学原则，说课的原则可归纳为以下几条：

一、科学性原则

科学性原则是保证说课教学质量的前提和基础。没有科学性，说课就是在沙上建塔，毫无根基可言。说课的科学性原则，主要体现在以下几个方面：

1. 教材分析透彻，处理恰当

教师从什么角度解读教材，决定了说课的高度。现行小学语文学科用的是全国统编的教材。同一个知识点或能力点，在教科书里呈螺旋上升的态势，学生在不断深化学习的过程中，掌握某一项知识或技能。因此，教师不但要弄清楚知识点和能力点本身的内涵及外延，还要梳理清楚知识点和能力点在整个教材体系中的位置。

2. 学情了解清楚，掌握全面

学生是学习的主体，教材分析得再精到，如果脱离了学习者的实际，

---

① 李秉德主编《教学论》，人民教育出版社，1999，第80—90页。

也不可能取得良好的学习效果。因此，说课科学性第二个方面就是要清楚地了解学情。要弄清楚学生的原有知识基础、已有的生活经验、已具备的学习能力以及学习心理特点等，全面、真实地了解学习的起点。

3. 教学目标精准，凸显核心

教学目标的制订，要符合《义务教育语文课程标准（2022年版）》的要求，结合教材和学生实际，不过度拔高，也不明显低于课程标准要求。说课时，要立足本学科的总目标，把本年级、本单元的目标分解到本课目标或本课时目标，彰显一课一得，说课时，必须凸显核心目标。

4. 教学设计开放，操作性强

教学设计主要包括教学程序设计、教学形式方法设计以及教学手段的有效应用。教学设计忌剧本式的线性设计，宜采用大板块呈现，要大气开放。一个板块一个学习活动，每个学习活动有具体的操作步骤。让听者听完后清楚课堂上学生在学什么，怎么展开学的过程，学完后又是怎么评价交流的。

二、整体性原则

不少教师认为，小学语文教学中的课文是相互独立的，所以，说这一课就只要研究该课的文本内容就可以了。这种看法，只看到了"课文"，没有看到"课程"。如果这样说课，说的只是这一课的知识和内容；如果是上课，上的也只是这一课的知识与内容。这就是典型的在"说课文""上课文"。

叶圣陶老先生早就说过，"课文无非是个例子"。语文学科期待学生通过课文的学习，学会语文课程知识和技能，并在学习过程中逐步明晰"为什么要学这些知识""在今后的真实生活情境中可以如何应用"。

在说课比上课有更广阔解说空间的基础上，说课应更重视对教学安排进行整体性的概述，将语文课程的特点与要求、学情的分析与设想、教材的解读与处理、目标的制订与实施、课外资源的整合与利用、教学方法的选择、学习活动的设计、板书的设计与呈现等，纳入整体构思的框架，按一定的逻辑顺序进行全面、深入的解说。

三、联结性原则

说课，说的是对教学的构思、设想，以及这样构思、这样设想的依据，是教学和研究的有机结合。因此，说课不仅要说教学的过程、方法等，还要结合过程的展开、方法的运用，说清楚相关的教育教学理念和教育教学理论，做到理论和实践的有机统一。

说课切忌从教学经验出发，而要把教师个体的教学经验上升到教育教学理论高度。如进行教材分析，在个人的文学鉴赏水平外，教师还要从小学语文学科的基础理论、小学语文课程标准以及教材编写意图出发来解读教材。再如学情分析，也不能停留在对学生的感性认知基础上，要以教育学、心理学的理论为依据。教学设计亦是如此，在彰显教师本人的教学风格的同时，要以教学论、小学语文学科教学方法等为指导。

四、特色性原则

说课，是基于理性思考后对课堂教学的预想。它和课堂教学一样，需要有独有的亮点和特色。因而，说课要充分发挥个人的专业特长，彰显个人的教学风格。比如，有的教师板画特别漂亮，且动作迅速，就可边说边画；有的教师多媒体运用非常熟练，就可把多媒体技术运用体现在说课上，做到扬长避短。对于听者来说，要善于发现说者的特色之处和创新之处，给予肯定和鼓励。在真诚的交流中，帮助教师不断提高理性认识，提高教学设计能力。

第四节　小学语文说课的意义和作用

说课，不仅能有效促进教师深入思考教学问题，在研究探讨中，促进教师从经验认知向专家思维转变，保证课堂教学的效益，还开辟了小学语文教学研究的新形式，教师的教学研究成果能及时分享，及时交流。其意义和作用主要有以下几个方面：

1. 丰富教学研究形式

传统的教案撰写、课堂观摩，"看见"的都是教师"准备怎么教"和"具体怎么教"，而对"为什么这么教"，要靠观摩者自己去体会揣摩。所以，同一节课会出现甲老师赞不绝口，而乙老师却不明所以。说课，以一种崭新的研究样态走向老师，让大家在参与的过程中，看得更清，想得更透，给教学研究活动注入全新的活力。

2. 提高教师专业素养

在说课的准备过程中，教师要深入钻研教材，对教学内容在整个课程体系里的定位有一个准确的认识，全面了解学情，把握学生学习的起点，还要学习相关的教育教学理论，汲取丰富的理论知识。如此，教师才能把理论和实践结合起来，对教学的实施进行建构。说课的展示与交流，能有效提高教师的理论素养和教学实践水平，使教师的教学思考更加专业。

3. 保证课堂教学效益

说课，有利于促进教师对教学进行较系统的思考与反思，对课堂教学的程序、方法、手段等从理论角度进行论证，并预期学习的成效。说课，是基于理性思考后对真实课堂教学的一种"预演"。还可通过与听者的交流，调整、完善教学设计中的不足。教师个体的深入思考加上他人的点拨指导，有利于教师加深对教学的理解，改进教学的实施，再进入课堂，就会胸有成竹了。经常进行这样的说课研讨，能有效保障课堂的教学成效。

4. 完善评价考核方式

对教师教学业务水平和能力的考察,大多是通过课堂教学观摩、评比,检查对学生作业指导、批改情况及教学质量监测等。因受时间和空间的限制,很多活动难以全面、全员、全程进行,而说课能有效弥补这些不足。说课不仅能看出一位教师的教学设计能力,以及其对课程、教学原理等的理解程度,还能很好地考察教师的语言表达力和临场表现力。

第二章
小学语文说课的内容与要求

在正式说课前,教师要先自报家门,让听者知道你是谁,来自哪所学校。如果是竞聘选拔,不能透露单位、姓名信息的,要告知参赛序号,便于评委确认。再报告自己说课的课题及本课题是哪个版本教材第几单元第几课,让听者有一个大致了解。

正式说课的内容,并非把本章阐述过的内容在每次说课中一成不变、样样落实。事实上,真实的说课,往往会根据不同的说课类型以及具体的要求,选择其中的几部分内容重点说,或者把几部分内容整合起来说,也有可能是将某些内容变着法说,如"课后反思",如果是课前说课,就有可能改成"说课亮点"等。总之一句话,"说课有章法,说课无定法"。

第一节 说教材—— 要找准教学坐标点

说教材,就是要准确、全面地解读教材。方贤忠先生认为,说教材要达到两个目的:"一是确定学习内容的范围与深度,明确'教什么';二是揭示学习内容中各项知识与技能的相互关系,为设计教学顺序定基础,知道'如何教'。"[1]

---

[1] 方贤忠编著《如何说课》,华东师范大学出版社,2008,第6页。

就小学语文学科来说,说教材首先要做的是进行"文本教学解读"。那"文本教学解读"和我们常见的"教材分析"区别在哪里呢?

"教材分析",着重对教科书里的文本进行分析,讲清楚"这个文本有什么"或者"这个文本讲了什么",而对于文本所说的、所讲的内容该如何从"教"和"学"的角度去分析,则基本上不涉及。

"文本教学解读",其侧重点恰恰在"教学"两个字上,是从"教"和"学"的角度去分析、解读教材。因此,更关注教学内容的纵横联系,理清楚本课的学习是建立在学生已经学了哪些相关知识的基础上,后面还将学习哪些知识,明确本课的学习在整个知识体系中处于什么位置。

以二年级下册《蜘蛛开店》为例,"教材分析"往往会这样写[1]:

《蜘蛛开店》是一篇有趣的童话故事。讲述的是一只蜘蛛因为寂寞、无聊决定开一家商店。他卖口罩,来了一只河马,他织口罩用了一整天。他卖围巾,来了一只长颈鹿,他织围巾足足忙了一个星期。他卖袜子,来了一条四十二只脚的蜈蚣,他吓得匆忙跑回网上。

课文故事情节简单,一波三折,内涵丰富。蜘蛛从"卖口罩"改成"卖围巾",再改成"卖袜子",想的都是"织起来很简单";他卖东西的价格,总是"每位顾客只需付一元钱"。蜘蛛思维方式简单,处事方式简单,偏偏迎来了三个特殊的顾客:嘴巴最大的河马、脖子最长的长颈鹿、脚最多的蜈蚣,导致口罩、围巾、袜子织起来都很不简单,他最后"吓得匆忙跑回网上"。

童话故事具有结构反复的特点。"卖口罩""卖围巾""卖袜子"三个部分,故事情节类似,写法相似,都是按照蜘蛛想卖什么、写招牌、顾客是谁、结局怎样的顺序来叙述的。在"卖什么""写招牌""顾客来了"这些段

---

[1] 人民教育出版社、课程教材研究所、小学语文课程教材研究开发中心编著《义务教育教科书教师教学用书(语文 二年级 下册)》,人民教育出版社,2018,第213页。

落，语言的内容和形式也很相似。如，"就卖口罩吧，因为口罩织起来很简单""还是卖围巾吧，因为围巾织起来很简单""还是卖袜子吧，因为袜子织起来很简单"，三个句子内容相似，句式结构相同，都是因果倒置，先出示结果，后说明原因。又如，三次写招牌，内容都是"每位顾客只需付一元钱"，商品变了，付费却一成不变，表明了蜘蛛思维简单，办事不够灵活。河马、长颈鹿、蜈蚣出场，也采用相同的句式"顾客来了，是……"，先说顾客来了，后说来的是谁，暗示了蜘蛛由高兴到失望甚至被惊吓的情绪变化。

课文有三幅插图，与故事内容相对应。第一幅图是蜘蛛正忙着给河马织大口罩，河马笑眯眯地看着蜘蛛。第二幅图是蜘蛛正忙着给长颈鹿织围巾，长颈鹿嘴角上扬，很享受的样子。第三幅图是蜘蛛看到来了一条四十二只脚的蜈蚣，吓得目瞪口呆，立刻逃走，蜈蚣张大嘴巴、伸出双手，似乎想喊住蜘蛛。

从"教材分析"的角度看，这样的分析已经是很细致、很全面，把文本内容、故事结构、语言特点、课文插图等进行了全方位阐述，让读者对教材"讲了什么"、教材里"有什么"一目了然，所以，对"教什么"也就一清二楚了。但这正如教师教学用书里该板块的标题所示，是"教材分析"，是对教学内容的分析和阐述，而对"怎么教"基本没有涉及。

如果从"文本教学解读"的角度，又可以怎样阐述呢？请看下文：

《蜘蛛开店》是一篇童话故事。因为寂寞、无聊，蜘蛛想开一家编织店，可他却害怕困难，尽挑"看上去很简单"的口罩、围巾、袜子来编织，结果每次都遇到让他头疼的顾客：他开口罩编织店，河马来买口罩，花了整整一天的工夫才织好；他开围巾编织店，长颈鹿来买围巾，足足忙了一个星期才织完；他开袜子编织店，结果一条四十二只脚的蜈蚣来买袜子！吓得他直接逃回家里。

课文共15个生字，根据故事内容随机出现，因此，从字形和字义上，均较难进行归类学习。教学时,可随文学习,在语境中理解字词意思并在此基础上进行识记。如借助课题,结合生活经验,认识"店";结合第一段的朗读,回应"蜘蛛为什么开店",学习"蹲、寂寞"等字词,把生字的识记、词义的理解和故事的讲述融合在一起;根据"蜘蛛开了哪些店",分类呈现词组:口罩编织店、围巾编织店、袜子编织店,再用字形溯源比较认识"罩",看图理解识记"编",利用形声字规律识记"袜"等。

从言语能力发展看,教材课后的语文要素是"根据示意图讲故事""展开想象,续编故事"。这两个语文要素的确定,是极其符合这一文本的。教学时,示意图可以反复多次运用:一是在整体感知故事时,借助示意图,讲述故事内容;二是借助示意图,抓住关键词语,讲好故事片段;三是回归整体,第三次借助示意图,结合关键词,把整个故事讲得更具体、更生动。"展开想象编故事",则根据前面故事的逻辑及故事结尾处蜘蛛"吓得匆忙跑回网上"的提示,引导学生揣摩蜘蛛的内心活动,如:"哇,蜈蚣这么多的脚,我得给他织多少袜子呀!真是太辛苦了,我还是赶紧溜吧。""给蜈蚣织这么多袜子,我还不得累死啊!这事不能干,还是关门的好!"还可以继续展开想象,蜘蛛开店后来会怎么样?是仍然会今天开,明天改,最终什么店都没开成,还是会一心一意开好一个店,过上幸福的生活呢?

故事里的矛盾冲突,造成了一种诙谐有趣的张力。在学生享受阅读快乐的同时,还可以引导学生思考:为什么每次蜘蛛觉得织起来简单的东西,最后却是"好难织""累坏了"?仅仅是由于来购买东西的顾客特殊吗?在讨论交流中领悟到,除了顾客的原因,还有一个深层次的原因——蜘蛛害怕困难,缺乏吃苦耐劳的精神。当然,对故事内涵的理解,不必过度挖掘,无须让学生非说出个所以然不可。可在故事结尾处,用"角色代入法"引发学生思考:"蜘蛛逃回网上后,会怎样想、怎样做?"教师根据学生对问题的回应,适当点拨即可。教学时,要让学生敢于发表自己的观点,在交流讨论中思辨,修正观点,促进精神的成长。而非用说教的方式,给出一个定论,让学生读、背。

看每一段最前面的话，就不难发现，"文本教学解读"更侧重从"教"和"学"的维度来阐述对文本的解读。故事概述、生字学习、语言理解和运用、思维发展和提升，一段解读指向一条目标，并提出了实际操作的指导建议。

但要注意的是，这样全面的"文本教学解读"适合教学研究型说课，如果是在有时间限制的等级评比型说课中，则内容过多。

统编小学中高年级语文教材的每个单元都有一个篇章页，在篇章页里明确提出了本单元的语文要素。中高年级的"文本教学解读"，还要立足单元语文要素，从单元整组的角度考量本课教学。

谢安平、林高明、邓园生等学者在《说课实战训练教程（小学语文卷）》一书里，对"文本教学解读"的视角进行了梳理和提炼，分别是：以"对比"的视角进行解读；从教材的前后主题联系中进行解读；在品味关键词语的过程中进行解读；从提炼关键词中进行解读；从重点句的体悟中进行解读；从文章的结构特征中进行解读；从文章的写作方法进行解读；从文章的写作特色进行解读。[1]

这些解读的视角，能让教师更准确地把握教材，明确教学的重难点，非常值得借鉴。现行的统编小学语文教材，低年级虽然没有明确的单元语文要素，但是人文主题是隐含其中的；中高年级，每个单元在篇章页里明确揭示了人文主题和单元语文要素。从单元人文主题和语文要素切入，本课教材解读的基点也就把握住了。

2020年11月，第二届全国统编小学语文教科书优质课观摩交流活动在厦门召开，受新型冠状病毒性肺炎疫情的影响，活动由线下改为线上，由上课改为说课。在这次大赛中，来自浙江省杭州市文三教育集团的教师汤佳绮一举夺魁，获得本次大赛一等奖。她的"文本教学解读"就是从"单

---

[1] 谢安平、林高明、邓园生编著《说课实战训练教程（小学语文卷）》，福建教育出版社，2013，第56—62页。

元整组"和"课文特点"两个维度展开的(根据大赛录像整理)[①]。

关照单元整体:《骑鹅旅行记(节选)》是六年级下册第二单元——外国名著阅读单元中的一篇略读课文。这个单元的语文要素是:借助作品梗概,了解名著的主要内容;就印象深刻的人物和情节交流感受;学写作品梗概。本单元选编了三篇课文,其中一篇精读课文,两篇略读课文。《骑鹅旅行记》作为一篇略读课文,在教学中要体现学以致用的特点。同时我们对单元教学系统的资源进行整体梳理、筛选,结合"口语交际"中围绕一本书交流心得,"交流平台"中引导学生立体、多元地评价人物的要求,本节课在两条单元阅读要素中重点落实:就印象深刻的人物和情节交流感受。联系之前教材,我们会发现,这个单元其实是在五年级下册第二单元"阅读中国古典名著"学习基础上的发展,但同中有异,因此,应承前启后,促进学生自觉运用已学的读名著的方法来进一步学习。

立足课文特点:《骑鹅旅行记》是瑞典女作家塞尔玛·拉格洛芙创作的一部童话作品,编写这本书的初衷也是为孩子编写一部教科书,这部作品为作者获得诺贝尔文学奖奠定了基础。《骑鹅旅行记(节选)》讲述了小男孩尼尔斯变成小狐仙后,他的世界发生的变化。故事内容浅显,但内涵丰富,作者充满想象力地用变形方式,打破了生活常态,人物性格多元在这部分内容中也得以充分体现。同时,因为这是一篇略读课文,教材在学习提示中提出了两个具体学习任务。第一个任务指向说清故事内容,第二个任务指向激发读整本书的兴趣。

不过,这次大赛似乎对时间没有明确限制,用时最少的选手说了16分钟,用时最多的选手用了29分钟。汤老师用时23分钟,所以,她的"文本教学解读"也是比较饱满的。

---

① 第二届全国统编小学语文教科书优质课观摩交流活动:https://www.pep.com.cn/xw/zt/xkzt/xy2020/。

可见，教师只有理清楚所说内容的知识结构体系，领悟教材编写意图，方能准确、深刻地理解教材和把握教材，为后面的教学设计奠定基础。

第二节 说学情——要真实客观

学情是指学生在学习某一内容时已有的知识结构、经验基础及学习的个性差异。教学设计理论主张"为学习设计教学",即任何教学活动,都要以学习者的学习需要为前提,以学习和学习者为中心进行教学设计,以帮助每个学习者有效学习为目的。

当然,目前我国仍然是班级授课制,在现实教学活动中,把学情分析到每一个学生,是一种理想状态,难以达成。但我们要追求教学设计尽可能地去适应更多的学生。

说学情,最忌讳泛泛而谈,笼统表述。学情的分析,要有针对性,要说全面、说具体,可以从以下几个方面着手。

一、学生年龄特点及心理分析

同一年龄段的学生,在心理发展上,会有共同性。比如,低年级学生以形象思维为主,而中高年级学生则慢慢趋向抽象思维;低年级学生往往乐于表现,课堂上小手如林,而中高年级学生,则对发言质量有自我要求;低年级学生乐于和老师合作,而中高年级学生会有所选择和判断。且不同年龄的学生,注意力的广度、深度和持久性也有所不同。对学生的年龄特点和心理进行分析,可借助心理学等知识。

如六年级的学生学习鲁迅的《好的故事》,在年龄特点和学习心理上,会有什么不适应呢?这篇课文,主旨隐晦,又是一篇散文诗,运用对比、象征等写作手法来含蓄地表达了作者写作的深层意图。这些与六年级学生的认知特点和学习心理是有差异的,在说学情的时候,需要点明。

如果在阐述学情时,教师只是就学生难懂的地方进行调查了解,然后,把调查了解的结果进行梳理汇总,就会显得单薄。如:

六年级的学生,学习《好的故事》会觉得比较难懂,主要表现在以下几个方面:(1)课文很难读,很多字词句读起来拗口;(2)《好的故事》到底想写什么?读不明白。

这些问题的确是六年级学生学习的难点所在,但是,在说课中,就要把问题进行归类,并且要思考某个问题是属于哪一类的,从类别上进行概括,站位就高远了。如上面的说课,就可以这样改:

对于小学六年级的学生而言,学习《好的故事》有一定难度,就学习心理和认识特点看,主要有以下两大障碍:(1)语言差异,本文创作于白话文初期,语言表现上与典范的现代白话文有一定差异,学生不容易读懂;(2)主旨隐晦,六年级的学生,很难理解这篇散文诗里运用的对比、象征等手法。

再如二年级的《我是一只小虫子》,读懂这篇课文,了解小虫子遇到的苦与乐,对二年级的学生而言,并不困难。课文语言富有趣味,又用了很多拟人手法,阅读时,学生会更关注课文里小虫子的表现,而对作者通过这个故事表达出来的对生活的乐观态度,却不容易体会到。这与二年级学生的认知特点和学习心理是有差异的,在说学情的时候,也需要点明。

二、学生原有知识和经验分析

任何一种学习都要受到学习者已有知识经验、技能等的影响,只要有学习,就会有迁移。这些基本的、前提性知识与技能,是学生学习新知识、新技能的基础,是教学活动的立足点。

赵成喜先生在《说课的技巧与艺术》一书里,对学生已有知识经验分析给出的建议是这样的[1]:

针对课时或本单元的教学内容,确定学生需要掌握哪些知识、具备哪些生活经验,然后,分析学生是否具备这些知识经验。可以通过单元测验、

---

[1] 赵成喜主编《说课的技巧与艺术》,东北师范大学出版社,2010,第29—30页。

摸底考查、问卷等较为正式的方式，也可以采取抽查或提问等非正式的方式。如果发现学生知识经验不足，一方面可以采取必要的补救措施，另一方面可以适当调整教学难度和教学方法。

的确如此。2017年，全国一年级开始使用统编义务教育教科书，到2019年一至六年级全面铺开使用，原先使用其他版本教材的新五年级、六年级学生就会遇到有些课文上过了，统编义务教育教科书里又出现了；有的内容原先教材没有学，而统编义务教育教科书的体系里一至三年级已经编排学习过了。面对这种情况，就需要采取"补救措施"。

比如，统编义务教育教科书语文六年级下册《骑鹅旅行记（节选）》，对于六年级的学生而言，名著阅读不是零起点，在前期的阅读策略单元、中国古典名著阅读单元里都已经接触过，学生已经积累了"关注情节品人物形象""借助目录、借助资料阅读""采用跳读和猜读"等阅读名著的方法。但是，对2020年就读六年级的学生来说，由于教材版本的变化，其对统编义务教育教科书阅读策略单元缺少系统学习，"阅读有一定速度""预测"等阅读策略，就需要进一步补学。

这样的学情分析，针对性就非常强，直指学生学习这一内容的难点和痛点，对后面的教学设计有着重要的作用。

三、学生学习的态度和风格分析

学生的学习态度，主要是指学生学习该内容时的非智力因素。我们都知道，非智力因素对学习效果起着重要的作用，对有的学生而言，甚至起着决定性的作用。学生对学习新知识、新技能的态度和愿望直接影响着学习的热情和积极性。

学生的学习风格，在这里主要指整个班级学生的学习风格。有的班级学生喜欢静静思考，有的班级学生喜欢交流讨论；有的班级学生思维活跃，应答敏捷，而有的班级学生相对沉闷，有把握了才会举手。

对于学生学习的态度和风格，教师要善于觉察，并根据不同班级的不同风格，采取相应的教学方法和教学手段，使教学做到取长补短。如学习风格偏向独立自主学习的班级，多设计一些个人学习的活动；学习风格偏向交流讨论的，则可多设计一些小组合作学习的活动。

一般来说，涉及学习态度和风格的说课，往往在"教学研究型说课"或"典型示范型说课"里，因为"等级评比型说课"没有具体班级的实践，可以不说。

第三节　说教学目标——要清晰准确

教学目标是教学活动的出发点和归宿，它是学生学习的内容、过程、方法和达到的预期标准，在方向上对教和学的评价提供依据。教学目标的提出，要说清楚制订的依据，如课程标准的要求、教育教学理论、教学研究成果经验等，还要对目标进行具体阐述。

在具体阐述时，要把知识与技能、过程与方法、情感态度与价值观整合起来，不能简单地说学习的内容。表达的时候，可以直接说具体的教学目标；也可以先列出目标，再具体阐述"为什么这样确定目标"。

如上文提到的《蜘蛛开店》一课，教学目标就可这样阐述：

①通过联系生活、字源探析、词义理解等方式识记"店、罩、寂、寞"等15个生字，会写"店、决"等9个生字。

②朗读课文，学习根据示意图讲述故事。

③根据故事逻辑及结尾提示，想象续编故事。

④通过朗读、讲述和分享，初步领悟做事情不能一味挑简单的做，需要克服困难，坚持到底。

这样的目标阐述，有以下优点：内容选取贴切，教学过程与教学方法清晰；一条目标指向一个核心内容；助动词运用准确。听者一听就清楚，学生学的是什么，课堂上大致是怎么学的，学习最终的成效也是有检测的方法和依据的。

再举一例。

安徽省滁州市逸夫小学教师戴松堂在第二届全国统编小学语文教科书优质课观摩交流活动中，是先说目标，再说对目标制订的思考。

戴老师确定《"诺曼底号"遇难记》一课的教学目标是以下三个方面：

①正确、流利地朗读课文，读好人物对话。通过自主识字、随文识字等方法认识"弥、脉"等13个生字，会写"伦、腹"等15个生字，会写"行

驶、凌晨"等10个词语。

②学会运用列小标题等方法把握长文章的主要内容，初步感知小说的情节结构。

③能从了解人物的言行的语句当中，感受到他忠于职守、舍己为人的品质，能结合哈尔威船长的英雄壮举，表达自己对生命的体会。

为什么要确定这样三条教学目标呢？接着，戴老师讲述了自己目标制订的思考：

第一，基于文体在年段目标中的定位。

阅读与写作思维可以说是一种文体思维，阅读离开了文体一定是不得要领的。《"诺曼底号"遇难记》是法国作家雨果的一篇小说。阅读小说，我们就要关注情节、人物和环境，进而理解小说主旨、赏析表达技巧。但是教材是作为相对宽泛的叙事性作品编排的，《义务教育语文课程标准（2022年版）》"学段要求"中有第二学段相关要求：能初步把握文章的主要内容，体会文章表达的思想感情。能复述叙事性作品的大意，初步感受作品中生动的形象和语言，关心作品中人物的命运和喜怒哀乐，与他人交流自己的阅读感受。显然，聚焦人物，本课中的情节和环境只需要适度渗透，为感受人物品质服务就可以了。因此，长课文教学应合理取舍，力求"一课一得"。

第二，基于单元编排体系的考量。

无论哪一种文体，无论哪一种长课文，都离不开教材的编排体系和单元主题背景，统编教材双线组元的特色，特别注重不同年段之间的纵向联系，体现了由浅而深的螺旋发展。所以，梳理全套教材单元语文要素，形成目标序列，可以让我们的教学定位更加精准。

本单元语文要素"从人物的语言、动作等描写中感受人物的品质"是在四年级上册第六单元"通过人物的动作、语言、神态体会人物的心情"基础上的进一步提升，重在人物品质的感受，同时也为五下第四单元、六上第四单元以及六下第四单元的语文要素的落实打下基础。

本单元的语文要素旨在引导学生仔细阅读文本,发现人物的品质是如何通过人物的言行表现出来的,并能够受到人物品格的感染。因此,本课应该重点研读"救援"和"牺牲"这两个部分当中人物的语言和动作描写,以落实单元语文要素。而"夜航"和"遇险"这两部分,可以让学生在预习的时候自主阅读,了解故事的发生和发展就可以了。课后练习二的设置以及交流平台的举例说明也充分体现了这一点。因此,长课文教学应抓住重点,紧扣语文要素。

第三,基于学情的思考。

教学目标的确定,是文本的教学解读与具体学情之间来回斟酌的结果。我们应该站在学生的角度来思考。《"诺曼底号"遇难记》篇幅比较长,全文共45个自然段,大致可以分成"夜航""遇险""救援""牺牲"四个部分,这也是本文开端、发展、高潮、结局的基本情节结构。课堂上,学生梳理文章脉络,把握文章主要内容,需要更多的时间,也需要一定的方法。在四年级上册第四单元"了解故事的起因、经过、结果,学习把握文章的主要内容",四年级上册第七单元"关注主要人物和事件,学习把握文章的主要内容",以及本课所在单元的上一单元"学习把握长文章的主要内容"等单元学习中,学生已经学习了一些把握文章主要内容的方法,教学本篇课文要善于引导学生迁移运用之前学过的阅读或表达方法,这是用好统编教材的法宝。因此,长课文教学可以把学习任务前置,精心设计预习单。

通过上述考量,最后确定的本课的教学目标应该是合宜的,符合年段目标、编者意图以及具体的学情。基于以上分析,《"诺曼底号"遇难记》的教学内容可以确定为三个方面:整体感知,把握文章主要内容;聚焦言行,感受人物品质;表达生命体会,回顾写法。这样既抓住重点,合理取舍,有利于长文短教,又紧扣语文要素,有利于学生习得方法。

在说教学目标的时候,也可以对教学"重点、难点"进行论述。说课中的"重点、难点"的表述和教学设计中"重点、难点"文字表达是不一样的。教学设计中的"重点、难点",只要写清楚"重点是什么""难点是什么"就可以了。而说课中的"重点、难点"表述,需要站得更高,看得更广,要说清楚这些重点、难点是在怎样的背景下确定的,还要说清楚在教学中准备如何突破。

教学的难点往往和教学的重点有着密切联系。小学语文学科的教学难点,大多在语言的理解以及语言表达形式的发现上。

如《蜘蛛开店》的四条目标,显然第一条关于识字写字的,是常规教学目标;第三条、第四条是在读、讲中理解故事内容、感悟故事内涵,是进行有效阅读理解和表达后才能达成的目标,是本课教学的难点之一。第二条"朗读课文,学习根据示意图讲述故事"才是本课教学的重点,亦是难点。教学中,如何引导学生"根据示意图讲述故事"及如何"根据故事逻辑及结尾提示,想象续编故事"是要重点展开学习的。

说课时就可以这样表述:

《蜘蛛开店》是统编义务教育教科书语文二年级下册的一个童话故事。"讲故事"是二年级学生学习的一个重点,本课学习的是借助示意图来讲述故事。但对于二年级下学期的学生来说,借助七个关键词和三条线把故事讲述清楚,是不容易的。

因此,我把本课教学的重点设定为:朗读课文,发现《蜘蛛开店》写法上的特点;在示意图上补充蜘蛛动作的关键词,再借助示意图讲述故事。

第四节 说教学方法——要实用可操作

说教学方法包括"说教法"和"说学法",其中要贯穿"为什么要这样教"和"为什么要这样学"的理论依据。说教学方法及其理论依据,必须说清楚本教学内容选用什么样的教学方法,为什么要选用这种教学方法。这也是完成教学任务,保证教学质量的基础。

一、说教学方法选择的依据

教学方法是为实现教学目标和完成教学任务服务的。郑金洲先生认为:选择和运用教学方法的实质,就是把教师的教学、学生的学习和教材的内容有效地连接起来,使教学的基本要素能够在教学活动中充分地发挥它们各自的功能与作用,从而实现预期的教学目标,达成预期的教学效果。郑金洲老师认为,教学方法的选择,主要可以从这几个方面着手:教学目标、教学内容、学生实际、教师自身素质、教学环境条件。[①]

结合小学语文学科实际,围绕这几个方面,教学方法的选择分别可以这样解读:

依据教学目标选择教学方法。《义务教育语文课程标准(2022年版)》围绕核心素养,体现课程性质,确立课程目标。核心素养包括文化自信、语言运用、思维能力、审美创造四个方面。不同方面目标的达成,需要有相应的教学方法来支撑,具体到每个教学内容,都会有不同的方法。

依据教学内容选择教学方法。小学语文学科,不同学段、不同单元、不同课文的内容是不一致的,学习要求也是千差万别的。这就要求教学方法的选择要灵活多样,要根据不同的内容选取合适的方法。

依据学生实际选择教学方法。学生已有的知识经验、智力水平、学习

[①] 郑金洲编著《说课的变革》,教育科学出版社,2007,第35—36页。

态度、学习动机、认知方式等都直接制约着教师对教学方法的选择。教师必须准确分析学生的实际情况，选取贴近所教学生实际水平的教学方法。

依据教师自身素质选择教学方法。教师的语言表达能力、思维品质、教学技能、教学风格、兴趣特长等对教学方法的选择也起着关键作用。教师只有选择自己擅长的教学方法，在课堂里才能扬长避短。否则，就会有东施效颦之嫌。一个非常善于朗诵的老师，放弃朗读示范法，却在课堂里用自己并不擅长的简笔画来展示，就很难取得良好的教学效果。

依据教学环境条件选择教学方法。教学环境若不能满足教学实际需求，要果断放弃，不要削足适履，否则，就得不偿失了。比如，多媒体技术的应用，就要根据不同环境及已有装备来考量。

二、说教法

教法，侧重站在教师"怎么教"的角度看待教学的实施，是相对教师的"教"而言的。《义务教育语文课程标准（2022年版）》在"教学建议"里指出："根据学生需求提供学习支持，引导学生在完成任务、解决问题的过程中积累语文学习经验，发展未来学习和生活所需的基本素养。""支持学生开展自主、合作、探究性学习，为学生的个性化、创造性学习提供条件。"[①]

教师的教是为学生的学服务的，教唯一的目的是促进更好地学。教掌握学习的方法，理解学习的要义，让学生学会学习比传授知识更为重要。诚如古人所言："授人以鱼，不如授人以渔。"

在小学语文说课中，有将教法和学法分开说的，也有将教法和学法结合起来说的，还有将教法和学法融合在教学过程中说的。因为个人理解不同、说课要求不同，选择哪种说法，并没有明确的规定。只要教师认识和理解上足够清晰，形式可以灵活处理。

说教法，一是要说清教的方法以及方法选择的依据，二是要进行优化

[①] 中华人民共和国教育部：《义务教育语文课程标准（2022年版）》，北京师范大学出版社，2022，第45—46页。

组合。常见的教法有目标教学法、发现教学法、情境教学法、尝试教学法、活动教学法、问题教学法、启发式教学法、朗读发现法、体验感悟法、合作讨论法等。但要注意的是,"教学有法,教无定法",没有哪一种教学方法是普遍适用的。一般情况下,会选择一种或几种教法混合使用,以达到优化课堂教学过程的目的。

如在教学义务教育教科书语文一年级上册《比尾巴》一课时,教师主要采用了情境教学法,把整个课堂创设成一个"小动物参加比尾巴大赛"的情境,围绕这个大情境紧扣三个主问题展开教学[①]:

谁比尾巴?学生先充分、自主阅读,找出相关动物,把它们的头像贴在黑板上。再借助"动物们急匆匆跑去比赛,忘记带参赛牌了,让小朋友给他们送参赛牌"的情境,引导学生读准、识记动物名称及相关生字。

比尾巴大赛有哪些项目?学生再次充分、自主阅读,找出和比赛项目相关的表述,"长、短、好像一把伞、宽、扁、最好看",引导学生读准、识记项目名称里的相关生字。

比尾巴大赛的结果如何?你对奖项获得者有没有疑问?引导学生深入文字,理解意思。如"为什么把'好像一把伞'的奖牌颁给松鼠?"理解这里的"伞",指的不是"雨伞",而是"降落伞",再理解松鼠尾巴和降落伞之间的相似之处。结合理解,引导学生读准、识记"伞、最"等和奖项相关的生字。

说课的时候,就可以这样说:

《比尾巴》是一首儿童诗,通常的教学是以读代讲,分小节学习。如何打破这一教学定式,让学生学得积极主动又兴味盎然,这是值得探讨的问题。

教学设计重在"学习活动"的设计,也就是说,需要设计出一个个有

[①] 曹爱卫:《低年级阅读教学设计策略》,《小学语文教与学》2018年第6期,第30—33页。

趣的活动，吸引学生投入学习的过程中。这一课的教学，主要采用情境教学法，把整个课堂创设成一个"小动物参加比尾巴大赛"的情境，快速吸引学生的注意力，点燃学生的兴趣点。再结合问题教学法、阅读发现法等方法，围绕这个大情境，紧扣"谁参加比尾巴大赛""比尾巴大赛设置了哪些项目""比尾巴比赛的结果怎么样"三个主问题展开教学。发现教学法，让学生自主阅读，提取信息，在发现中享受阅读的快乐；问题教学法，借助问题深入思考，在理解中享受阅读的快乐。这样的教学设计，就有效避免了教学的零碎烦琐，保障了学生"学"的主动性，也保证了"学"可以充分展开，优化了教学过程，保证了教学效益。

一堂课忌只采用一种教学方法，否则，教学就会单调乏味，不能有效吸引学生参与学习。需多种方法配合使用，让课堂充满变化。但也要注意，学习方法不要频繁变化，不然，学生还未完全投入学习，又切换学习方法，就很难保证学得深入。如《比尾巴》一课，采用"一法为主""多法配合"是比较适宜的。

值得注意的是，选择以哪种教学方法为主，关键在于教师以培养学生哪方面的能力为准。以培养朗读能力为主的课堂，教学方法肯定以读为主；以培养思维能力为主的课堂，教学方法则宜采用比较阅读、读思结合的方法。

三、说学法

《义务教育语文课程标准（2022年版）》明确指出：义务教育语文课程实施从学生语文生活实际出发，……激发学生的好奇心、想象力、求知欲，促进学生自主、合作、探究学习；引导学生注重积累，勤于思考，乐于实践，勇于探索，养成良好的学习习惯；关注个体差异和不同的学习需求，鼓励自主阅读、自由表达……[①]

[①] 中华人民共和国教育部：《义务教育语文课程标准（2022年版）》，北京师范大学出版社，2022，第3页。

这段话，确定了学生课堂学习的主体地位，课堂要把"学"放在首位：要鼓励儿童"自主阅读、自由表达"，带着问题不断探索；要充分关注不同学生"学"的差异和"学"的需求；要积极倡导"自主、合作、探究"的学习方式。

学生只有掌握了一定的学习方法，能根据学习需要自主选择和运用恰当的学习方法进行学习，才能保证"学"的有效性。

学法，主要包括学习心理调节的方法、掌握知识技能的方法、学习过程各环节的方法、小学语文学科的学习方法等。

小学生的认知规律是从感性认识开始上升到理性认识，决定了其学法的形成要经历从感知到模仿（内化）到应用再到检查（巩固）四个阶段。教师指导的时候，要遵循这一规律。

如教学小学统编义务教育语文教科书一年级上册识字第一课《天地人》，教师就可设计多样化的学习活动，帮助学生理解字义、识记生字。说课时，就学习方法的采用，可以这样说：

本课的教学，我主要采用以下四种教学方法：

朗读法：借助朗读，通过在语境中不断复现，识记生字。可跟老师读课文、自己读课文、变化语境读课文等。

字源探析法：本课的生字，蕴含着丰富的汉字文化，如"人、天"等，结合字源，在识字中感受汉字文化。

观摩法：观摩微课，理解"你我他"。我会播放《你我他》微课视频，在观看微课的过程中，理解"你""我""他"三个人称代词的不同所指。

练习法：通过练习，运用"你我他"。以三人为一小组，每组有一套"你""我""他"的字卡，每人拿一张，学着微课里小朋友的样子进行运用练习。

如此简要介绍，对学生怎么学就起到了一个提纲挈领的作用。

第五节　说教学程序——要清楚完整、凸显核心环节

教学程序是教学实施的呈现主体，是说课的重点。教学程序将教学目标、教材解读、教学方法组合、教师教育思想、教师专业素养等通过教师对教学程序的预设融为一体。所以，教学程序是说课活动中主要的内容，这一板块，在说课中花费时间是最多的，一般情况下，说教学程序占整个说课时间的60%~70%。

说教学程序时，教师不仅要说清楚，还要说出这一文本教学的独特之处。但事实上，很多教师在说课（尤其是比赛型说课、选拔性说课）时，往往会准备一个说课的"模板"，用一个说课程序去套所有的文本。这样的做法，是很需要警惕的。因为缺少对文本深入的解读，套用的模板程序必然是空洞无用、华而不实的。

教学程序是教师独具匠心的教学安排，要合理、科学，还要追求艺术性。赵成喜先生认为，"说教学程序"重点要说清楚这几个方面的内容：整堂课的设计思路及程序、教学程序与环节的理论依据、教与学的双边活动安排、突出重点与突破难点的策略、教学媒体的选择与使用。[①]谢安平、林高明、邓园生等学者认为，"说教学程序"的要点是：环节完整严谨，课时目标明确合理；环节简洁明了，体现较强的针对性；准确提炼各环节任务、方法、效果；教学进程体现学生学的过程；目标、教法、学法等前后照应；巧设练习增色教学环节。[②]

可见，"教学环节的完整""教学过程的展开""核心环节的凸显""特色练习的设计"等是"说教学程序"普遍要包含的。

[①] 赵成喜主编《说课的技巧与艺术》，东北师范大学出版社，2010，第45—47页。
[②] 谢安平、林高明、邓园生编著《说课实战训练教程（小学语文卷）》，福建教育出版社，2013，第109—128页。

一、教学环节的完整

教学程序是从动态角度来体现教学活动的大致操作顺序。因此,"说教学程序"必须说清楚完整的教学环节,要根据教学目标,对教材进行处理,针对学生实际情况分析需要借助哪些教学手段来组织教学。一般来说,一节课教学环节不宜过多,三到五个就可以了。

说课教师可用小标题的方式交代清楚每个环节。需要注意的是,"说教学程序"和"模拟上课(试讲)"不一样,它只需说清楚"教学的内容是什么""教学的环节有哪些"就可以了,具体内容要概括性介绍。

如统编义务教育教科书语文二年级上册《狐狸分奶酪》一课,说课就可以分成以下五个环节:

一是"揭示课题,激发兴趣"。出示课题,认识"酪"字,说说奶酪是怎样的。

二是"初读课文,探究起因"。带着"狐狸为什么会分奶酪?"这一问题,自由读课文,读准字音,想想问题的答案。

三是"借助漫画,理清脉络"。课文内容用五幅漫画呈现。可把漫画顺序打乱,让学生重新排序,在排序的过程中梳理课文,学习生字。

四是"找出对话,深入研读"。学生再读课文,找出故事里的对话,用不同的符号标示出来。分角色朗读对话,理解课文内容。

五是"仔细观察,写好生字"。请学生仔细观察本课中左右结构的汉字,说出写法特点。教师范写指导,学生伸出右手食指,跟着教师书空。最后,学生自主练写。

再如统编义务教育教科书语文五年级上册《四季之美》,教学环节可以分成五个:

一是"了解生平,感受作家及作品之'独特'";二是"初读课文,整体感知文本之'独特'";三是"聚焦'秋天之美',学习'独特'的动态描写";四是"再次对比,深刻体会'静态'下的'动态美'";五是"迁移,写出'独家'的动态美"。

这样的教学环节安排，就是比较完整、清晰的。

二、教学过程的展开

每个教学环节，都要有具体展开的教学过程，体现学生从不知到知、从不会到会、从不能到能的过程。

说"教学过程的展开"，从学的角度，要说清楚学生"学的是什么""是怎么展开学的""可以学得怎么样"；从教的角度，要说清楚教师"应干什么""能干什么""可以干得怎么样"；要说清楚学习什么内容时，在什么环节开展怎样的学习活动，如自主学习、合作讨论、成果汇报等，并要说清楚这些活动具体是怎么展开的，有哪些关键的操作步骤。

如统编义务教育教科书语文二年级下册《我是一只小虫子》一课，在"当一只小虫子真不错"这一教学环节，就可以这样说"教学过程的展开"：

在阅读教学中，我们应该把课堂转换成孩子们自主学习的课堂，给孩子们更大的自主学习空间。老师不应一股脑儿将自己对文本的解读告诉孩子们，而应引领孩子们走进文本的精深隐秘处，认真爬梳，细细玩索，穿行在串串闪光的语言珍珠里，发现文本的"妙秘"。语言文字，正是因为有其想象和审美的灵性，才具有独特的价值。

"当一只小虫子真不错"这一文本内容，文字描写特别诗意，画面感也很强。在教学时，我是这样做的：

首先，引领孩子们自己去发现做一只小虫子的好处：可以在青青的草叶上伸懒腰；能用晶莹的露珠洗脸、擦触须；还能乘坐免费的特快列车到处旅行。这样的文字本身就能牢牢抓住孩子们的言语兴奋点，他们会展开想象，无拘无束地表达童言童语。

接着，鼓励孩子们插上想象的翅膀，徜徉于文字描绘的童话世界，尝试用边想象画面边读书的方法，把文字读活，读成一幅幅美妙的图画。让孩子们说说从文字中看到了哪些有意思的画面。

然后，再利用多媒体课件营造的情境，让孩子们"声临其境"，借助文本语言，给"失声"的动画配音。

这样的设计，既给了孩子们想象的空间，又能让他们进行言语实践的再创造。虫子的幸福时光自然而然从字里行间走进了孩子们的心中。

本环节里，围绕一个教学点，分三个教学步骤展开，步骤与步骤之间，层层递进，保证了教学的有效性。

三、核心环节的凸显

教师的教学技艺，主要体现在教学重点、难点的突破上。教师在说课时，必须有重点地说明突出教学重点、突破教学难点的基本策略。要从语文知识的结构、教学要素的优化、高阶思维的培养、反馈信息的处理等方面去说明突出重点、突破难点的步骤、方法和形式，让教学难点的突破方式、解决效果给听课者留下清晰、深刻的印象。

因时间限制，其他环节的教学方法和理论依据，可以适当说明，说出该环节的教学着力点即可。

如统编义务教育教科书语文二年级下册《蜘蛛开店》一课，核心教学内容是借助示意图讲故事。讲整个故事的前提是学生能够把第一个情节片段"蜘蛛卖口罩"讲好。也就是说，借助示意图讲好"蜘蛛卖口罩"是核心教学环节。说课时，如何凸显呢？

据教科书课后练习给出的 7 个词语和 3 条线组成的示意图（图 2-1），二年级的学生是不可能把故事讲清楚的。因此，必须把示意图这个"教材内容"进行"教学化处理"，让学生对故事的情节和关键环节有具体、直观的把握。学习讲清楚"蜘蛛卖口罩"，是讲好整个故事的基础。

❀ 朗读课文。根据示意图讲一讲这个故事。

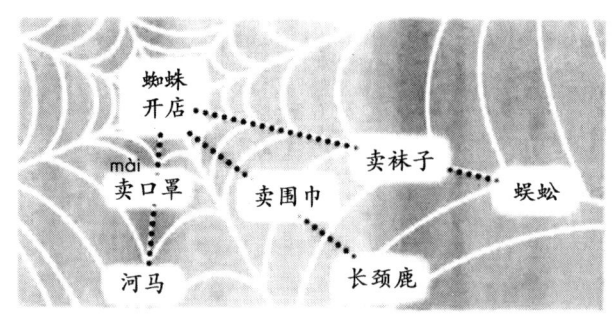

图 2-1

"蜘蛛卖口罩"这一核心教学环节，教师可这样展开教学：

第一步，示范讲好蜘蛛决定卖口罩部分。可设计第一个学习活动"学讲故事"。这一部分正好四个自然段，采用四人小组合作学习的方式：每人读一个自然段；读完后用一两个词说说这一段蜘蛛做了什么事；根据找出来的关键词，试着讲一讲这一段故事的内容。教学化处理过的示意图（图 2-2）如下。

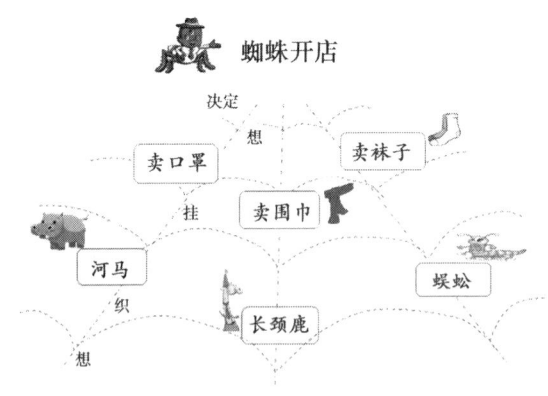

图 2-2

这一步学习讲的部分，重点在于全员参与，让学生在参与的过程中，了解和练习讲清楚故事的方法，为后面的学习奠定基础。在个人能讲清楚一段的基础上,请一对同桌上台展示,根据讲的情况进行评价,并当场改进。这样,就保证了学的效度。

第二步,同桌合作,按"读段落—找关键词—讲故事"的方法,练习讲"蜘蛛开围巾编织店"部分。

第三步,独立阅读,提取关键信息,根据信息讲述"蜘蛛开袜子编织店"部分。

第四步,根据教学化处理过的示意图(图2-3),练习讲述完整的故事。

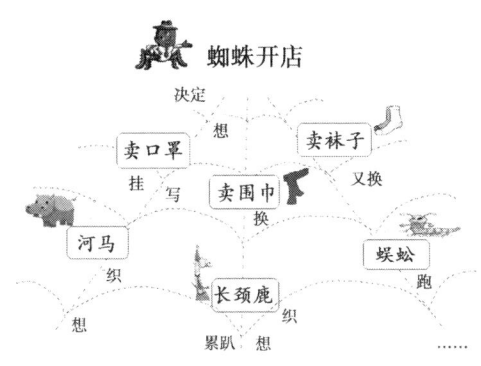

图 2-3

四、特色练习的设计

小学语文是一门实践性很强的学科。学生的语言能力一定是在语言实践的场域里获得的。

各种练习设计,是小学语文课堂教学不可或缺的内容。紧扣教学目标,关联教学内容,设计富有特色的练习,能让一堂课增色不少,也能较好地帮助学生巩固所学知识,促进言语能力的发展。

如统编义务教育教科书语文一年级下册《棉花姑娘》一课,最后就可以设计一个特色练习活动——"借助拓展材料,尝试创编对话"。说课就可以这样展开:

读好文中的对话是本课朗读指导的重点。教学中以第2自然段为范例，采用情境朗读、画面想象、角色体会等策略进行朗读指导。之后采用自主练习、师生合作等方式对话朗读，从扶到放，体现梯度。最后，通过课外材料补充阅读，尝试编写对话，积累语言，内化运用，以课文中的语言范例学习，促进语言图式的建构。

教师借助问题"一只蜻蜓飞来了，如果你就是棉花姑娘，你会怎么请求他？蜻蜓又会怎么回答呢？"请学生借助课文的语言图式展开想象，师生再进行角色模拟对话。请一名学生当棉花姑娘，教师当蜻蜓。教师说："请你帮我捉害虫吧！"学生可能就会接："对不起，我只会捉苍蝇、蚊子这些空中飞的害虫，你还是请别人帮忙吧！"

这样的语言游戏，不但能激发学生学习语言的积极性，还能高效地促进学生掌握课文的语言图式，为有效的言语表达服务。

当然，教师还可以拓展阅读补充材料，让学生仿照课文句式口头编对话。比如，拓展喜鹊的材料：我叫喜鹊，每天清晨和伙伴们一起飞到田野里、草地上追逐害虫。蝗虫、松毛虫等害虫都逃不过我的眼睛，所以人们称我为"田野卫士"。拓展螳螂的材料：我叫螳螂，一对前足像一对大刀，适于捕捉食物。我穿着绿色的衣服，躲在树叶上、草地里，这样，害虫就不会发现我。我最爱吃蝗虫、苍蝇、蚊子。

此处拓展练习，要把握好以下几个要点，方能保证言语表达的质量：

一是棉花姑娘的话是请求别人帮忙（请你帮我捉害虫吧！）；二是其他动物的话句式相似，都有先说"对不起"，说明自己只会干什么（"我只会"），再提出建议（"你还是请别人帮忙吧"）。

如果学生仍有困难，可以出示以下句式帮助学生创编：（　　）飞来了。棉花姑娘说："（　　）。"蜻蜓说："（　　）。"

第六节　说板书——要突出重点、简洁美观

"板书",有人称它为"微型教案"。板书是课堂教学不可缺少的组成部分,是教师对教学的理解的显性呈现,也是教师个人素质的重要体现。

苏联著名教育家加里宁曾说过,教育事业不仅是科学事业,还是艺术事业。教学是一门艺术,板书是教学中应有的一种主要的教学媒体,板书艺术则是教学艺术的有机组成部分。

好的板书,就是一节课教学的缩影,是一个完整的教学体系,它不仅能显示出知识的重点和难点,还能显示它们之间的内在联系,让学生直观感受到知识是怎么架构的、学习知识的方法有哪些。从学习目的看,板书有示范思维过程、提升审美能力等作用;从学习内容看,板书有提炼核心内容的作用;从学习过程看,板书有固化思维的作用。如果教师的板书漂亮,那更是一种审美享受,给学生以愉悦感。

当前,现代信息技术广泛使用,很多教师不重视或很少使用板书作为直观教学手段。这种现象是值得警惕的。

一、板书设计的原则

板书具有提纲挈领、突出重点、升华理性认识、形象再现等多种导学功能,用于教学现场非常适合。因此,板书有其独特的一些设计原则。

1. 准确性原则

板书是帮助学生理解语言、学习运用语言的知识架构,也是教学方法的提炼呈现,有助于学生建构新的知识体系。因此,准确是它的第一要义。如果板书上出现知识错误,将会给学生带来很大的负面影响。

2. 启发性原则

板书不是简单的知识、概念的呈现,而要有"'意蕴'和'形象'的双重作用力。教师用言简意赅、图文并茂的板书,能帮助学生从形象上理解

抽象原理与概念。"①

3. 重点性原则

板书是教学的辅助手段，是为达成教学目标服务的。所以，设计板书时，要深入钻研教材，把《义务教育语文课程标准（2022年版）》里的教学目标和要求进行细化、分解，理清楚本课或本课时要解决的核心目标。板书设计要围绕这一核心目标的达成来设计。板书设计要简明精要，内容多了，反倒容易堵塞学生的思维。

4. 过程性原则

板书虽然有预设，但其呈现的过程是随着教学过程有机生成的，有些板书，在内容上也会根据教学实际做调整。板书设计，切忌不顾学生当下的学习，教师只管自己书写或板贴。

5. 合理性原则

板书设计，还要充分考虑其合理性。写哪些内容，写在什么位置；是图文结合，还是纯文字呈现；是整节课呈现，还是随着教学进程擦除某些部分；等等。这些都要思考清楚。另外，不管是当场书写的，还是事先打印或准备好的，板书的重点内容要用温暖、醒目的颜色，以吸引学生注意力，加强无意注意。

二、板书设计的形式

小学语文学科的板书，要根据教学内容，结合教师个人素质及特长等因素来设计，根据不同年段学生的认知特点、文本特点、教学重难点等，表现形式可以是多样化的。小学语文常用的板书有提纲式、表格式、示意图式、词语式、线索式、总分式等。

提纲式板书：按教学内容和教师的讲解顺序，把课文的知识点及其逻辑顺序、语文知识点的结构体系等用递进的方式呈现出来。提纲式板书是一种提纲挈领地编排书写的形式。这种形式能突出教学重点，便于学生抓

---

① 方贤忠编著《如何说课》，华东师范大学出版社，2008，第47页。

住要领,掌握学习内容的层次和结构,培养学生分析和概括的能力。

如统编义务教育教科书语文三年级下册《赵州桥》一课的板书设计(图 2-4)。

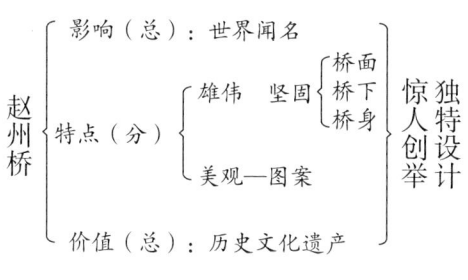

图 2-4

表格式板书:教师根据教学内容可以明显分项的特点设计表格,提出相应问题,让学生思考后提炼出简要的词语填入表格中,也可以边讲边把关键词填入表格,还可以先把内容分类,有目的地按一定位置书写、归纳,总结时再形成表格。表格式板式能使学生印象深刻,对比直观、鲜明,对事物的特点抓得准。

如统编义务教育教科书语文五年级下册《威尼斯的小艇》一课第二课时的板书设计(见表 2-1)。

表 2-1 《威尼斯的小艇》(第二课时)板书

时间	人物	交通工具	做什么
白天	商人	小艇	做生意
	青年妇女		参加聚会
	孩子、保姆		到郊外呼吸新鲜空气
	老人全家		去教堂做祷告
夜晚	看戏的人们		看戏、回家

示意图式板书：把板书和板图结合起来，用不同颜色的文字、线条，勾画出简明的图形或图表，使学生从相互联系上理解知识。如统编义务教育教科书语文二年级下册《青蛙卖泥塘》一课的板书设计（图2-5）。

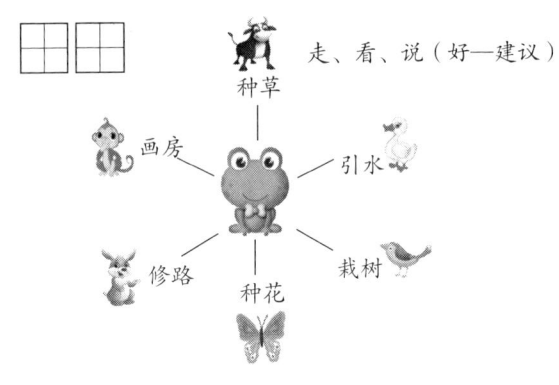

图 2-5

词语式板书：教师选择关键的词语进行板书，或者引起学生的注意，或者对课文起画龙点睛的作用。如统编义务教育教科书语文一年级下册《树和喜鹊》一课的板书设计（图2-6）。

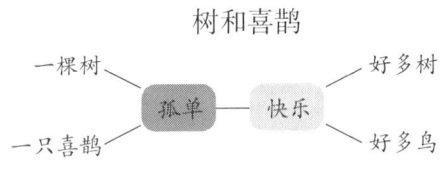

图 2-6

再如统编义务教育教科书语文三年级下册《荷花》一课的板书设计（图2-7）。

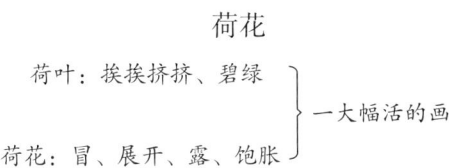

图 2-7

线索式板书：以教材提供的线索（时间、地点等）为主，反映教学的主要内容，使文本内容的梗概一目了然地展现在学生面前，让学生对学习内容的全貌快速地了解。这种板书指导性强，对于复杂的过程能起到化繁为简的作用，便于记忆和回忆。线索式板书设计的主要技巧在于善于分析和抓住教学内容的主要发展线索，把它提取出来展现在黑板上，使其成为教学的主要思路。当然，还可辅以少量的文字或线索，用以说明、解释或衬托主线。

如统编义务教育教科书语文六年级上册《狼牙山五壮士》一课的板书设计（图 2-8）。

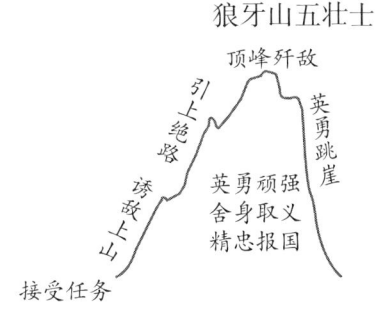

图 2-8

总分式板书：适合先总体叙述后分述或先讲整体结构后分别讲解细微结构的教学内容。这种板书条理清楚，从属关系分明，便于学生理解和掌握教材结构，给人以清晰完整的印象。

如统编义务教育教科书语文三年级下册《火烧云》一课的板书设计

（图2-9）。

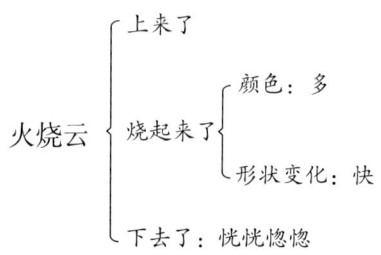

图 2-9

总之，板书是教学的一种重要媒介，教师应根据课文内容及学习目标，把讲课内容系统地、有重点地、清晰地罗列出来，便于学生理解和掌握。

不管哪一种板书设计，说课的时候，都要说明板书的内容、形式，还要说明原因，而不能简单的一句"本课的板书如下"，然后让听者自己去看。

如《总也倒不了的老屋》一课，有一位青年教师是这样说课的：

本课板书主要以预测为中心，在两旁简要列举预测依据（图2-10）。

$$\text{总也倒不了的老屋}$$

$$预测\quad 依据 \begin{cases} 插图 \\ 标题 \\ 生活经验 \\ 文章内容 \\ …… \end{cases}$$

图 2-10

这样说板书，基本就没什么实际意义了。可以怎么改？

本课是"预测"单元的第一课，重点是"学习预测"。因此，在板书设计上，我把"文章内容"和"预测依据"用并列的方式罗列。"文章内容"部分，简洁明了的文字，可帮助学生把握主要内容；"预测依据"部分，提炼可从哪些依据展开预测。板书突出了教学的重难点,既有利于学生理解课文,又有利于核心学习技能的掌握(图2-11)。

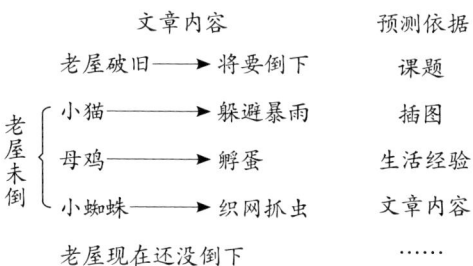

图 2-11

第七节　说练习设计——要有效、可选择

练习包括课堂练习和课后练习，是学生掌握知识、发展能力、形成素养的必要手段。好的练习，对教学任务的完成、学习负担的减轻、教学质量的提高起着至关重要的作用。练习设计得精妙，能帮助学生有效巩固知识，形成技能，又能培养学生解决真实问题的能力，增进其对学习本身的理解，加强其学习的主动性和积极性。

一、练习设计的原则

1. 目标性原则

练习设计要紧扣核心教学目标。前面说过，一节课有一个核心教学目标，即我们倡导的"一课一得"。这"一得"，除了教学过程中重点凸显，也要体现在练习中。学习只有指向迁移，指向真实的生活情境运用，学才是"活学"，才是有价值的学。当然，还要注意量的把握，不要为了把这"一得"做到人人过关、个个熟练，就在量上加码，这是不可取的。要注意数量上的适宜，内容上的创新，让学生乐于练习，练有成效。

2. 选择性原则

学生的学习能力有强弱，知识技能掌握速度有快慢。同一道练习，对有的学生来说，可能轻轻松松就能完成，而对有的学生来说，可能要花费不少时间。所以，练习的设计，要讲究层次。围绕核心目标，提供给学生有层次的练习，让学生可以根据自己的实际能力进行选择。

3. 多角度原则

多元智能理论告诉我们，每个学生的学习能力是有差异的，他们擅长的学习内容、学习方式都是不一样的。设计练习的时候，也要充分考虑学生学习能力的差异性，尽可能多角度提供练习的内容。围绕核心教学目标，不断变化视角和形式，实现知识掌握和思维训练的和谐统一。

4.少而精原则

练习的设计,最忌的是量大,且是机械或思维含量低的练习。这样的练习,让学生疲于应付,很容易消磨学习的兴趣,阻碍其思维的发展。好的练习,重视横向拓展和纵向挖掘。"横向拓展"的练习,注重培养思维的灵活性;"纵向挖掘"的练习,重在培养思维的深刻性。

二、练习设计的要求

赵成喜先生认为,练习设计要从这三个维度去说明:一是说明练习设计的内容;二是说明练习设计的意图;三是说明练习设计的分层次要求。[①]赵先生提出的就如何说练习设计的这三个维度,对小学语文说课,同样有着重要的指导意义。

下面就以赵先生提出的三个维度为框架,结合小学语文学科特点,阐述如何说练习设计。

1.说清练习设计的内容

在说课时,首先要说清楚练习设计的内容。如哪些练习是来自课后练习,哪些练习是来自语文园地或配套课堂作业本,哪些是根据课后练习或语文园地相关内容改编的,哪些是根据单元语文要素自己编制的。

如统编义务教育教科书语文五年级上册《四季之美》课后"选做"的练习:"课文所写景致不多,却营造出美的氛围,仿照课文,用几句话写一写自己印象最深的某个景致。"就可直接作为本课的练习。

2.说清练习设计的意图

除了说清楚练习设计的内容,还要说清楚练习设计的意图。如知识巩固型的练习,要说清楚是针对本课教学的重点还是针对学生学习的难点。如拓展变化型的练习,是为了克服学生的思维定式还是为了提升真实问题解决的能力。

---

① 赵成喜主编《说课的技巧与艺术》,东北师范大学出版社,2010,第55—56页。

若在课堂里安排了《四季之美》课后的选做练习，设计意图就可以这样表述：

叶圣陶老先生曾经说过：学生积累了词汇、句式，需要时就会脱口而出，落笔成文。清少纳言的《四季之美》只属于清少纳言，学生能学的，是清少纳言语言组织的图式。语言图式储存得越多，学生的表达就越丰富灵活。这个练习的安排，也有利于学生语言的积累。

3.说清练习设计的分层次要求

不同的学生，应该有不同的发展。在练习过程中，亦是如此。因此，练习设计应根据学生的个体差异，说清楚哪些练习是保底练习，也就是《义务教育语文课程标准（2022年版）》规定的基本练习题，哪些是学有余力的学生需要完成的练习题。通过这样的分层次练习，让每个学生都得到发展。

仍以《四季之美》为例，分层练习设计就可这样说：

本课的练习，我采用分层设计，主要有以下几个层次：

第一层次：以课后必做练习"读下面的句子，联系上下文，体会其中的动态描写"为基础，让学生学会辨析其他文章中"动态描写"的部分，并能说出作者是怎么将这个动态过程描写出来的。

第二层次：以课后选做练习为基础，仿照课文，选择一种动态描写方法，用几句话把自己印象最深的某个景致的动态变化过程写清楚。

第三层次：仿照课文，选择几种动态描写方法，也可以用自己喜欢的动态描写方法，用几段话把自己印象最深的某个景致的动态变化过程写清楚。

以上的说课内容和要求不是每次说课都需要讲述的，而是要根据说课活动的目的和形式，进行选择和调整。如教研说课，还可以增加"备课过程"的叙述，便于听者了解教研前后的相关活动，以便更准确地理解教研的主题和成效等。再如示范性、引领性说课，还可增加"教学理念"的阐述。能做示范和引领的老师，一般有自己对教学的理解，有的甚至有自己的教育主张。教学理念的阐述，能让听者更清楚地了解说课设计背后的思考。

第八节　说教学反思——要紧扣实践、改进教学

很多说课，是基于教学实践以后的说课，因此，教学过程中的得失也会成为说课的一项内容。尤其是针对教学研究型的说课，教学反思应成为必说内容，如此才能改进教学，为提升课堂教学效益服务。

杭州市下城区教师教育学院在2020年组织的"武林好课堂"活动中，就安排了课后说课的环节，重点要求教师说清楚教后反思。以曹爱卫名师智慧空间站学员徐杨娟老师参加本次活动后的反思为例，管窥"教学反思"该如何说。

徐老师这次参赛的是一年级口语交际《用多大的声音》一课，反思说课如下：

口语交际，顾名思义，就是要交际，锻炼学生"说"的能力，是培养学生倾听、表达、交流的良好语文素养的重要路径。从磨课过程到专家引领，让我逐渐对口语交际的交际性、真实性、情境性有了更深的体悟，如何在真实的情境下开展口语交际的深度学习，是我这节课的追求目标，下面我就从真实情境性和多向交际性两方面来反思我的课堂教学。

一是真实情境性。口语交际最终指向真实生活，是为学生能在生活中运用做准备的。教师要创设社会生活中真实存在的交际情境，提供恰当的、有实际意义的交际任务，使学生尽可能多地体验各种场合的交际行为。

下面两个例子是从试教到正式上课过程中修改得比较成功的两个课堂细节。

①教材中提供了三幅具有代表性的校园生活场景图。虽然大部分场景均源于学生的真实校园生活，但是，从图到实际还是有距离感的。因此，在进行试教后，我对这些场景进行还原，根据平时的活动拍摄了视频，把

图变成了简短的视频。教学时，由观察、模拟表演，变成帮助同班同学解决实际需求。这种教学活动的转变真正将口语交际的真实性落到了实处。

②在图书馆的情境中，原本的设置是由两位小朋友表演情境，其他小朋友仔细听，判断他们的音量是否合适。但在试教的过程中，发现如果基于真实情境，我们平时在图书馆中，不会有人在那边听别人说话的。所以，在课堂中，我将这个环节改成：教室就是临时的图书室，小朋友们都在读书，共同融入图书馆的情境中，将提问换成"他们的对话打扰到你了吗？"，最大程度地还原真实的情境。

以下是课堂中就真实情境背景下还有待改进的两个细节：

①根据场景图举音量牌的游戏巩固环节。教师选取了一张学校周一升旗仪式的图片，但是，由于角度的问题，没有显示台下的观众。这和前面的教学"根据说话的对象来判断说话音量的大小"这一学习路径不统一，也不利于学生快速判断。

②第二个游戏的名称"场景合作表演"中的"表演"一词违背真实性，改成"场景合作练习"更妥当。

二是多向交际性。交际要多向、多次进行，纵深推进话题深入，这其实与情境性相关联，学生有交际欲望的情境往往是生活中熟悉的场景，当学生不熟悉场景时，就会不知所措，从而失去了交际的欲望，也就只能是简单的一次问答，无法让话题更深入。本节课在链接生活的游戏体验板块重点体现了口语交际的这一特点。相对比较成功的是第一个游戏"看图举牌"：

通过"看图举牌"的游戏，将上课发言、课间走廊上和同学聊天、在图书馆和妈妈一起读绘本故事、地铁上打电话等多个生活场景进行重现，并通过看图想一想这个时候该用多大的声音说话，再用举音量牌的方式进行全员参与，通过辨析不同观点、说原因推进了话题的深入，并形成了思维的碰撞。

第二个游戏的"合作练习"，课堂实践下来还存在问题，反思如下：

"过新年送祝福"和"上课时，你突然肚子痛，想上洗手间"这两个场景，四人小组选择其中一个进行交际练习。这是对本节课的口语交际能力的综合应用，学生在选择的时候，往往比较倾向于第一个送祝福的学习任务，或者在选择任务的时候出现小组成员意见不统一的情况。这种情况下，如何在尊重小组成员意见的基础上又能保证课堂效率？这是在教学准备的时候要思考的问题。在小组准备和展示的时候，出现同学不好意思、其他组员不会倾听等问题，我想这应该是作为语文老师需要注意的地方。每节口语交际课的执行程度如何？教材呈螺旋形设置，教师在口语交际课外的其他语文课中是否同样关注与落实？

　　以上是我对本次教学实践的反思。对于这个课型，我们要以更认真、严谨的态度去上好每节口语交际课，让孩子真正从真实的生活情境中学习说话，解决真实的生活问题，以达到深度学习的目的。

　　在徐老师的反思中，既有对自己教学上的肯定，又有对不足环节的思考，并提出了后续教学或再次教学的改进建议，这样的反思是真实又有效的。

第三章
小学语文说课的类型与模式

第一节 小学语文说课的类型

小学语文说课,按照不同的分类方式,可以有多种不同的类型。方贤忠先生按说课的组织管理的目标取向,把说课分为"教学研究型说课""等级评比型说课""典型示范型说课";按参与的人员规模,把说课分为"组内随机型说课""群体展示型说课""小组互动型说课"。以校本研究与促进教师专业化发展所开展的说课,要形成听、说、评系列,构成不同的说课模式。[1]

这里重点从组织管理者需要的角度,讨论小学语文说课的常见类型。

一、教学研究型说课

教学研究型说课,旨在提高对备课的理性认识,改进教研组、备课组的教学研究方式,并不断促进教师教学研究水平的提升,探讨教学重点、难点、热点问题,寻求教学解决路径。

当前,小学语文教研除了省、市、区教研部门组织的相关活动,学校都会专门安排学科教研时间。一般每门学科每周半天,这半天里,教导处不会给该学科教师安排课务,以便于教师参与教研活动。如杭州市某区小

---

[1] 方贤忠编著《如何说课》,华东师范大学出版社,2008,第27页。

学语文教研时间就是周二下午，本区所有语文教师周二下午不安排课务，若区里有安排统一教研活动，则教师外出参加，若区里没有安排教研活动，则教师参加学校教研组和备课组组织的校本教研活动。

这种有固定时间、常规性、经常性的教研活动，如果没有明确的研讨专题，没有明确的目的和任务，就很容易变成走过场。如有的学校利用这个时间组织集体备课，就是把同一年级的教师组织在一起，让其中一位教师说一说下周要上的课准备怎么上，其他教师提一提意见和建议。这样的集体备课，只是把"可以怎么上"作为教研的追求，并没有从深层去思考"为什么这么上"，更没有去思考哪些问题才是教学难题，需要用集体智慧来攻破。

教学研究型说课，就是要围绕一个主题，全体参与教研的教师共同思考：围绕这个主题，就"可以怎么开展教学""为什么要这么教学""这样开展教学的理论依据是什么""教学的成效如何评估"等系列问题进行研讨，把教研往深处推进。

如杭州市德天实验小学于2020年10月开展的"低、中年级古诗教学的差异"主题教研，活动安排的程序是这样的：

①请专家进行针对性指导。学校请相关专家和区域教研员就"如何说课""小学古诗教学的年段教学差异及教学建议"面向全校语文教师开展主题讲座，进行说课研讨活动前的全员培训、指导。

②低、中年级各选一首古诗开展组内说课研讨。主要做好这几件事：一是围绕主题，分头撰写说课稿；二是集中说课，提出改进建议；三是总结反思，修改完善说课稿；四是确定校内教学研讨展示人选，模拟说课演练。

③校内主题教研展示活动，聘请区域教研员进行点评。

二、等级评比型说课

等级评比型说课，是目前教师招聘、职称晋升、推荐人才等常用的一种考核方式。所以，这种类型的说课，不同于教学研究型说课，它是以比较优劣为主要目的的。一般来说，组织这种类型说课的部门，一般是省、市、区、校相关教育行政部门。

此类说课，也不是人人都参加的，参与成员是特定的人群或对象。比如，要参加相关教师职称晋升评选的说课，其中一个条件是必须取得上一级职称规定年限的教师方能申报。再如，参加教师招聘的说课，若是应届生，就有相关毕业学校、专业等要求；若是选调教师，就有学科、任教年限、获得荣誉等相关要求，不符合招聘条件的就不能申报，也就没有参加说课的资格。

等级评比型说课，非常考验教师的专业素养和临场应变能力，程序一般是这样的：

①抽签确定说课的顺序和内容。参加选拔的教师，通过抽签，确定说课的顺序。并根据序号，按组织者规定的间隔时间抽取说课内容。

②独立钻研教材，撰写说课提纲。进入准备室后，教师按照抽取的说课内容进行独立准备。这个准备时间，在三十分钟到一个小时之间。这么短的时间，要完完整整地把说课稿写出来是不现实的，一般重在研读文本，拟好说课提纲，其他的靠现场发挥。因此，要是平时积淀不够，这时候就容易露馅。

③按抽签顺序依次说课。准备时间一结束，组织者就会把说课教师带到说课评比室，接受评委的考核。这个环节是整个说课过程中最为关键的环节，说课教师一定要按照相关规定说课，注意控制好时间，千万不可超时。等级评比型说课，一般在最后一分钟或几分钟，会有计时员举牌提醒，切莫超时。

④评委打分，评定等级。根据评价量表，评委各自打分。组织者再根据活动前制订的评分标准（如是否要去掉一个最高分、一个最低分再计平均分，还是直接取所有评委的平均分），给每位参与说课的教师打出分数，按从高到低的得分排好顺序。如有等级，再按比例做好等级的划分。

三、典型示范型说课

典型示范型说课，是以区域教研骨干、教学能手、优秀教师等为代表进行说课展示，以点带面，以一个或几个榜样的说课来带动区域教学研究，以达到示范、引领的作用。

典型示范型说课主要用于指导教师、培训教师等研训活动。就小学语文学科而言，典型示范型说课可以就某一篇课文进行说课，也可以就某一单元进行说课，说课的具体内容要看研训主题和典型教师研究的内容。

说课的程序一般是这样的：

①发现典型，确定说课内容。随着信息化进程的推进，教师的教学思想也呈百花齐放的样态。有的教师擅长把信息技术融入语文学科教学；有的教师专于学科育人，在语文教学中重视人的培养；有的教师强在学习活动的设计，语文课堂能吸引每个学生愉快地投入学习……各级教研部门，要根据学校、区域教学研究的重点，深入教师、深入课堂、深入教学，发现典型教师的个性化教学思想，把这些教师推出来，以带动区域学科教学的发展。

②个性辅导，写好说课稿。找到典型教师后，组织者要鼓励教师把说课稿写好。但也要知道，落在纸上的文字，要比口头说的更严谨、更科学、更规范。即便是骨干教师，难免也会有一些语言逻辑、语言表述等方面的问题，组织者要亲自或者聘请相关专家跟进指导，对骨干教师的说课内容进行全面检查和完善，有的甚至要在理论上进行提炼和提升。这样，不但有助于骨干教师的成长，而且能更好地对区域起到引领作用。

③说课展示，组织教学研讨。组织者根据教学研讨的安排程序，组织研讨活动，一般的程序是：骨干教师说课—其他教师边听边记录、反思—分组讨论听课收获，形成小组报告—选代表在会上分享。

此环节特别要注意的是，说课教师的展示只是活动的一部分，更为重要的是参与研讨的其他教师对"怎么聆听的""听了以后有什么收获""今后的教学可以如何改进"等问题进行思考和交流，以及后期的小组讨论，形成报告，在研讨活动中的分享。

④专业引领，总结点评。各组汇报结束后，区域教研员或学科专家对本次活动进行总结，点明本次活动"示范的是什么""要推广的是什么"，让在自主研讨中还不是很明确这两个问题答案的教师，有清晰的认知。要总结出一些规律性的经验，为后期各校的教学研究创造条件。

第二节　小学语文说课的模式

说课的模式，指说课者以怎样的结构方式呈现所说内容。根据不同的活动目的、教师对文本的不同解读以及教学实际的不同需求，说课的模式也会有差异，但文本教学解读、学生情况分析、教学目标制订、教学程序展开、练习板书设计等核心内容必须有所体现，只是在说的时候，具体划在哪一个板块里，比重如何权衡，可以根据说课实际调整。

常见的小学语文说课模式，主要有以下几种：

一、"三说式"模式

"三说式"模式，就是把说课的内容分成三个构成部分。具体是哪"三说"，教师可以根据说课需要组合说课要素，一般包括："说教材"，包括教材分析、学情分析、目标制订、重难点确定等；"说教学程序"，把教学的过程展开说清楚；"说思考"，包括板书设计、实践收获等。其目的是用最简洁明了的结构方式呈现说课内容，让听者很容易抓住说课的重点，对核心部分留下深刻的印象。其缺点，正如谢安平等先生认为的，这种说课难度很大。因为越简洁越深刻，就越要求教师对说课各项内容的理解到位、安排适宜，否则，容易出现颠三倒四、说不清楚的现象。

"三说式"模式一般用于成熟教师的教学研究型说课或典型示范型说课，青年教师或参与等级评比型说课的教师要慎用。

以汤佳琦老师参加第二届全国统编小学语文教科书优质课观摩交流活动的说课《骑鹅旅行记（节选）》为例（根据大赛录像整理）[①]。汤老师把《骑鹅旅行记（节选）》说课的题目确定为"基于单元整体、关注学习难点、激发阅读兴趣"。她从三个方面展开说课：一是分析教材，把握学情——

---

① 第二届全国统编小学语文教科书优质课观摩交流活动：https://www.pep.com.cn/xw/zt/xkzt/xy2020/。

确定教学目标;二是借助支架,设计活动——展开学习过程;三是长文短教,以生为本——分享实践思考。

从标题就可以看出,汤老师的说课结构就是"三说式"的。仔细研读标题,观看录像,就能发现,汤老师把说课的核心要素进行了整合。

第一个方面,汤老师把"教材分析"(其实汤老师做了很细致的文本教学解读)、"学情分析"和"目标制订"整合在一起了,且逻辑非常清晰。因为教材有这样的特点,教学有这样的要求;学生已具备哪些学习经验和学习能力,尚欠缺的又是什么,所以,确定的教学目标又是哪几条。抽丝剥茧,层层深入,理据充分,令人信服。

第二个方面,是说课的核心部分。汤老师把学习过程的亮点"借助支架,设计活动"在小标题里就呈现了出来,给听者留下了非常深刻又美好的印象。汤老师紧扣"变"字,设计了三个教学环节:基于预学,围绕"变",梳理清楚故事的情节;多元评价,研读"变",感受人物的形象;拓展延伸,预测"变",激发阅读的兴趣。从这三个环节的设计,可以看出,汤老师是非常有智慧的,她很清楚听者要在短时间内抓住说者的核心内容,是需要有关键词汇来强化的,就像要把钉子钉进木板,只有保持捶打方向的一致性,钉子才能快速又准确地揳入木头。如果方向不一致,一下忽左,一下忽右,钉子就揳入不深,而且费时长。小标题里的"变"字,就是在一而再,再而三地"敲打"中,"揳入"了听者的心里。每个环节再紧扣"变"字,展开学习过程的阐述,教学流程清清爽爽,简洁中富含变化。

第三个方面,分享自己对"长文短教"的教学实践思考,给听者更多的启发,从这一篇文章的教学走向这一类文章的教学,站位高远,意义不凡。

二、"四说式"模式

"四说式"模式,就是把说课的内容分成四个构成部分。它相对"三说式"模式的说课,更容易说清楚。一般包括:"说教材",含教材分析、学情分析、目标制订、重难点确定等;"说教学思路",即根据本课教学实际,对需要采用怎样的教学方法、学习方法开展教学进行简要阐述;"说教学程序",把教学的过程展开说清楚;"说思考",包括板书设计、实践收获等。

"四说式"模式适用性比较强,教学研究型说课、等级评比型说课和典型示范型说课都可使用。

如第二届全国统编小学语文教科书优质课观摩交流活动中,新疆维吾尔自治区哈密市第七小学李晓思老师的说课《卖火柴的小女孩》(根据大赛录像整理)[①]。李老师从"教学目标""教学思路""教学过程""作业、板书设计"四个方面展开说课。

当然,李老师说课的第一个方面虽然把小标题定为"说教学目标",但在具体阐述过程中,她是立足单元,从单元语文要素开始分析,再结合教学目标和要求,分析学情,最后才说课时划分和目标制订,和"三说式"中汤老师的第一方面所说内容差别不大。后面的"教学过程""作业、板书设计"也有教学实践后的思考。

李老师和汤老师说课中最大的差异是在第二个方面,汤老师没有单独说自己的教学思路,而李老师是把"教学思路"作为独立的一个方面来说,让听者先对她的教学有一个大概的了解,再听后面的教学过程就有一个预期。李老师"教学思路"是分三个板块展开阐述的:一是教学方法,二是随文识字,三是借助多媒体。

教学方法板块,她重点阐述了以"听故事—读故事—写故事"为主线来组织学生学习,目的是简化教学头绪,争取上出童话味。在教学时,"以读为本,以读促悟"贯穿整个教学环节。

随文识字板块,她强调了生字新词的学习是整个小学阶段的重点,本课的生字,随文学习,做到字不离词、词不离句、句不离文,生字的认识和复现都是随着童话故事的展开进行的。让孩子们在黑板上、课件上、课本上常与生字见面。

---

① 第二届全国统编小学语文教科书优质课观摩交流活动:https://www.pep.com.cn/xw/zt/xkzt/xy2020/。

借助多媒体板块，李老师认为恰当使用多媒体，努力将图像、声音、视频、文本等多媒体结合起来，多方位、多角度、多途径地传递信息，增加课堂容量，能使原本可能枯燥的课堂环境变得活泼。比如，她在课堂上会用声音让孩子们感受到冷，通过视频让孩子感受到小女孩的无助等。

撇开李老师"教学思路"三个板块的逻辑性（这三个板块并列呈现，笔者认为还可以继续商榷）不谈，就"教学思路"作为独立一个方面来说，是可取的。把教法、学法先做精要概述，便于听者在听"教学过程"时，能主动对应，对后面的说课内容起到统摄作用。

三、其他说课模式

当然，还有"五说式"模式、"六说式"模式，甚至"七说式"模式。模式本身，并非是说课的重点和关键，所说的内容才是核心。教师要根据说课组织者的要求，把自己对教材的理解、对教学的思考等尽量说清楚、说明白，说得有理有据。

同样是参加第二届全国统编小学语文教科书优质课观摩交流活动的说课，来自湖南省浏阳市奎文实验小学的汤乐老师，在说《好的故事》一课时，就采用"五说式"模式，把说课主题定位为"撑语文要素之长篙，寻鲁迅先生之心迹"，从以下五个方面进行讲述：一是三维角度品文本，即说教材；二是整体关联抓要素，即借助相关资料理解课文主要内容，指向教学方法；三是紧扣学情立目标，即教学目标的确定；四是深入浅出定过程，即教学过程的展开；五是撑篙漫溯向深处，即借助学法深入研读。

而来自云南省昆明市五华区春城小学教育集团红菱校区的李桢老师，她说《动物王国开大会》一课，则采用了"六说式"模式，从"教材分析""学情分析""教学目标""教学过程""板书设计""教学反思"六个方面来说，也说得非常精彩。

教学倡导"教学有法，教无定法"，说课也是如此，倡导"说课有法，说无定法"。当然，有的教师会在"说教材"前增加"说教学理念"，有的教师会在"说教学程序"中分课时阐述，在具体说课中都是可行的。

第四章
小学语文说课稿的撰写

第一节 小学语文说课稿撰写的特点

好的说课必然有一份好的说课稿。认真撰写说课稿,是说好课的前提。

一、简明扼要,有理有据

有的教师认为把课设计好,就能说好课,这是想当然的认知。的确,好的说课稿是基于好的教学设计,因为说课的关键环节"说教学程序"就是以教学设计为基础的,没有好的教学设计,自然不可能有精彩的说课。

但教学设计只是阐明了"怎么教",对"为什么这么教""这么教的理论依据是什么"却是没有回答的。说课,则必须是理论和实践紧密结合。理论和实践,如同飞机的两侧机翼,理论缺位,就像飞机去掉一侧机翼,是不可能飞向"说课"这片蓝天的。因此,说课稿的撰写,必须体现自己的教学思想、教学意图和理论依据。

下面是杭州市下城区"古诗教学专题教研"活动中柳惠老师的《惠崇春江晚景》说课片段,如果去掉加粗的理论部分,这份说课稿就缺乏内在的力量了。

我在设计教学过程时,紧紧围绕单元语文要素展开,在实际教学中也在努力落实每个要素,引导学生借助注释、结合插图一边读一边想象画面,体会诗句的优美生动,试着把诗中之景和想象之景说清楚。整个教学过程主要分为四个环节：对诗导入，识写"惠崇"；初读古诗，读出韵味；想象画面，感受诗意；诵读吟唱，总结全诗。

下面，我重点来说说第二、三、四这三个环节。

初读古诗，读出韵味。"三分诗，七分读"，古诗是最适合儿童诵读的作品，因为它简短、押韵，句调抑扬顿挫，读来朗朗上口。在声情并茂的朗读中，学生更容易读得开心，读得起兴，也更容易感悟诗的意蕴，体味诗的意境，与诗人产生共鸣。

初读时，我主要关注学生是否读准字音，是否读出节奏，如果能声情并茂那更好。为了激发学生朗读的兴趣，朗读的形式也进行了多种变化，个人读、范读、合作读、齐读。读着读着，诗的基调、描绘的画面、春天的生机就会慢慢渗透进学生的脑海，为接下来的深入学习奠定基础。

想象画面，感受诗意。诗是抒发诗人情感的，而情感又要通过形象构成一种意境，然后借助语言文字表达出来，因此，诗歌是十分注重形象描绘的。所谓"诗中有画，画中有诗"就是这个道理，所以教学中要引导学生边读边想象，体会诗句的优美生动，感受到诗中有画的妙处。

这一环节，首先，我让学生在诗中圈画景物，有竹、桃花、春江、鸭、蒌蒿、芦芽，刚开始圈出"河豚"也不要紧，因为学生还没进行诗意的理解，后面理解最后一句是诗人的想象了再擦去，这也是学生学习时思维的体现。提取出丰富的信息后，学生对诗中描绘的春景有了大致的印象，将这些景与具体的形象联系起来，很快就能进入诗境。然后，我引导学生借助注释、结合插图、联系生活展开想象，"竹外桃花三两枝"抓住主要景物"桃花"，通过想象桃花的数量、颜色、形态等感知初春的美好。"春江水暖鸭先知"这一句通过两个问题的提问引导学生想象春江中鸭子戏水的画面，通过第一个问题"鸭子为什么是最先知道江水变暖的？"让学生理解画鸭子、写鸭子的原因；通过第二个问题"惠崇的原画已经失传，如果你是惠崇，你会怎么来画鸭子？"让学生展开想象，感受春江上的动态美和勃勃的生机。"蒌蒿满地芦芽短，正是河豚欲上时"这一句的教学通过图片直观展现"蒌蒿""芦芽"的样子，感受初春的生气，再结合宋代张耒《明道杂志》补充课外知识，让学生理解"河豚"并非惠崇所画，而是苏轼看了画后的想象。最后，通过小组合作，一人说一句，借助古诗还原画作。从一句到两句再到全诗，学生对整首古诗的理解都是在画面想象中展开，这样的学习既保留了古诗的美感，又丰富了学生的想象，体现了"诗中有画，画中有诗"的境界。

诵读吟唱，总结全诗。对每句诗进行想象理解后，适时进行朗读，整首诗学完后，再完整地诵读，通过配乐读、去掉部分文字读、看着插图读，在反复诵读中，带领学生读出语感，读出情感，读出美感，让诗中的每个文字都在诵读中活起来。最后，通过歌曲的形式将整首诗唱出来，这也是学生很喜欢的环节。古诗新唱，促进学生的记忆，旋律轻快，加深学生对诗人情感的体悟，让古诗教学不仅仅停留在积累，更成为潜移默化的审美教育。

二、抓住重点，着力阐述

有的教师，一篇说课稿中，对教材内容的理解和分析，写得洋洋洒洒，头头是道，在"教什么"上花了大量的笔墨；而对"怎么教"，却展开不足；对"为什么这么教"，几乎没有提及。这样的说课稿，重心出现严重偏差，属于不合格的说课稿。

好的说课稿，重心一定在"怎么教"上，对"怎么教"的重点环节详细述说，并把"为什么这样教"的理论依据说清楚。让听者知其然，亦知其所以然。

如统编义务教育教科书语文二年级上册《夜宿山寺》，整首诗紧扣一个"危"字写出了山寺之高。教学就可紧扣"危"字，层层展开：

《夜宿山寺》中，不管是"高百尺"还是"手可摘星辰"的夸张写法，抑或是"不敢高声语，恐惊天上人"的神奇想象，都在反复强调楼的"危"。教学时，就可紧紧扣住这个"危"字，设计学习活动，让学生在自主学习中走进这座危楼，感受楼之"危"。

学习活动分三个步骤：①读一读，圈一圈。大声读一读古诗，圈出让你感觉到这是一座"危楼"的词语；②读一读，想一想。如果你站在这座"危楼"上，会看到什么，听到什么，想到什么；③再读古诗。读出自己的感受。

学生充分地自主学习后，根据学习要求反馈、交流。反馈、交流分成两部分展开，第一部分紧扣前两句诗体会"危"，第二部分紧扣后两句诗体会"危"。

第一部分紧扣前两句诗体会"危"，分四步开展教学。

第一步，理解"高百尺""手可摘星辰"的字面意思。"高百尺"就是有一百尺高，1米约等于3尺，百尺约是33.33米高，相当于现在的10层楼那么高；"手可摘星辰"就是伸出手可以摘下天上的星星。

第二步，反问："'高百尺'真的就是一百尺高吗？""星星真的可以摘到吗？"体会夸张的写法。

第三步，引发思考"这样写好在哪里？"在交流中，体会"危楼"的高和李白神奇的想象。

第四步，朗读表现：让我们一起再来读一读这样富有想象力的诗句，读出危楼的高。

第二部分紧扣后两句诗体会"危"，分三步开展教学。

第一步，把自己放进画面想象：站在这样的危楼上，你会看到什么，听到什么，想到什么？学生也许会说，会看到满天的繁星，会听到呼呼的山风，会想到"这楼太高了，太危险了，可千万别摔下去啊"，等等。

第二步，理解李白的想象，李白想到的是什么？体会李白想象的神奇。

第三步，读出诗句神奇的想象。

本环节的设计，我紧扣核心词"危"进行重锤敲打，让学生自己去读一读诗句，圈一圈哪些词能够感受到危楼的高，去想象诗句描写的画面，在此基础上，再展开讨论交流。整个教学过程，充分发挥学生学习的自主性，这种沉浸式的学习，提高了学生学习的兴趣和积极性，也充分给予了学生学习的时间和空间,让学习在课堂里真实地发生,学生的学习能力得到了有效提升。

三、立足整体,彼此联系

一份好的说课稿,教学设计和理论依据之间要联系紧密,水乳交融。设计要有新意,理论阐述要有针对性,给人的感觉要浑然一体,而不是设计归设计,理论归理论,感觉是在"设计"这张纸上硬生生地另附了一张"理论"的便利贴。

此外,说课稿还要注意:板块和板块之间、环节和环节之间的联系要紧密,呼应要自然,不能出现前后脱节甚至是前后矛盾的现象。

如统编义务教育教科书语文一年级上册《江南》的说课片段:

根据诗歌所描写的主体不同,全诗可以分为两部分。

第一部分,学习描写"莲"——"江南可采莲,莲叶何田田"。

这两行诗,是学生理解的难点。"可"有正好、适宜的意思。"江南可采莲"即江南正是采莲的好时节。"田田"是形容莲叶茂盛、充满生命力的样子。"何"有感叹、称赞的意思,在诗歌中可以理解为"多么"。

在教学这两行诗歌时,切不可如此机械地就词解词,逐一翻译;切不可以教师的理解代替学生的理解,越俎代庖。我创设了一个生动、有趣的故事情境,多媒体课件呈现荷塘背景图:现在,我们的教室就是荷塘,小朋友都是采莲人,我们一起划着小船,穿梭在莲叶间,你看到了什么样的荷叶、什么样的莲蓬?让学生进入情境去回忆、去体验,从而理解"莲""可""何""田田"等词语的意思。春风化雨间,学生形成了个性化的认知,自然也能很好地理解诗句。

第二部分,学习描写"鱼"——"鱼戏莲叶间。鱼戏莲叶东,鱼戏莲叶西,鱼戏莲叶南,鱼戏莲叶北"。

这五行诗,每一行诗的区别在于最后一个描写方位的字不同,而第一行诗与后四行诗又存在着总分的关系。这五行诗通过反复咏唱的方式,描绘了小鱼在莲叶间自由嬉戏的场景，读起来朗朗上口，充满趣味。"戏"是这几句诗的核心，从中也可以看出"鱼之乐"，体会到江南人之乐。因此，教师可紧扣"戏"字，进行教学。

首先，让学生反反复复地诵读，在诵读中初步感知小鱼在莲叶间嬉戏，一会儿游到东，一会儿游到西，一会儿游到南，一会儿游到北，自由快活，毫无拘束。

然后，请学生模仿小鱼，边诵读边做着动作游向不同的方向。唤起学生自在游戏时的欢愉情感体验。

最后，把自己当成小鱼，展开想象：莲池中的小鱼儿会说些什么、想些什么？在"代入式"的体验中，体会鱼之乐。

整个教学过程，借助视频、课文插图与游戏，不断强化学生"自在快活"的情感体验。当诗句与读者个体产生情感联结时，诗句就变得灵动，快活自由的小鱼形象也就深深烙进了学生心里。

四、形式多样，简便易行

说课稿的主要作用是便于说课教师有条理地说清楚自己对某一教学内容的理解、教学预想及理论依据，若从说课现场看，阅读对象是说课者本人，所以说课稿的撰写方式是个性化的，只要说课者本人看得懂就行。若是把说课稿拿来发表或者分享给其他读者，那就需要当成一篇文章来撰写了，本书下篇里的说课稿都是完整的、正式的说课稿案例。

在本节，以读者对象是说课教师本人为例，分享说课稿的一些简便书写形式。赵成喜先生提出了"套写式""表格式""插写式""添页式"等阅读对象为本人的说课稿撰写形式。[1]但赵先生没有展开具体阐述，现结合小学语文学科特点，进行细化阐释。

一是套写式，即在教师认为需要重点阐述的环节下面，写出教学理论

---

[1] 赵成喜主编《说课的技巧与艺术》，东北师范大学出版社，2010，第129—130页。

依据或自己的思考等。这种形式的好处是便于说课的时候提取运用。

如在教学二年级绘本创意读写课《古利和古拉》时，教学设计中有多次想象，其中第一次想象是请学生借助问题，展开想象，画出事物。套写式的说课稿撰写片段如下：

第一次想象：描画事物

1."古利和古拉会用鸡蛋壳做什么？"教师不急着呈现故事末页，让学生展开想象，说说画画。

2.请学生个别说，教师根据学生的回答，随机在黑板上画简笔画，并写上事物名称。如学生说："可以把蛋壳朝下，做成房子！"教师可夸他想法奇妙，并在黑板上画一个鸡蛋壳房子：圆圆的屋顶和围墙，一个拱形的门，一个田字形的窗，还有一个烟囱，缕缕炊烟袅袅上升。

3.请学生自己独立画简笔画，并在边上写上名称。

4.四人小组交流，评出小组最奇妙的想法，等会儿讲给全班同学听。

5.根据大家的介绍，如果觉得自己的想法还不够奇妙，继续修改。

设计意图：对于低年级的孩子来说，想象天马行空，但是，要把想象落在纸上，就不知道如何下笔。教师面向全班共同示范，是最好的引领和帮助。整个画画说说的过程，就是共同示范、个别练习、交流分享、补充完善的过程。这样的一个绘画过程，也是把脑海里的图像进行具象化的过程。学生的想象会非常奇妙，如把鸡蛋壳想成亭子、滑梯、碗、篮子、摇篮、帽子、花盆、小便桶……当各具形态的事物展现在纸上时，学生在脑海里把鸡蛋壳想象成某种事物的那一刻，已然在心里编织着一个个奇妙的故事。他们的故事中，不仅有空鸡蛋壳做成的东西，还有古利和古拉，他们正在说着话，做着有趣的事……

二是表格式，即在教学设计旁边写出理论依据，并用表格形式规范起来。这种形式的好处是给人很强的整体感。

如统编义务教育教科书语文六年级上册《在柏林》教学设计片段，表格式的说课稿撰写片段见表4-1。

表4-1 《在柏林》教学设计片段

人物	引导话题	设计思考
老兵	老兵是主战还是反战	奥莱尔从侧面通过小场景、小人物、小事件来写,把战争给人民带来肉体上的痛苦和精神上的折磨体现得淋漓尽致,字字渗透着战争的血和泪。引导学生走进文本深处,和作者情感产生共鸣,体会战争的残酷,这是教学的主要目标之一。为了实现这一目标,围绕人物,设计有针对性的开放性问题,引发学生思辨,感受到战争的危害遍及无数家庭,产生对和平的强烈要求和渴望
老妇人	比起死亡和伤残,你如何理解战争带给老妇人伤痛的程度	
乘客	柏林的伤痛,车厢里的乘客意识到了吗	其写作的思路更是令人拍案叫绝,开始的伏笔使读者迷惘,后来的结局令读者心头一震,足以表现出文学的绝妙。作家超群智慧的文字并不比大声的呐喊声和有动作的画面差。这种有力量的文字,是值得研读品悟的

三是插写式。在教学设计的相关空白处,写上各个教学设计的重要依据。这种形式的好处是便于整理说课稿。

如统编义务教育教科书语文二年级上册《望庐山瀑布》教学设计第三板块,插写式的说课稿撰写片段如下:

板块三 品读诗句,体会诗人神奇的想象

在品读不同的诗句时,教师采用不同的方法进行引导。

前两句的教学。"日照香炉生紫烟",请学生读诗句,圈景物,再根据景物想象画面,然后出示图片印证,最后有感情朗读,用声音表现美景。"遥看瀑布挂前川",结合"川"字的学习,让学生展开想象,来理解这里所用的比喻。

设计意图:低年级的学生学习古诗,只需大致理解诗意,能够想象画面就可以。识字教学是低年级语文教学的重点,本首诗识字量不大,学生已经具有一定的识字基础,所以本环节抓取了对理解诗句比较重要的"川"字进行教学。

后两句的教学。"飞流直下三千尺",抓住"三千尺"的虚数体现了瀑布的高耸,通过与实际事物的对比,感受夸张的写法,再结合"白发三千丈""危楼高百尺"等诗句,感知古诗里数字的虚指;"飞流直下"则通过一个"直"字,体会山高水急,落差极大,感受瀑布的气势磅礴。"疑是银河落九天",先理解"银河"与"九天",再通过想象,理解"瀑布飞流直下"与"银河落九天"之间的相似之处。

设计意图:古诗教学中,特别是低年级古诗教学,学生对诗句的理解是难点。这里采用资源补充、教师讲解等方式,目的是降低古诗理解难度,帮助学生大致了解古诗的意思,为读文想象画面打下基础。

在品读诗句的过程中,教师还要关注学生的朗读,通过多形式的朗读反馈来加深对诗句的理解,并在理解的基础上让学生用自己的语言描述画面。

四是添页式。把教学依据单独写在其他页面上,粘贴在教学设计相关位置上。这种形式的好处是说课稿不受篇幅限制。

如统编义务教育教科书语文二年级上册《狐狸分奶酪》,整体感知故事内容部分及添页式的说课稿撰写片段(给图片排序,整体感知故事)如下:

1. 请学生自读课文,读后做配套《语文课堂作业本》(浙江省教研室编写)第77页漫画排序题(图4-1)。

◎根据故事内容,给图片排排序。(填序号)

图4-1

2. 交流反馈。①指名说第一幅图是哪一幅，是根据课文哪个自然段得出的结论。学生找到后，课件出示课文原文段落，并朗读。(结合板贴：起因)②指名说最后一幅图是哪一幅，是根据课文哪个自然段得出的结论。学生找到后，课件出示原文段落，随文学习"剩"字。(结合板贴：结果)③刚才我们找到了起因和结果的两幅图，剩下的这三幅图就是故事的——经过。(出示板贴：经过)请与同桌合作，给这三幅图排排序。(同桌讨论结束后，依次指名说)

3. 师生一起回顾，看图梳理：小朋友，我们已经一边读课文一边理清了这五幅图的顺序。老师将它们进行了重新排列(课件将五幅图重新排列：第一幅图为一组，第二、三、四幅图为一组，第五幅图为一组)，请看着图说一说这个故事。

对于二年级的学生来说，感知故事内容是有一定困难的。《语文课堂作业本》中这道排序题看似简单，其实还是有一定的思维含量的，需要学生仔细观察图片，又熟悉课文内容，才能正确排序。

排序环节的教学目的有两个：

一是借助排序环节，激发学生阅读兴趣。

二是通过对图片的排序，架构起思维与文本、语言之间的桥梁。看图虽然是一种直观思维，但学生需通过自主阅读，在文中找依据，并组织语言来回应，这个过程就是"阅读—发现—思考—回应"的过程，这样的阅读发展了学生的思维，有利于阅读能力的提高。

因为第一幅图和最后一幅图是相对容易找到的，有明显的依据，所以教学时，可以先让学生找到这两幅图。这也是在训练一种思维，将最容易找到的先找出来，尽可能缩小范围，排除干扰。

第二、三、四幅图画面相似，需要仔细观察图片，更需要深入阅读文本，才能做出正确排序。要引导学生从图片细节去观察分析。如第二幅图两只小熊摆摆手，表示他们不知道该怎么分，表情也很为难，狐狸掰开的两块奶酪，拼起来刚好和第一幅的奶酪一样大，是块正方形的奶酪形状，与课文中第三、四、五段"哥儿俩不知道该怎么分""狐狸把奶酪'掰'成两半"等内容吻合;第三幅图两只小熊手指都指着狐狸,表情很生气,狐狸左手的奶酪咬了一口,右手的奶酪和第二幅图是一样的,与课文中第六、七段"嚷着""说着便在大的这半块上咬了一口"等内容吻合;第四幅图狐狸手里的两块奶酪都被咬了一口,与课文第八、九段"狐狸又咬了一口""不停地咬着"等内容吻合。

借助细节观察,结合课文语言,学生边看边读边比照,理清了课文的脉络,发展了思辨能力,对文本有了整体感知。

第二节　小学语文说课稿撰写的注意事项

说课稿的撰写,有自身的特点,说课是一种有着明确言语对象的交际行为,专业性非常强,通过说课,传递的是教师对教学的理解。所以,说课稿的撰写,以下这两个事项需要特别注意。

一、内容要基本完整

说课稿的撰写,目前并没有明确的模式和格式。说课组织者的目的不同、说课者个人的素养和能力的差异等,都决定了不可能有完全统一的说课模式和格式。但这也并不意味着说课稿的撰写,可以完全信马由缰,想到什么写什么。说课稿的撰写,还是有基本要素或者说是基本内容的。

首先,要写开场白,介绍个人情况及说课内容等。如果是等级评比型说课,不能泄露单位、教师的个人信息,就采用报编号或考号的方式介绍个人情况。介绍自己说课的内容,要具体到教材版本、年级、课型、课题等。让听者有一个大致的了解。

其次,要写清楚教材分析(文本教学解读)、学情分析、教学目标、教学方法、教学程序、教学效果分析和板书设计等,甚至还可以说说这一节课设计的核心理念、亮点或创新点等。这些内容具体怎么整合或者选取哪些内容重点说,就要根据说课活动的目的来决定。

最后,要写致谢词。致谢词虽然可以是短短的一句话,但体现着说课教师对听者的尊重和感谢。

二、语言要有艺术性

语言,是说课表达形式的主体。说得让听者一听就明白,一听就理解,这很重要。

1.思路清晰

认识事物、了解事物的一般规律是从整体到局部再到整体的。教师说课,要遵循人类认识事物的规律,一定要处理好整体和局部的关系,让听者觉得说课者思路非常清晰。

要做到思路清晰，就要把说课思路结构化。方贤忠先生认为，这几种思路有助于把思路进行结构化[①]。

一是"总—分—总"结构。即在教材分析后，先不具体展开说课的其他内容，而是介绍本堂课的总体设计构思，再介绍课程标准的设定、教材的分析、重难点的确定，然后说教学程序，最后做简要小结。

二是"矩阵式"结构。即在开场白结束后，立即呈现本次说课的若干板块，如"一、分析教材，把握学情，制订教学目标；二、借助支架，设计活动，展开学习过程；三、长文短教，以生为本，分享实践思考"，再围绕各个板块，把说理论、说过程、说方法的相关内容分解在其中。

三是"论述式"结构。对教材、学情进行分析后，引入对教学目标的制订，随后以论文标题的形式，将说理论与说过程结合在其中，最后做简要小结。

2. 详略得当

说课是一种艺术。艺术不可能平铺直叙，一条直线连到底。说课，要把核心教学目标指向的内容重点说，如教学重点的凸显处、教学难点的突破处说详细、说具体，而一般教学目标指向的内容，可以说得简单些，有的甚至可以一语带过。

在说教学重点、难点的时候，不仅仅要说清楚"是什么"，更重要的是，在教学过程中说清楚如何突出重点，突破难点。

如对六年级学生来说，学习统编义务教育教科书语文六年级上册《伯牙鼓琴》，其难点是对"知音文化"的理解。那如何突破这一难点？请看说课稿片段：

①学习文言文表达，渗透"知音"文化。

[①] 方贤忠编著《如何说课》，华东师范大学出版社，2008，第36页。

在品析完"方鼓琴而志在太山,锺子期曰:'善哉乎鼓琴,巍巍乎若太山。'少选之间而志在流水,锺子期又曰:'善哉乎鼓琴,汤汤乎若流水。'"后,借助问题"伯牙作为著名的琴仙,那么他的琴声中除了表现高山流水,还会有哪些场景?子期又会听到什么呢?"在学生充分想象的基础上,借助"依依杨柳""皑皑白雪""潺潺清泉""萋萋芳草"……,让学生仿照句式说一说。这样的句式练习,能有效地调动学生去感受文言文的音韵美、结构美,丰富了文本的内容,又在教学中不露痕迹地渗透了"知音"的含义。

②角色代入想象,理解"知音"内涵。

我先请学生阅读教科书里资料袋的内容,理解"高山流水"的含义后,再请学生想象:"如果你就是伯牙,一直以来都没人能真正听懂你琴声所表达的心声,而锺子期,不论你弹什么,不论你有怎样的志向和情怀,他都能听懂,都能领会,你会有什么心情?你又会有怎样的感慨?"文章的空白点给了学生极佳的回味和想象空间,此时,学生已经是不吐不快的状态,感受了知音相遇的喜悦之情。同时,也让写话练习达到了意想不到的效果。

这样的教学设计,就有效地突破了理解"知音文化"这一难点。

第五章
小学语文说课的技巧

有好的说课稿,未必有好的说课效果、好的说课成绩。好的说课稿只是说好课的前提和基础。要说好课,关键还在于说课者的现场表现,还有一些必须掌握的技巧。

第一节 说课前的准备技巧

一、着装要符合身份

2008年修订的《中小学教师职业道德规范》中对教师着装的要求是:衣着得体。江苏省南京市教育局于2010年9月下发了《给南京市中小学教师15条礼仪建议》,文中明确指出教师着装的"六忌",即"忌脏、忌露、忌透、忌短、忌紧、忌异"。

可见,上至国家,下至地区,都非常重视教师着装的礼仪,要求着装符合教师的身份。说课现场,虽然不是直接面向学生的教室,但也是一个正规的教育教学研讨场所,教师着装要体现职业性。

说课者的着装特别要注意以下两点:

1. 整洁大方,体现职业性

整齐、清洁、大方的服饰搭配,体现教师的职业美,让听者赏心悦目,感受到说课教师的职业风采和魅力。总体来说,说课时,女教师不应穿露背装、吊带装、超短裙等服饰,发型要清新、自然;男教师不应穿背心、短裤、拖鞋进教室,发型要整洁大方、长短适宜。佩戴的装饰要简单、大方,不过分追求时尚。

2. 合乎时宜,体现适切性

说课教师要因人、因事、因时、因地选择适切性的服饰,服饰的选择和搭配:一是要与教师个人的生理特点相吻合,选择与自己年龄、性别、体形、外貌、身高等相协调的服饰;二是要与自己的职业特点相吻合,选择与具体的教育教学情境和具体的人际交往对象相协调的服饰;三是要与自然特点相吻合,选择与季节、环境相协调的服饰。

二、说课稿要精心准备

虽然上一章具体讲了说课稿的撰写,但这里还要再次强调。说课稿的精心准备,除了认真撰写稿件,还要熟悉稿件的内容,理清稿件里面的逻辑关系,每个板块大致所用的时间,某一环节用什么样的辅助方法来阐述等,都要做到胸有成竹。

如果是等级评比型说课,准备时间一般是40分钟至60分钟,说课稿要当场撰写,怎么办?这类说课在精心准备说课稿方面,也有一些应急的办法。

办法一:在说课前,熟悉历届等级评比说课的内容、要求等,事先准备好各种课型的框架,主要是教学目标框架、理论框架,便于现场准备时,直接提取应用。

办法二:要合理安排好准备时间。如果准备时间是40分钟,目标一般10分钟内要确定下来,剩下时间重点去考虑教学设计的框架,以纲要的形式写下来,千万不要一字一句去写。对于重点环节或核心教学目标指向的内容,要想清楚教学的方法对策。一般来说,这是听课者最希望听到的内容,也是最能体现说课者教学水平的内容。

办法三:等级评比型说课说的是课前的预案,想象空间比较大,说课者要尽可能将课堂设计的创新点、个性化教学特点展现出来,比如,多媒体如何使用、学习活动如何设计、师生互动如何开展等，让听课者如置身课堂，能"看见"课堂的教学场景。

办法四：做好相关的理论准备。说课的理论因素很浓，教师没有一定的理论水平，说课就没有高度，就是无本之木。因此，教师在说课前，要针对教学实际需要，有计划、有步骤地学习教育学、心理学、学科教材教法等有关理论。明确教育规律，掌握所教年级学生的生理、心理特点，掌握课堂教学所要遵循的教学原则，掌握本学科的主要教学方法及要求。只有这样，才能使教师不断提高教育理论的水平，为说课打下理论基础。

此外，因为等级评比型说课是现场抽签决定内容，说课教师遇到不熟悉的教材很常见。如果抽到的是自己不熟悉的教材，不要着急，不要慌乱，静下心将提供的课文多读几遍，吃准教材，目标不要定错，然后，回想同种课型的课自己平常是怎样处理的，再列出教学提纲。等级评比型说课，一般还有现场答辩环节。现场答辩，要听清楚评委的问题，一般来说，评委的问题指向刚才说课者不合理的、没阐述到位的环节，是给说课者一个二次说明的机会，所以一定要听清楚评委的问题，思考清楚后再回答。回答的时候要逻辑清晰，表述明白。

三、说课前要做好心理建设

说课，就是一次在公众面前展示自我的机会。面对公众讲话，和平时与朋友、同事聊天是不一样的。尤其是等级评比型说课，要求教师在短时间内谈完一节课设计的整体思路，还涉及排名，影响着教师后期的专业发展。如果说课教师心理压力过大，很容易在说课时失去心理平衡，形成心理障碍，从而影响正常水平发挥，这就需要教师在说课前，做好说课的心理建设。

1. 树立自信心

说课前，最怕信心大厦垮掉，无法自如地展现自己的所思所想，这无异于不战而败，弃甲投降。跨越自信这个心理难关，就是把所有的听者想象成班级的学生。这样，说课的场景将化为一种日常的教学情境，说课者就能够在一种轻松的心理状态下展示自己。这种心态的特点是：保持一种积极、乐观进取的精神状态，享受说课的过程。

2. 正确对待焦虑

等级评比型说课对于每个参与的教师来说，是非常重要的。绝大多数参与说课的教师，会在这个重大关头出现应急性焦虑。这是正常的，也是必然的。说课者要学会以平常心接纳自己的焦虑。能做到这一点，说课者就会发现，参与说课评比的焦虑也就没那么可怕了。

焦虑主要是生理层面的内容，它要来便来，而且越想摆脱它，就会越焦虑，越焦虑，便越想摆脱它，结果便形成了一个恶性循环。摆脱这个恶性循环的唯一办法，便是在心里暗示自己"由它去罢"。一旦不再主动去注意焦虑，焦虑状态便会自然而然地"要去便去"了。

四、准备好相关说课用品

说课前，要准备好说课所用的尺、挂图、小黑板、卡片、幻灯片、录音录像等教学用具，以及表演和板书需要的饰品和图形，以便说课时根据需要做必要的介绍和演示。

等级评比型说课，内容是现场定的，无法事先准备好。可参考日常教学，准备一些必备用品，如卡纸、马克笔，便于书写一些关键词，说课时呈现给听者，加强印象；磁贴式的田字格，用于书写指导的板书示范；还可以准备一些黑色的磁卡等，便于板贴。

第二节 说课过程中的表现技巧

一、说课要富有激情

激情是一种迅速强烈地爆发而时间短暂的情感。人的情感与认知是相互作用、相互制约、相互促进的。说课，要在短时间里和听者达成情感的共鸣和共享，需要说课教师有激情，不仅要用说明叙述的语言把内容说清楚，还要用"心"来表达，用"情"来表现。

感人之心，莫先于情。首先，说课教师自己要有激情，积极的情感可以激发教师说课的活力，激活自己的思维活动和表达能力，增强说课的感染力。其次，积极的情感，还能将说课稿里预设的情感，通过自己的语言表现出来。最后，积极的情感，还能有效调动听课者和评课者的情绪和思想，感染他人，以产生共鸣和共享的效应。

二、说课要加强"说"的成分

说课虽有不同的类型、不同的目的，但都得用语言表述。要动口，就要加强说的训练，要有说的功夫。要注重语气、语量、语调、语速、语感，要进入角色，脱稿说课不能用背诵的语调，要用"说"或者"讲"的语气，设计意图则用说明性语气。教师所处的位置要和讲课相同，板书和演示操作等活动要自然和谐、落落大方。

在说的过程中，不要拘泥于说课稿，过于死板地说"1.说教材分析；2.说学情……"，感觉像在做主题报告一样。说课的几个环节之间，过渡要自然。比如，说完"教材分析"和"学情分析"后，要说"目标制订"了，就可以这样说："基于对教材的理解和学情的分析，我将该节课的教学目标定位为……""下面我侧重谈谈对这节课重难点的处理"。这样的语言，"说"的味道就浓厚了。

三、说课要注意与听者的互动

虽然，说课是人际交往中的一种特殊形式，但说课也是用语言和听者进行交流，"交际性"是它的内在属性。

有交际就有互动。说课的时候，教师不宜只顾自己"埋头苦说"。在眼神、表情、动作上不与听者互动，那就很难吸引听者的注意力，唤起听者听的兴趣。说课的时候，说课教师要平视听者，若听者是多位，则需要关注到每位听者，经常自然地和听者有眼神的交流。还要根据所讲内容，在说课中有恰如其分的姿态、动作、神情，并能恰到好处地使用目光、表情、手势、体位之类的体态语言与听者进行适切的交流。

说课中，说课者要轻松、自然、洒脱，但又不能眉飞色舞、手舞足蹈，像演说一般；要庄重，但又不能拘谨、过于严肃。教师说课时所站的位置，一般要求相对固定，不要多走动。说课者要努力做到庄重得体又不拘谨呆板，忌"一动不动"，自顾自地"一讲到底"。

四、说课要注意不是才艺秀

说课要凸显教师的个性，但并不意味着在说课的时候教师要充分展示自己的才艺。要针对自身扬长避短，体现个性。比如擅长书法的教师可将你的整体框架进行板书，既使听众思路清晰，又能增加你的印象分，何乐而不为呢？

但也要注意，说课不是个人特长表演，说课场所也不是个人秀场。有的教师，朗诵水平高，为了展示自己的朗诵，把课文从头到尾读一遍，说课过程中还要频频示范关键句的朗读，40分钟的说课，结果花了不少时间表现朗读，这就不适宜了。也有的教师，简笔画水平不错，说课的时候，也花了不少时间在黑板上涂涂画画。这些都是才艺展示用力过猛的表现。说课一定要把握住说课的特点和重点，展示相关才艺只是辅助手段。

五、说课要把控好时间

说课成功与否，不仅与说课前的内容准备有关，且还与说课时间能否合理地分配密切关联。普遍来看，目前说课活动中对时间的分配和把握上，存在以下现象：一是均匀分配，二是前松后紧，三是前紧后松，四是过早结束，五是时间拖延等。

这些现象的造成，原因是多方面的，比如，说课教师准备工作不够充分，说课时过度紧张，说课过程中随意增减内容，说课时语言组织不够严谨等。

解决的主要办法有以下两个。

一是撰写说课稿时，要科学规划好各板块和环节所用的时间，确保说课的时候，有的放矢，详略得当。一般来说，教学程序设计部分，要占60%左右的时间。其他部分，根据说课组织者的要求，合理安排。

二是根据不同的说课类型做好相应的说课准备。如果是教学研究型说课和典型示范型说课，说课教师通过反复练习，熟记说课内容，按照规划好的时间说课即可。如果是等级评比型说课，就要注意当场把控时间，建议带一个秒表，开始说课了，就启动计时，根据时间调整板块内容。注意千万不要"拖堂"，一般比规定时间提前十秒左右结束比较适宜。

第六章
小学语文说课的评价

说课评价是整个说课活动中不可或缺的环节。如果把说课活动比作一棵大树，说课是地表上面可见的主干和枝叶，而评价则是埋在地底下的根。没有说课评价，说课活动的根就没办法深扎。只有把说课和说课评价有机结合起来，说课活动才能爆发蓬勃的生命力，参与说课和听课的教师，才能在活动中真正受益，也才能不断提高教学研究的时效性。

什么是说课评价呢？

简言之，说课评价是对说课者的说课内容以及说课活动状态的综合评价。其目的是通过分析和判定，帮助说课者、参与者共同提高教学理论水平和教学能力，提升教学研究活动质量。

第一节 说课评价的基本原则

说课评价有一些基本原则需要遵循。

一、发展性原则

说课活动中的每一位教师，不管是处于说者的位置，还是听者的位置，在参与的过程中，都在学习，都应成长。教师需要持续学习，终身学习。

《义务教育语文课程标准（2022年版）》里就学生的学习评价明确提出："语文课程评价的根本目的是为了促进学生学习，改善教师教学。"说课是考察和鉴定教师教学能力的一种方式，也应以促进教师学习、改善教师教学为目的。

教师的发展，自然不是局限于面向过去给出一个"终结性结果"，而更多的是面向未来，给出"发展性建议"。说课的目的是考察教师落实语文课程目标的程度，检验和改进教学的现状，完善教学过程。因此，说课评价除了发挥其诊断、反馈功能，更应强调发展和激励功能，要将评价结果作为教师下一阶段进步和提高的新起点，激励教师改变现状，从而有效地促进教师的发展。

二、多元性原则

说课评价的多元性，由说课活动的目的决定。为了改善教学，有效地促进教师的发展，置身说课活动场域的每个人，都有参与评价的责任和义务。作为说课者，说课的过程中和说课结束后，都要及时进行反思，哪些地方说得比较好，哪些地方说得还不够。若不是等级评比型说课，还可和参加活动的点评专家、教师进行现场交流，进一步探讨。作为听者，也应在听的过程中，不断思考说课者哪些地方说得比较好，好在哪里；哪些地方还可改进，该怎样改进等。作为评审专家，则要根据说课者的表现，从专业的角度就内容、表达方式、现场应变等各个方面给出意见和建议，帮助说课者提升说课水平。

说课教师的自我评价、参与听课教师的评价、专家评委的评价等相互结合，促进参与说课活动的教师人人主动学习，个个加强思考。

三、客观性原则

可以说，客观性原则是所有评价都要遵循的原则。在此特意提出，主要是强调其重要性。因为任何评价都要讲究实事求是、客观公正，这是对参与者最基本的尊重。

参与说课活动的教师，一般都是同个圈子里的人，大家彼此都会有一些了解。说课评价，要避免把教师个人的亲疏关系、情感倾向等带入说课评价中去。要坚持"就事论事""就说课论说课"，在肯定说课教师实践和思考，保护说课教师积极性的同时，善意地提出需要改进的地方或存在的问题，帮助说课教师修改和完善教学方案。

四、及时性原则

说课是一种现场教学研讨活动，本身就具有很强的现场性。说课稿，不像书籍、教学设计那样，可以带着离开现场，换一个场所可以继续学习研讨。离开说课现场，说课也就结束了，所以说课评价具有很强的及时性。

说课教师一说完课，就开展说课评价，产生的效果是最好的。因为此时，听者印象清晰、深刻，能有效防止因为遗忘而降低评价效果。心理学研究表明，情境与氛围能影响人的情绪。说课刚结束就评价，听者的情绪受说课者影响，处于积极兴奋的状态，情之所至，有感而发，评价也就生动、真实，能很好地体现听者的观点和感受。

第二节　说课评价的内容

说课评价的内容一般包括以下几个方面：教材理解和情况把握的评价、教学方法选择和应用的评价、教学程序的评价、教师个人素养的评价。也有的说课活动，在上面四项评价的基础上，会再单独对说课者说课的组织效果和现场效果进行评价。

一、对教材理解和情况把握的评价

在说课内容构成中，这部分主要是"说教材"或"文本教学解读"，一般包括对学生情况的分析。这个板块的评价，主要参考指标有三个：

一是教材分析精确。评委或其他听者会考察说课教师是否全面理解、把握义务教育语文课程标准的要求，明确小学语文课程标准的总目标和具体要求，再结合不同学段的目标和要求、单元训练重点、教材的前后联系、篇章结构特点等进行适度解说。因此，说课教师要对教材内容进行深入准确地解读，不能浅化也不能偏颇，要有自己的见解。

二是学情定位准确。评委或其他听者会考察说课教师是否对学习者知识水平起点、技能水平起点、学习态度起点等进行分析。说课教师需明确学习者在学习该内容时的知识技能、情感态度的现状，以便采取和应用合适的教学方法和手段，帮助学生更好地开展学习。

三是目标阐释清楚。评委或其他听者还会考察说课教师制订的教学目标是否清楚，表述是否准确，确定重点和难点时是否注意了前后联系。因此，说课教师要说清教学目标、教学重难点在教学过程中的具体体现，目标是怎样完成的，重点是怎样解决的，难点是怎样突破的。

在整体介绍教材的时候，除"教材简介""学情分析"一般处于第一、二位置以外，其余如"教学目标""重点难点""课前准备"等可以根据需要调整位置或增减，表述时，可以用"说教材""说学生""说教学目标"这样的理性语言进行区分，也可以用适当的过渡语把所有要说的融合为一个整体。

只要内容清楚，衔接自然，评委或其他听者不会因此扣分或做降级处理。

需要注意的是，"教学重点"来自教材的具体内容，"教学难点"是从学生角度出发的难理解和掌握的内容。

二、对教学方法选择和应用的评价

教学方法选择和应用的评价，包括说课教师所选择的教法是什么，以及选择这种教法的依据是什么，还要关注在教学程序的设计中，是否体现和落实这种教学方法。

教学方法的选择和应用，主要有两种形式：一是说课者前面有单独说明，并在说教学程序中体现；二是前面没有单独说明，而是在说课程序中直接点明或渗透，这种形式需要评价者记录和梳理。两种形式都是可行的。

教学方法选择和应用的评价，评委或其他听者主要从以下三个方面进行考察：

一是教法和手段的适切性。教师所采用的教学方法和手段应与小学语文学科的性质特点相吻合，并与义务教育语文课程标准倡导的教学方法保持一致，符合学生的年龄特点和认知规律。教学过程中，能有效地激发学生学习语文的兴趣，启发思维，有利于民主、和谐师生关系的形成。

二是教学方法在教学程序中的体现。教学方法的归纳性说明只能说教师知道有这种教学方法，对于该种教学方法的具体应用，则体现在教学程序中。也就是说，还要看说课者能否说清楚教学方法融入教学环节的情况，以及进入教学具体操作的状态。

三是选用教学方法的实际教学效果。教学方法的使用，最终目的是改变学生的学习方式，提升其学习的效益。说课虽然不是具体的课堂，无法完全看出学生学习的状态和效果，但仍可从说课教师的过程设计、结果预设以及听者自身的教学经验等，对教学效果做出预期的判断。

三、对教学程序的评价

教学程序的评价，主要是评价说课教师如何围绕教学目标，有计划、有步骤地组织教学，且各个环节是否高效，衔接是否自然。具体地说，教学程序评价有以下三个要点：

一是清晰具体。这是说教学程序非常重要的一个评价点。要是教学程序都没有说完整，这节课就不是一节完整的课，听者无法对这一课的教学留有清晰完整的印象。具体而言，要从新课的引入开始说起，然后按照教学设计逐步展开，课堂小结、课后的巩固练习、作业布置、板书设计等都是必须要说的内容，而且还要说出各教学环节的衔接和过渡。但要注意的是，不能把课说得天花乱坠，让人听了觉得这节课只是一幅"课堂畅想图"，无法在教学实践中落地。教学程序的设计，虽说评价者不会像上课一样用真实课堂的效果来检验，但是，一定要符合教学规律和实际情况。

二是详略得当。在短短的几分钟内，要给评委和其他听者留下很好的印象是不容易的。因此，说教学程序时，评委或其他听者会关注详略是否得当，概括与具体是否相结合，留给自己印象最深的是什么。因而，说课教师对于非重点或次重点的内容，可概括介绍一带而过，而对教学的重点难点，教师则要详细阐述，说清楚其中蕴含的教学环节，以及每个环节中教师是如何指导学生学习的，预测达到的学习效果如何等。基本环节简略说，要做到惜墨如金；重点环节（课文重点、教学重点、教学亮点、教学特色）具体说，要做到不惜工本，大力宣讲，给评委留下深刻的印象。

三是理念点睛。说课不同于上课，也不同于试讲。评委或其他听者会非常关注说课教师在阐述过程中站在什么高度对教材、教学设计进行理性思考。所以，说课教师要牢记，说课的一个重要标准就是强调说"理"，在说教学程序的过程中，要针对重难点环节谈明白其是用什么理论来支撑的。让评委或其他听者从中看到说课教师对教材的理解深度以及对教学的认识高度，从而与说课教师产生共鸣。

说理论依据不是多多益善，而是择其精要，点到为止，一般来说，选几个关键处简要说即可。

四、对教师个人素养的评价

说课评价，还有一个很重要的评价方面，就是对教师个人素养的评价。

说课教师尽管没有进入真实的课堂，无法看出其真实课堂的组织和实施能力，但是，从说课的理念、构思、内容结构及现场分析、说理表达等，仍可看出教师个人的基本素养。评价教师个人素养，主要有以下几个要点：

一是教师的教学理念。教师对新的教学理念的掌握，对小学语文课程标准的理解等，都反映了教师的学习能力以及对教学的理解程度。

二是教师的文化内涵和知识丰厚度。教师对文本的解读、教学活动的设计等都可看出，一个内涵丰富、知识丰厚的教师，发展前景必然更广阔。

三是教师个人的教学风格。对于优秀教师和骨干教师来说，形成或具备自己的教学风格，是极其重要的。教学程序、教学结构、教学方法等方面都可以反映出教师的教学风格。

四是教师的工作态度。教师的工作态度也可以从说课中窥见一二。比如，教学构思和教学设计是否有较强的现实性和可行性。有的教师说得很动听，但是在课堂上落不了地，这种教师往往可能缺乏严谨扎实的工作态度。

第三节 说课评价表的设计

为了使说课活动能更加有效地促进教师的专业发展，提高教师的教学水平和教学能力，很多教育研究部门和教师培训部门，都设计了教师说课评价量化表。这些评价量化表，会在项目设计、具体内容、评价标准等方面略有差异，但是"说教材、说教法学法、说教学程序、教师基本素质"这几个核心板块基本都会有。

方贤忠先生设计的"中小学教师说课评价表"具有一定的代表性。见下表（表6-1）：

表6-1 中小学教师说课评价表

年　　月　　日

教师姓名		课题		学科		年级	
项目	内容	评价标准				等第（分值）	得分
说教材 （30%）	①确定教材地位与作用 ②确定教学目标 ③确定重点与难点 ④分析与处理教学资源	①准确分析所教内容在学科体系与章节结构中的地位与作用。（6分） ②以课标为依据准确表达三维目标，可观察、可检测、符合学生实际。（8分） ③结合教学资源，准确梳理重点、难点，指出重点、难点的缘由。（7分） ④围绕教学目标处理教材，体现课程资源的挖掘和整合，体现创新性与可行性。（9分）				A（25~30） B（22~24） C（18~21） D（17以下）	
说教法学法 （30%）	①教法设计 ②学法指导 ③手段运用	①教法新颖、适用，凸显学生主体地位，有利于教学目标的实现。（7分） ②教法设计有一定的理论依据。（5分） ③一法为主，多法为辅；教法有利于解决重点、难点。（5分） ④体现对学生"自主、合作、探究"学习方式的引导。（7分） ⑤合理选择现代信息技术，恰当使用教具、学具，有利于优化教学效果。（6分）				A（25~30） B（22~24） C（18~21） D（17以下）	

（续表）

年　月　日

教师姓名		课题		学科		年级	
项目	内容	评价标准				等第（分值）	得分
说教学程序（30%）	①环节设计 ②资源利用 ③时间安排 ④效果预计	①环节设计紧凑，符合认知规律与心理，能与教法、手段密切联系，能围绕目标展开。(7分) ②教学情境创设有利于学生积极主动学习，突出学生主体，探究形式活泼。(7分) ③呈现出重点、难点解决于教学过程之中，注重能力的提高。(5分) ④合理设计教学反馈环节，预估教学效果。(6分) ⑤适度反映各环节时间安排。(5分)				A（25~30）	
						B（22~24）	
						C（18~21）	
						D（17以下）	
教师基本素质（10%）		①普通话规范，语言流畅、精练，富有感染力。(3分) ②有理论素养，有个性，有特色。(7分)				A（8~10）	
						B（7）	
						C（6）	
						D（5以下）	
总评（定性评价意见）						总分	

注：各项评分为整数分。

当然，方贤忠先生设计的中小学教师说课评价表具有普遍适用性，中小学各学科说课评价都可采用。小学语文学科的说课评价表，可根据学科特点或者说课活动的主题进行微调。如下面的评价表，就是以"转变教学方式"为主题的研讨教师说课评价表（表6-2）：

表6-2 小学语文"转变教学方式"主题研讨教师说课评价表

说课内容＿＿＿＿＿＿＿＿　　　说课者＿＿＿＿＿＿

评价项目		权重	评价内容与要求	得分
学习内容(15)	适应性	5	学习内容既符合学生的年龄特点、知识水平和接受能力，又紧密联系生活实际内容	
	科学性	5	教材内容转化为学习内容符合科学性，尊重事实，遵循规律	
	层次性	5	学习内容层次分明，有梯度；能关注学生个体差异，满足不同层次学生的学习需求	
学习方式(35)	自主	15	学生在学习时间、内容、方式等方面拥有较大的自主性，有进行自我评价学习的机会	
	合作	10	根据不同学生的个性、特长，组织开展合作学习，形成互相协作、互相帮助、取长补短、共同提高的风尚	
	探究	10	学生在探究问题的活动中获取知识，认真倾听别人的意见，自由表达自己的观点，分享彼此的思考和见解	
学习效果(35)	知识技能	10	学生对知识、技能的掌握符合课程标准的目标要求，练习反馈效果好	
	过程方法	15	学生的思维品质和能力得到锻炼和优化，能运用所学知识解决实际问题，学生的观察能力、分析能力、思维能力等得到发展和提高	
	情感态度	10	学生保持良好的情绪状态和交往状态，能积极参与各种学习活动，学习兴趣、自信心得以提高，不同层次的学生都能感受到成功的喜悦	
教师素质(15)	基本素养	5	具有扎实的教学基本功，语言精练、富有感染力，板书规范，能恰当、熟练运用现代信息技术手段，能培养学生良好的学习习惯，建立课堂学习常规	
	学科素养	5	学科知识功底深厚、扎实，教学视野宽广，能创造性地使用教材，能熟练和创造性地运用各种教学资源	
	创新素养	5	在教学设计、教学方法等某一方面具有创新，形成独特的教学风格，教学效果显著	

评委签名＿＿＿＿＿＿＿＿

下编 说课实践

第七章
教学研究型说课

第一节 一年级识字课《古对今》说课稿

各位专家,各位老师:

大家好!我今天说课的内容是一年级下册识字课《古对今》,说课的题目是"感受识字乐趣,增长识字智慧"。我将从"文本教学解读""学生情况分析""教学目标制订""教学过程设计""教学亮点阐释"五个方面展开我的说课。

一、文本教学解读

《古对今》是统编小学语文教材一年级下册的一篇识字韵文。课文分3个小节,12个对子。对子的内容都与大自然有关,每个小节一个主题:天地四季的特点、晨霜暮雪的变化、桃李花鸟的明媚。在学习对子的过程中,识记12个生字。

一年级上册,学生在第一个识字单元就学习过《对韵歌》,对"对子"并不陌生。且课文里的对子大多简单浅显,均是一字对和二字对,很好地体现了对子词性和结构相同、语音与语意和谐的特质。且长短句交替,读起来具有节奏美和音韵美。

第一小节的对子,"古对今,圆对方",这两个一字对,四个汉字,看似简单,实则丰富,内含哲理和意蕴。"古对今"是从时间维度来对,世间万事万物,皆流逝在"古今"时间之流;"圆对方"是从形状维度来对,暗合"天圆地方",是古代汉族人民对宇宙的朴素认识。

本课生字的学习,需尊重对子的学习规律,在多形式的听读、朗读、吟唱、对答中,结合识记生字进行。如学习"古对今,圆对方"这两个一字对时,需识记"圆"字。教学时,教师通过给"圆、方"字找生活中的"朋友",如"圆圈、圆月、圆饼、圆脸"等,建立和巩固"圆、方"两个汉字与具体事物之间的联系。在学习"严寒对酷暑,春暖对秋凉"时,引导学生明白这两个对子写出了"春夏秋冬"的四季特点:"严寒"是极度寒冷,"酷暑"是极度炎热,"春暖"是春天气候温暖,"秋凉"是秋天气候凉爽,引导学生领悟隔季相对,特点更明显。结合"严寒"的理解,用字源探析法,识记"寒",再用类推法,带出词串,如"寒冷的月令叫寒月,寒冷的冬天叫寒冬,学校冬季寒冷时放的假叫寒假"等。再如,在学习第二小节时,把"晨、暮、朝"3个带有"日"字部件的汉字组成一组,先比较发现,再结合微课讲述,了解"日"在汉字不同的位置,其表达的意义也不相同,增强记忆的准确性,以及增进对汉字文化的了解。

文章的语言优美,从二字对中,又可引出不少四字词语,如"严寒酷暑""春暖秋凉""和风细雨""莺歌燕舞""鸟语花香"等,学生虽然不能用具体的语言来描述,但通过平时的生活经验,对电视、图画等媒体已有了感性的认识,这些词语可通过读一读等方式,适当积累。

二、学生情况分析

本课的对子虽简单浅显,均为一字对和二字对,但一年级学生对蒙学的理解较浅,无法深入明了"古今""方圆"中蕴含的古代汉族人民对宇宙的朴素认识,因此,教学时,需立足一年级学生的认知特点,可联系旧知,充分发挥学生学习的主动性,借助图片、事物等理解字义和词义,但不宜过多过深阐述,重点还是要放在对子里生字的学习上,需要设计多种学习方式,帮助学生准确识记。

课文的第二小节对应了"春夏秋冬"的四季特点,一年级的学生,已有六年左右的生活经验,对四季的特点有真实、真切的感受。纵观教材,一年级上册学过儿童诗《四季》,一年级下册学过识字课《春夏秋冬》,这都为本课的学习奠定了基础。然而,"严寒对酷暑",没有直接写明季节,学生需根据词义来判断季节,有一定的难度。教学时,需结合汉字的字形,在理解字义的基础上做出判断。

三、教学目标制订

立足文本,基于对教学和学生情况的分析,本课制订了以下教学目标:

①通过熟读对子歌,借助对子特点,联系旧知及生活经验,探析字源,认识"圆、严、寒、暑"等12个生字。通过汉字结构分类、字理识字等方法,会写"古、李、香"等7个字。

②通过多形式的听读、节奏朗读、对读等方法,理解"朝霞、夕阳、严寒、酷暑"这些词语的意思,积累"和风细雨、莺歌燕舞、鸟语花香"等词语,体会对子的特点。

③学习正确、流利地朗读课文,背诵课文。

四、教学过程设计

本节课的教学,我将充分调动学生参与课堂的积极性、主动性,围绕教学目标,从以下三个板块展开教学。

(一)回顾"对子"特点,多形式读通课文

首先,出示一年级上册第一单元的《对韵歌》课题,引导学生回忆内容,并根据学生回忆,逐行呈现《对韵歌》内容。引导学生观察发现"对子"的特点:都有"对"字;对子的字数相同;一般同一类事物相对。然后,教师小结:"对对子是古人学习语文的一种方法,今天,我们也像古人一样来学习一篇韵文。"揭示课题"古对今"。

对韵歌最大的特点是两两相对,读起来富有节奏美和韵律美,学习对韵歌最有效的方法之一就是朗读。因而,教学时,我将组织多种形式的朗读,主要有以下步骤:

第一步:学生自由读,借助拼音尽量把课文读正确,读流畅。

第二步:请3位同学分别各读一个小节,根据朗读情况及时正音。预设需重点正音的字词:严寒、酷暑、晨、朝霞等。

第三步:同桌合作读。同桌有不认识的字、读不好的地方,互相帮一帮。

第四步:去掉拼音,多媒体课件呈现课文内容朗读。

在这些丰富的朗读活动中,帮助孩子正音,并感受对韵歌的美感。

(二)分节学习"对子",多方法识记生字

这个板块是教学的核心,我将分三个环节展开。

环节一:读懂第一节,识记本节生字。

我请学生先自由读第一小节,然后来说说读懂了哪个对子,结合学生的讲述,随机进行点拨和引发。

"古对今"这个对子,重点从时间角度去引导,可以让学生说说哪些东西"古""今"之间是有差异的,如穿着差异、汉字书写差异、钱币差异等,形成初步的认知:从古到今,时间里的一切都在发生着变化。"古"和"今"合在一起,可以组成词语"古今"。

"圆对方"这个对子,重点从形状角度去引导,可引导学生说说生活中见过哪些圆的东西和方的东西。如"方格、方巾、方块""圆饼、圆圈、圆球",借助具体的事物,建立和巩固"圆、方"两个汉字与具体事物之间的联系。"方"和"圆"合在一起,可以组成词语"方圆"。

"严寒对酷暑,春暖对秋凉",这两个二字对,学生理解起来会比较困难。我会进一步设计学习活动,促进学生理解,具体步骤如下:

第一步,读"严寒、酷暑、春暖、秋凉"4个词语,说说这些词语带给自己的不同感受。

第二步,运用多种方法识记"严、寒、酷、暑、凉"5个生字。如"寒"字用字源探析法,金文像一个人睡在屋下保暖的草褥里,下面的,表示冬天时节屋里的水已经结冰,"寒"就是很冷的意思,在"寒"的前面再加个"严"字,表示非常非常冷,冷到极点了;"酷",也表示极其、非常的意思,非常热的夏天叫酷暑,所以"暑"最上面就是一轮大太阳,再用词义理解法积累运用:非常热叫酷热,非常冷叫酷寒,非常热爱叫酷爱;温和、不冷就是"暖",温度降低就是"凉"。

第三步,请学生思考,写季节特点的4个词语能不能在对子里随意交换?为什么?通过讨论交流,发现隔季相对,季节特点更鲜明。

第四步,看图对对子。分两组出示图片(图7-1),请学生看图说出课文中对应的对子。

第一组

第二组

图7-1

第五步,读好对子,背诵对子。本环节的教学,充分体现了学生学习的主动性。学生能自己读懂的,教师不教;学生自己读有困难的,教师借助学习活动,铺设台阶,引导学生一步步达成学习目标。根据对子特点,融合多种识字方法,从而使学生学得有趣,学得有效。

环节二:读懂第二节,识记本节生字。

本节的学习,仍让学生自由读,只是在关注点上和第一小节相反。第一小节,学生是围绕读懂的对子交流,第二小节则围绕不理解的对子交流,从而聚焦本节字义理解上有困难的三个对子,即有"晨、暮、朝"3个生字的对子。教师可用微课帮助准确识记带"日"字部件的3个生字("晨、暮、朝"),理解字义,明白构成对子的理由。

微课解说词如下:

小朋友，你们知道吗？汉字不同部件，所在的位置不同，往往表示的意思也不同。我们来看这3个生字——"晨、暮、朝"，3个汉字都有"日"部件，"日"在汉字不同的位置，就表示了不同的时间。

"晨"字，"日"在最上面，表示太阳升上来了，新的一天开始了。"暮"字，"日"在最下面，表示太阳从草丛中落下去了，已经是傍晚了。过了一个晚上，月亮还挂在空中，太阳又从草丛里升起来了，看，"朝"字的"日"躲到草丛中间了。草丛中间藏着一个太阳，而这时月亮还没有下去，这是天刚亮的时候，就是"朝"。太阳一点点升上来，云朵被阳光映红了，此时的云霞就叫"朝霞"。小朋友，现在你们认识"晨、暮、朝"3个生字了吗？我们一起来读一读吧！

本节后两个二字对，可借助生活经验理解"和风、细雨、朝霞、夕阳"。如果学生说不清楚，教师则可以点拨提示："和风"是指春天温和的风；"细雨"是指似有似无的很小的雨。对子中生字"霞"和"夕"的识字，可采用不同的识字方法，联系"雪、霜"识记"霞"；借助字源探析法，识记"夕"，从甲骨文到金文，再到小篆和楷书，让学生看见"夕"字书写的演变过程，理解"夕"字的造字本义是"月亮初显的黄昏"。

在学生理解对子的意思，能准确识记对子中的生字后，再请同桌拍手打节奏，互读互背对子；也可通过"我送对子回家"的游戏，检测学习情况。教师出示下面的图片（图7-2和图7-3），让学生把写有"和风对细雨""朝霞对夕阳"的对子卡片分别送到相应的图片下面。融生字巩固、对子背诵、语境运用于一体。

图7-2

图7-3

环节三:读懂第三节,识记本节生字。

有了前两节的学习基础,本环节的教学,基本采用自主学习的方式。教学组织步骤如下:

第一步,同桌一起读第三小节,边读边背,比一比,哪对同桌最快背下来。

第二步,玩"举对牌"游戏。如:师举"桃",生在本节8个词语中快速选出"李"的词卡,并说出"桃对李";师举"鸟语",生在本节8个词语中快速选出"花香"的词卡,并说出"鸟语对花香"。

(三)背诵积累词语,比较学写汉字

首先,在背诵积累词语环节,我设计了三个学习步骤:

第一步,连起来背诵课文。

第二步,积累四字成语。很多对子,前后两个词语连起来,就组成了四字词语。如"和风细雨、莺歌燕舞、鸟语花香",读一读,记一记。

第三步,让学生说说自己知道的有趣的一字对和二字对,教师也可提供一些四字词语,让学生变成二字对。如教师提供"万水千山""疾风骤雨"等四字词语,请学生拆解成二字对。

通过这三个步骤的学习,背诵课文,积累词语,感受对子学习的乐趣。

然后,在比较学写汉字环节,比较学写"细、凉、语"3个汉字。汉字书写步骤,我会通过加辅助线的方法,帮助学生观察,3个汉字都是左右结构,且都是左窄右宽。提醒学生写的时候还要注意左右两部分的长短关系。如"细"是左长右短,"凉"是左短右长,"语"是左右等长。

五、教学亮点阐释

在本节课的教学中,我牢牢抓住了单元整体的要求以及文本的特点。针对单元识字的要求,我随文组织识字,让学生在理解的基础上,借助图片联系生活经验,追溯古文象形字形识记生字,利用微课教学,将生字教学设计得有理、有趣。

一,读的形式有趣。针对文本的特点,我采用了同桌互读、挖空读、全班对读等多样的朗读方法，激发学生读的兴趣，使学生在轻松、愉悦的学习过程中，自然地感受到对韵歌语言的魅力。

二，发展儿童的思维。在对子的教学中，我不仅关注单个对子之间的关系，还立足整体，帮助孩子理解所有对子的类别和方向，这有利于帮助孩子走出课堂，于生活中继续寻找具有对子特征的词语。在学习语言的同时，发展儿童的思维。

三，识字方法的多样性。本节课是识字课，在对子的朗读过程中，结合多种方法识记生字，如微课识字法、图文对照法、字源探析法等，融识字于游戏和活动中，让识字教学变得轻松又富有实效。

总之，本课的生字教学，倡导用传统对对子的方式教，创设多种有趣的活动，让儿童在参与学习的过程中识记生字，适当渗透汉字文化、汉语文化和古代哲学思想。让学生积极主动地参与课堂，参与知识形成的思维过程中，力求让学生学得积极、愉快。我的说课完毕，感谢各位老师的垂听，请大家多多批评指正。谢谢！

（说课者：曹爱卫）

第二节 一年级阅读课《小猴子下山》说课稿

各位专家,各位老师:

大家好!我今天说课的内容是统编小学语文教材一年级下册第七单元《小猴子下山》第一课时。我将从以下三个方面展开说课:

一、解读教材,分析学情,确定教学目标

(一)解读教材

本课的教材,可以从"单元视角"和"课文视角"两个方面来解读。

1. 单元视角的教材解读

《小猴子下山》是一年级下册第七单元的课文。本单元的四篇课文都是围绕"习惯"这个主题编排的,都渗透着责任意识和培养良好习惯的意识。《小猴子下山》这一课需要渗透的是做事情要有明确的目标意识。本单元课文贴近学生的生活,故事情节充满童趣,语言通俗易懂,文中丰富的插图能激发学生的阅读兴趣。

"根据课文信息做简单推断"是本单元的学习重点,这是在延续一年级上册和本册第二单元"找出课文中的信息"要求的基础上,在阅读理解方面的进一步深化。在本单元的教学中要循序渐进,体现学习的层次性。《小猴子下山》作为本单元的最后一篇课文,学生需在读懂课文的基础上整合信息,对"小猴子最后为什么会空着手回家去"做出推断。

2. 课文视角的教材解读

《小猴子下山》是一篇趣味浓厚的童话故事,讲述的是一只小猴子下山,看见许多东西,它看见什么都喜欢,先掰了一个玉米,看见桃子就扔掉玉米去摘桃子,看见西瓜就扔掉桃子去摘西瓜,看见兔子就扔了西瓜去追兔子,最后,兔子跑进树林不见了,小猴子一无所获,只好空手而归。

本课要认的12个生字很有规律,可分成三组,一组是"猴、结、满、瓜"4

个非表示动作的汉字,一组是和手部动作有关的汉字"掰、扛、扔、摘、捧、抱",还有一组是和脚部动作有关的汉字"蹦、追"。教学时,可先集中识字,再随文巩固。

本课构段很有特色,第1—4自然段都是按"小猴子来到什么地方,看到什么,心情怎样,做了什么"这样的语言形式来构段的,针对这部分内容的理解,课后练习要求学生"结合插图,说说小猴子看到了什么,做了什么",练习提取信息的能力,并积累段落图式,在情境中能借助段落图式进行说话。

本文图文并茂,语言简洁生动,五个自然段分别对应五幅插图,如同连环画一般使小猴子的动作、形象更加直观化。

(二)分析学情

一年级的学生经过将近两个学期的学习,已经积累了一定的学习方法,具备了初步的自主识字能力。但从年龄结构和心理特点来分析,他们在认知方面比较直观,有意注意还未成熟,维持时间短。因此,需要教师搭建学习支架,通过丰富的学习活动调动他们的学习积极性,激发其学习的兴趣,发挥其学习的主动性。

(三)制订教学目标

基于以上的教材分析和学情分析,制订以下教学目标:

①运用结合熟字、结合语义、演示动作等方法认识"猴、结、掰、扛"等12个生字,读准多音字"结",理解"掰、扛、扔、摘、捧、抱"这6个表示动作的字,会写"块、往"两个字。

②能正确、流利地朗读课文,借助板书了解小猴子下山的路线,了解故事的主要内容。

③积累"又( )又( )"形式的词语,借助课文的语言图式,结合图片语境,进行迁移说话。

二、划分板块,设计活动,展开学习过程

为了有效落实这三个教学目标,本节课我从以下四个教学板块展开:

（一）揭示课题，激趣导入

在这个板块中，主要的学习目标是读准课文的题目，认识生字"猴"，利用板贴小猴子图片了解课题的意思，发展学生思维。低年级的学生，很容易将"小猴子"的"猴"右边部分看成一年级上册学习过的"时候"的"候"，因此，将这两个字进行对比，让学生发现这两个字之间的差异，正确认识生字"猴"。再请学生亲亲热热叫一叫"小猴子"，学生读对了，教师就出示小猴子的图像板贴，再画一座山形图，请学生思考："读了课题，你认为一开始小猴子应该贴在哪里，为什么？"发展学生的思维。

（二）朗读识字，整体感知

在这个板块中，设计了第一个学习活动，并以此学习活动贯穿板块二的教学。学生自主学习，需要完成两项任务：第一，自由读课文，争取把课文读正确，读流畅。第二，找一找，小猴子下山，经过了哪些地方？用横线画出来；他都看见了什么？用波浪线画出来。在给予学生一定的自主学习时间后进行反馈。

首先是对生字词的反馈，分为两个步骤。

步骤一，由"又大又多""又大又红""又大又圆"三个指向同一事物的两个表示特点的词语入手，给这三个词语加上前缀，形成词组"玉米结得又大又多、满树的桃子又大又红、满地的西瓜又大又圆"，在读准词组的过程中，正确认读多音字"结"，学习生字"满"和"瓜"，接着，给出"香蕉树""葡萄架""南瓜地"三幅图（图7-4、图7-5和图7-6），让学生模仿课文中"满（　）的（　）又（　）又（　）"这样的句式说说这三幅图片，明确"满"就是多的意思，所以说的过程中要注意"又（　）又（　）"里面就不能再重复使用"多"了。此环节借助语言发展学生的思维，指向语言的迁移运用，同时为板块三中运用课文句式续编故事打下基础。最后，给这三个词语加上"他看见"，形成完整的句子。因为对词义有了一定的理解，学生自然地能根据语义来断句，在记住生字、理解词义的基础上，读好这三个长句子。

满树的香蕉又大又黄
图 7-4

满架的葡萄又大又紫
图 7-5

满地的南瓜又大又圆
图 7-6

步骤二，针对课文中表示手部动作的这些生字进行组块教学。首先，出示的是带拼音的生字，先让学生自己带着拼音读一读、认一认，结合图片做一做动作，这是学生自主学习的过程。而后通过师生对答、老师举字卡，学生边读边做动作，老师做动作学生找出相应字卡并读生字的多种活动环节，让学生认识并理解这6个生字，发现这些生字都和手部动作有关，"掰"字中有两个手，说明掰需要用到两只手，而其他5个生字中都含有提手旁。

接着是对课文的整体感知，即学习活动一中的第二个任务：用横线画出小猴子经过了哪里，用波浪线画出小猴子看到了什么。学生说，老师板贴小猴子下山途经之处，这里要特别注意的是小猴子最后是走在"回家的路上"，由第四自然段中的"往回走"和第五自然段的"回家去"两处可以得出结果，这又是对学生思维能力的发展。再根据板书连起来说一说，了解小猴子下山的路线，对课文有了整体的感知，也完成了课后练习"说说小猴子看到了什么，做了什么"这一问题。当然，在学生自主学习的过程中，一定会有一部分孩子不能正确画出来，在反馈结束后，需要给予他们改正和补充的时间。

通过对这个板块的学习，我们落实了认识生字、理解几个动词的意思，积累"又（　　）又（　　）"形式的词语以及了解小猴子下山的路线这几个教学目标。

（三）细读文本，续编故事

在这个板块中，设计了第二个和第三个学习活动，学习活动二是"一起学",由老师带领着学生一起学习第一自然段,一起读第一自然段,接着,老师先领着学生圈出两个表示小猴子动作的词语,让学生懂得这个字或者这个词表示的是小猴子的动作,并把它圈起来,后面还有三个表示动作的词,放手让学生自己去圈。然后,老师带着学生一起一边朗读一边做动作,这是习得板块,让学生在老师的带领下习得这种学习的本领。第2—3自然段,就完全放手让学生自己学习,这就是学习活动三"自己学"的任务。学生自己学完后,教师只要让学生直接反馈圈出了哪些小猴子动作的词语,以及一起一边读一边表演第2—3自然段即可,展现学生自主学习的过程。这两个学习活动,从扶到放,层层递进,让学生学会学习。

  接着,就要让学生根据课文的句式特点来续编故事,学习运用作家的语言,这是我们这节课的最终目的,就是学生能够将课文中学习到的语言方式进行迁移运用。此环节设计了两个步骤,"香蕉树"这一幅图(图7-7)先指名学生来说一说,再让所有的学生自己说一说,这是学生试着说的过程。"葡萄架"和"南瓜地"这两幅图(图7-8),请同桌的两个学生,任选一幅图说一说,保证每个人练习说话的时间和机会,更好地积累、迁移运用课文的句式。

小猴子㧟着玉米,走到一棵桃树下。他看见满树的桃子又大又红,非常高兴,就扔了玉米,去摘桃子。

小猴子捧着几个桃子,走到一片瓜地里。他看见满地的西瓜又大又圆,非常高兴,就扔了桃子,去摘西瓜。

小猴子抱着西瓜,走到了( ),他看见( ),非常高兴,就( ),( )。

图 7-7

小猴子捧着香蕉往前走,走到了(　　),他看见(　　),非常高兴,就(　　),(　　)。

图 7-8

最后,再对课文进行回顾。在这个板块中,我们落实了知道故事主要情节、根据课文的语言形式进行迁移运用的教学目标。

板块二和板块三用层层递进式展开教学,借助语言发展学生的言语智能。

(四)观察比较,写好汉字

这个板块要落实写好"块""往"两个汉字。我们对田字格中的这两个生字做了教学化处理,让学生借助色块、辅助线和突出的重点笔画,观察书写要点,接着,教师范写,强调书写要点,最后学生练习书写。

三、解读板书,分析亮点,反思教学实践

(一)板书解读

本课的板书设计(图 7-9),融生字学习巩固、故事信息提取、故事内容梳理、故事内涵理解等于一体。板书的形成过程是一个动态的过程,随着课文的学习,逐步呈现。

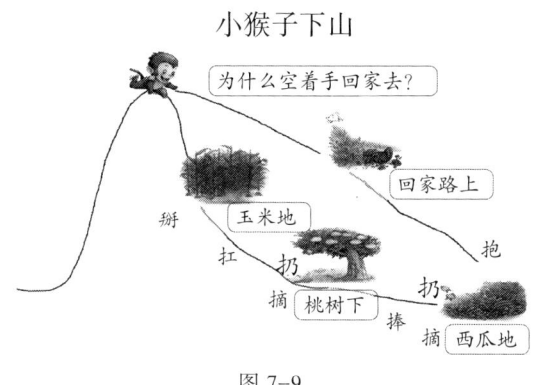

图 7-9

先板书课题，认识"猴"字，读准"小猴子"，借助"下山"，让学生思考"小猴子"图片应该贴在山形图的哪个地方，发展儿童的思维能力。

在学生把课文读正确、读流畅后，借助第一个学习活动的反馈，板贴"玉米地""桃树下""西瓜地""回家路上"，引导学生借助板贴图片，了解故事的主要内容。

结合课文的学习，相机板书"掰、扛、扔、摘、捧、抱"等动词，把识字和阅读理解结合起来。

最后，板贴"为什么空着手回家去？"句卡，为第二课时的学习设置疑问。

（二）亮点分析

本课的教学，努力在以下三个方面实现突破。

1. 生字识记有突破

生字虽然采用集中学习的方式，与传统集中识字相比，不同点在以下两个方面：一是分板块识记，把和手部动作有关的动词集中识记，把"结、满、瓜"等无法归类识记的生字另外组块；二是把生字学习和语言积累相结合，如"满"字识记，在理解字义，记住字形后，就借助图片，让学生用上"满"字说说图片中事物的特点，积累带"满"字的短语。

2. 朗读指导有突破

朗读是低年级阅读教学中的重要内容，识字时，就把识字与朗读相结合，从"又（　）又（　）"的词语朗读到"（　）的（　）又（　）又（　）"的短语朗读，最后到"他看见（　）的（　）又（　）又（　）"的句子朗读，字不离词、词不离句，指导学生根据语义断句，读好长句子。内容理解中的朗读，借助学生最喜欢的词、句，边做动作边读，把语言的理解和朗读的表现结合在一起。

3.语言运用有突破

课堂上发展低年级儿童的语言表达能力，并不是简单地造个句子或者是让学生重复生活语言，而是在深入理解书面语言后对具体情境的自然运用。本课的第1、2、3自然段构段方式基本相同，也是理解故事内涵的通道。教学时，就紧扣这一语言表达形式，从生字识记环节的短语积累，到后面的看图运用，实现了无缝对接，让书面语言的习得变得轻松、愉快。

以上是我对《小猴子下山》一课的实践和思考，期待各位专家、各位老师多多批评指正。谢谢大家！

（说课者：曹爱卫）

第三节　二年级阅读课《狐假虎威》说课稿

各位专家，各位老师：

大家好！我今天说课的内容是统编小学语文教材二年级上册阅读课《狐假虎威》。接下来，我从"文本解读""学情分析""教学目标制订""教学过程设计""板书设计"五个方面展开说课。

一、文本解读

《狐假虎威》是二年级上册第八单元的一篇寓言故事。本单元是以"相处"为人文主题的单元，引导学生在生活中要与人灵活、友好相处。《狐假虎威》是根据《战国策·楚策一》改写的。故事讲了一只狡猾的狐狸骗过老虎，逃脱危险，还借着老虎的威风吓跑其他动物。生活中，也不乏像狐狸一样的仗势欺人之辈。那么，生活中，当我们遇到像老虎这样危险的家伙，该怎么样脱险？遇到狐狸这样仗势欺人的家伙，又该怎么样相处呢？这些都是可以引发我们深入思考的问题。

故事语言生动形象，特别是对狐狸和老虎的神态、动作、语言等描写，活灵活现，如写狐狸的有"眼珠子骨碌碌一转、扯着嗓子、神气活现、大摇大摆"等，写老虎的有"一愣、半信半疑、东张西望"等，让狐狸的狡猾和老虎的愚昧跃然纸上，形象鲜明，读来趣味盎然。教学时，就可紧扣"狐假虎威"这个核心词，引导学生从"串联字义理解词语"到"角色朗读体会语言"，再到"角色表演领悟内涵"，最后到"联系生活迁移运用"，层层推进，在读读、演演、说说中，引导学生走进文本，走进角色内心，融语言理解和故事内涵理解于一体。

本课的17个生字，可采用归类识字的方法帮助学生记忆，并在课文语境和生活情境中帮助学生积累。本课中动词和四字词语比较多，可采用按角色归类的方式积累。不仅帮助学生梳理了文中有哪些角色，还可利用

"谁干什么"的句式概括角色所做的事。在分类读词、对应读文、一句话概括的过程中熟悉文本内容，积累语言。

二、学情分析

二年级上学期的学生已具备一定的自主阅读能力，尤其是统编版教材从一年级开始就安排了寓言故事，学生到二年级在阅读时可以通过借助拼音等多种方式，了解课文内容，加上对这则寓言故事内容较熟悉，因此，二年级学生弄清楚故事内容并不难。这个单元寓言故事的学习，会继续为三、四年级神话寓言类故事的学习打下阅读基础。

此外，文章语言通过对话形式展开，生动有趣，学生乐于通过朗读、表演等形式，理解课文内容，感受角色形象，但尚不能通过语言文字来理解故事寓意，所以，教学要注重创设情境，通过多种形式朗读、表演等，走进角色内心，联系生活实际，发展思辨能力。

三、教学目标制订

根据以上文本解读及学情分析，制订的本课教学目标如下：

①通过组词、动作演示等方法识记"假、威、扯"等17个生字和"转、闷"等多音字，通过观察比较，学写"食、物、活"等8个生字。

②正确、流利地朗读课文前半部分，借助提示语，展开联想，读出狐狸的语气变化；通过词语分类、表演等理解课文后半部分内容，了解故事大意。

③理解"狐假虎威"的字面意思，初步探究其含义。

本课的重点，一是通过多种方法提升学生自主识字的能力，能掌握"狐假虎威"等重点字词；二是通过朗读、想象、表演等方式，准确把握课文的寓意。本课的难点在于结合情境，想象并感受角色的心理活动，从而准确地把握角色形象特点，从而理解寓意。

四、教学过程设计

为了有效达成教学目标，突破教学重难点，本课教学，我将从四大板块展开：

(一) 自读课文，整体感知

这个板块，我将通过指导学生读课题，质疑文题，让他们带着问题自读课文，在文中提取信息，整合信息后初步感知整体。具体从"揭示课题，设置疑问""自读课文，检查反馈""串讲内容，整体感知"三个环节展开：

1. 揭示课题，设置疑问

我会从课题切入，直接告诉学生今天的学习内容是《狐假虎威》。再让学生说一说，"狐"指的是"狐狸"，"虎"指的是"老虎"。那"假"和"威"是生字，在故事里是什么意思呢？让学生带着问题读课文，到课文中去寻找答案。

2. 自读课文，检查反馈

崔峦先生对低年级学生的朗读非常重视，在多个重要场合提出，低年级阅读教学要"读"字当头！没有正确、流畅的朗读，后面的教学就是空中楼阁。因此，此环节，我给予学生充分读的时间，并通过检查难读句子的朗读，确保将正确、流畅朗读的目标落实到位。同时，在读中识记生字。我分三个步骤展开。

步骤一，自读。要求：借助拼音把课文读正确，读流畅；想一想课文写了一件什么事，文中的哪句话直接写出了"狐假虎威"的意思，在课文中用横线画出来。

步骤二，检查反馈。重点检查课文中三个带生字最多、最难读的句子。

第一句，"狐狸眼珠子骨碌碌一转，扯着嗓子问老虎：'你敢吃我？'"。

此句朗读，结合区辨多音字"转"。"转"，读第四声时，表示围绕一个中心运动，如"转圈、转动、旋转"；读第三声时，表示改变方向或位置，如"转弯、转身、转头"。认识生字"扯"和"嗓"。"扯"读准翘舌音，看字形发现提手旁，说明"扯"和手部动作有关，再用做"扯衣服"的动作帮助理解；"嗓"读准平舌音，让学生摸摸自己的嗓子，再看字形，借助形声字规律识记。

第二句,"老天爷派我来管你们百兽,你吃了我,就是违抗了老天爷的命令。我看你有多大的胆子!"。

此句朗读,结合识记"派、违、抗"三个生字。"派",字形溯源理解字义,"违抗",借助近义词识字,如"违背、反抗"。

第三句,"老虎受骗了。原来,狐狸是借着老虎的威风把百兽吓跑的"。

此句朗读,结合识记"受、骗、借"三个生字。"受骗"借助词义理解识字,即"被骗";"借",借助组词和生活识记生字,如"借书""借东西"。

3. 串讲内容,整体感知

此环节先借助导读提示帮助学生梳理课文内容:故事先讲了——学生接着说"老虎抓住了狐狸",再讲了——学生接着说"狐狸蒙骗老虎",接着讲了——学生接着说"老虎跟着狐狸到森林里",最后讲了——老虎被狐狸骗了。

然后,紧扣自读中的要求,反馈课文中直接写出"狐假虎威"意思的那句话:原来,狐狸是借着老虎的威风把百兽吓跑的。借助文句,知道"假"就是"借"的意思,"威"就是"威风"的意思,连起来"狐假虎威"就是"狐狸假借老虎的威风",实现就词解词,理解"狐假虎威"的意思。

此板块的设计意图:识字是低年级阅读教学的重点。本课生字相对集中,基本在课题和三个长句子中。教学就围绕重点,读好带生字的长句子,借助多种识字方法自主识记生字。再借助导语分情节朗读故事,既是对正确朗读课文的检查,也是对故事内容的整体了解的过程。

(二)抓关键词,读懂故事

在板块二里,我重点引导学生通过抓关键词"狐假虎威",层层展开,深入品读课文中老虎与狐狸的形象,在对比感知中引导学生读懂故事内容。本板块设计了以下几个环节。

1. 抓住动词,体会老虎的威风

既然狐狸是假借老虎的威风,那老虎的威风到底体现在哪里呢?学生最先关注的是课文直接写出百兽见到老虎而害怕的句子,即"大大小小

的野兽吓得撒腿就跑",而对第一自然段内容有所忽略。教学时,第一自然段还是需要细细品读的,具体步骤如下:

第一步,指名读第1自然段。

第二步,交流:老虎的威风从哪里可以看出来?写狐狸的"窜"字,说明狐狸跑得快;写老虎的是"扑、逮"这两个动词,写出了老虎扑得快,逮得准。如此快速奔跑的狐狸都能迅速被老虎扑倒逮住,说明老虎很厉害、很威风。

体会老虎的威风,学生往往会关注百兽吓跑的句子,而忽视第1自然段。其实,本段既交代了故事的起因,又是老虎威风的体现。一个"扑"字,一个"逮"字,把老虎速度之快、力量之大体现得淋漓尽致,即便是快速"窜过"的狐狸也无处可逃。一强一弱,对比鲜明,学生细致体会后,能为后面的学习做好理解和情感的多方准备。

2. 抓住提示语,体会狐狸的狡猾

狐狸被饥饿、凶猛的老虎逮住,几乎是必死无疑,它又是怎么假借到老虎的威风的呢?此环节重点研读狐狸假借老虎的威风,分三个步骤展开教学:

步骤一,找出狐狸说的话。狐狸是怎么借老虎威风的呢?请学生先看第2—6自然段,自由轻声读第2—6自然段,用横线画出狐狸的话。然后,师生合作读一读,师读未画线部分,生读画线部分狐狸的话。

步骤二,理解狐狸说的话。想一想,这几句话,狐狸说的时候,会是怎样的表情,会有怎样的动作?引导学生通过想象,有感情地朗读,走进角色内心。

第一句,"狐狸眼珠子骨碌碌一转,扯着嗓子问老虎:'你敢吃我?'"。抓住"骨碌碌一转""扯着嗓子"这两个关键词,通过"找动词—做动作—读角色",读出狐狸的虚张声势。再抓住"一愣",读出老虎的疑惑。

第二句,"老天爷派我来管你们百兽,你吃了我,就是违抗了老天爷的命令。我看你有多大的胆子!"。通过给句子加提示语,如"指着天、拍着胸"等,引导学生"想画面—比赛读—演角色",读出狐狸的装模作样。再抓住"蒙、松开",读出老虎的半信半疑。

第三句,"狐狸摇了摇尾巴,说:'我带你到百兽面前走一趟,让你看看我的威风。'"抓住"摇了摇尾巴",借助"抓动词—表演读—说体会",读出狐狸的得意扬扬。

步骤三,分角色读好第2—6自然段,并借助儿歌来小结故事前半部分内容,复习生字。自编儿歌如下:

狐假虎威

老虎出来找食物,活捉一只小狐狸。
小狐狸,眼珠转,扯起嗓子骗老虎:
老天派我管百兽,你敢违抗这命令!
老虎听了以为真,吓得爪子松开了。

这一环节的设计,是继板块一学生对"狐假虎威"字面意思的理解后,再借助狐狸说的三句话,通过朗读,走进故事里,读出故事的情感来,从而感受角色的特点。三句话的朗读,方法各不相同,能吸引学生兴味盎然地参与学习。

3. 抓住对比词,读懂"狐假虎威"

此环节则通过狐狸和老虎走路姿势的对比、狐狸往常与今日走路姿势的对比、百兽看见狐狸和老虎不同表现的对比等,让学生从不同角度去"对比",结合课后习题中的词语,读懂故事内容,再通过表演来加深理解。主要分两个步骤展开:

步骤一,读课文第7、8自然段,多角度进行对比。可以让学生借助问题,自主阅读。比如,老虎跟着狐狸朝森林深处走去,他们俩都是怎么走的?百兽看到他们又有什么不同的表现?请自由读课文第7、8自然段,画出相关的语句。从以下三点展开反馈:

一是狐狸和老虎走路姿势的对比。狐狸是神气活现,摇头摆尾;老虎是半信半疑、东张西望。让学生读一读，演一演，在"读"和"演"中，理解这四个词语的意思。教师还可跟进采访："狐狸啊，你这样神气活现，摇头摆尾的，心里到底怎么想的？""老虎啊，你东张西望的，在看什么？"由表及里，探寻狐狸和老虎的内心。

二是狐狸往常与今日走路姿势的对比。狐狸今日走路是"大摇大摆"，"和往常很不一样"，想象狐狸往常是怎么走路的？分别演一演。

三是百兽看见狐狸和老虎不同表现的对比。看见狐狸和往常不一样，是"纳闷"；看见狐狸身后的老虎，是"撒腿就跑"。理解"纳闷"的意思，即因为疑惑而发闷。课文中野猪、小鹿、兔子纳闷的原因是：狐狸以前可没有这么威风，今天这么神气活现，走起路来也跟往常不一样，这到底是怎么回事呢？

步骤二，给课后练习题里的词语分类，再根据词语提示演一演。教师可先出示课后词语"神气活现、摇头摆尾、半信半疑、东张西望、大摇大摆"等，让学生读一读，把这些词语按照写老虎的和写狐狸的分类。再根据词语提示，读一读，演一演第7、8自然段，体会老虎、狐狸和野兽的不同表现。

第一阶段的"狐假虎威"，狐狸是借助动作来假借老虎的威风。而这一环节的设计，重在引导学生根据课后里的词语提示，让学生给词语分类，再演一演。教学聚焦狐狸和老虎表现的不同，读懂故事内容，再通过表演加深理解。

（三）联结生活，理解寓意

寓言故事中的寓意，不是写在黑板上让学生抄下来就可以的，而是要让学生自己去体悟的，联结生活、联系自己，悟到的东西才能在心里扎根。《狐假虎威》的寓意领悟，就是引导学生由浅入深、由表及里层层深入去领悟。此板块分两个环节展开教学。

1. 立足故事，明白寓意

让学生再读故事最后一个自然段，结合前面狐狸和老虎的表现，说说自己读懂了什么。在交流中，明确"信以为真"就是老虎相信自己看见的是真的，以为狐狸真的是老天爷派来管百兽的。

在此基础上，再用自己的话说说"狐假虎威"的意思。"狐假虎威"就是狐狸假借老虎的威风，把百兽吓跑了。

2.联结生活，理解寓意

寓言故事，道理是要在实际生活中理解和运用的。因此，我设计了两个步骤：

步骤一，观看视频，做出判断。播放抗日影片中汉奸带领日本鬼子欺负百姓的录像，让学生判断刚才的视频片段中，谁在狐假虎威。你想对这样的人说什么？

步骤二，联结生活，理解寓意。生活中，人们就用"狐假虎威"这个词语比喻一种人，你觉得是什么样的人呢？交流反馈中，引导学生明确，是指自己没有本领，却仗着别人的势力欺压人的人。然后，再分小组讨论：你觉得狐假虎威的人好不好？理由是什么？帮助学生从书本走向生活。

这一板块，立足课文内容，引导学生联系生活，通过学生个性化的阅读理解和生活体验，谈谈这则寓言带来的启迪。

（四）观察比较，写好汉字

在这个环节，引导学生先观察，对生字词进行分类，引导学生认真书写笔画要点，把字写正确、写漂亮，能节省时间，提升写字的能力。

先把生字归类。本课17个生字，按照不同的结构，可以这样分：上下结构的字有"食、爷"；左右结构的字有"抗、神、活、猪、物"等；独体字有"爪、寻"。教学时，可分类指导。

再书写要点指导。上下结构的"食、爷"，要注意把上面的人字头、父字头写得大一些，盖住下面的"良"和"卩"，"食"最后一笔捺改点。左右结构的几个字，都是左窄右宽，除了"神"左低右高，其他左右结构的字，左右两部分基本等高。书写时，要注意部件和笔画之间的穿插。独体字"爪"，笔顺是平撇、竖撇、竖、捺。一竖在竖中线上，最后一笔捺从竖的上端起笔，要写得舒展。

让学生充分练写，点评后再次练写。

写字板块，我始终认为，要在单位时间里让学生把字写正确、写漂亮，需要引导他们去观察发现，去练习，慢慢学会由写好一个字向写好一类字迁移。对课文生字进行归类指导，是重要、有效的方法之一。一组一组地教，能节省时间，提升写字的能力。

五、板书设计

本课板书（图7-10）分三个层次，一是对"狐假虎威"字面意思进行解读，并结合识记生字；二是围绕故事内容，结合教学，提取核心词板书，帮助学生理解故事内容；三是故事寓意的简明概括。板书实现了"词、文、意"三者的统一。

狐 假 虎 威

	假借	威风	
语言假借	扯着嗓子 …… 摇了摇尾巴	一愣 蒙住 松开爪子	仗势欺人
	神气活现	半信半疑	
动作假借	摇头摆尾 大摇大摆	东张西望	

图 7-10

（说课者：曹爱卫）

第四节　二年级写话课《猫和老鼠》说课稿

各位专家,各位老师:

大家好！我今天说课的内容是统编小学语文教材二年级上册第七单元写话课《猫和老鼠》。接下来,我将从三个方面展开说课:

一、准确解读教材,精准分析学情——合理制订目标

(一)文本解读

本单元是继一年级上册第六单元后又一个以"想象"为主题的单元。

本课的写话内容,教材呈现的材料分两部分(图7-11),一部分是文字提示:"看看下面这幅图,想想小老鼠在干什么,电脑屏幕上突然出现了谁,接下来会怎样……快将你想到的故事写下来吧！";另一部分是单幅图片,一只老鼠跌坐在地上,一副惊恐的模样,边上电脑屏幕里,一只猫睁大眼睛,露出舌头,一副淘气的样子。

图7-11

本次写话虽然只出示了单幅图,但要求学生通过观察图画,结合文字提示,大胆展开想象,创编一个有"起因""经过""结果"的简单故事,而

非低年级常见的"看图写话",仅写清楚图片呈现的内容就可。

（二）学情分析

《义务教育语文课程标准（2022年版）》第一学段"表达与交流"的要求中指出：对写话有兴趣，留心周围事物，写自己想说的话，写想象中的事物；在写话中乐于运用阅读和生活中学到的词语；根据表达的需要，学习使用逗号、句号、问号、感叹号。

"猫"和"老鼠"是学生非常熟悉的小动物，它们之间的关系也能从动画片、图画书中得到多角度的解读，如经典动画片《猫和老鼠》中汤姆和杰瑞的关系及它们之间发生的故事，就能很好地启发学生大胆、多元地构建猫和老鼠的关系，让本次故事创编呈现多种可能性。学生对这样的写话内容是非常感兴趣的，也是乐于"写"的。

经过一年多的语文学习，学生已经具备了最基本的观察和表达能力，能看懂图片的大致意思，但毕竟是第三次正式学习写话，写话的格式、语言的清晰表达等都需要教师的引导。

围绕本单元的训练重点"展开想象，获得初步的情感体验"，学生要借助图片内容，大胆想象，把故事的起因、经过、结果说清楚且具有一定的合理性，书面表达时，注意写话格式，把故事比较清楚地写下来，还是有一定难度的。

（三）教学目标制订

基于课程标准的要求和对教材的解读，结合学生的真实学情，确定本节课的教学目标为：

①通过联系自己、观察图画，展开想象，大胆想象，说一说猫和老鼠见面的原因及见面时的场景，想象猫和老鼠见面后发生的事情，给故事创编一个有意思的结尾。

②把故事写下来，注意格式正确，基本做到语句通顺，意思表达完整。

二、设计学习活动，适切点拨引导——展开学习过程

为了有效达成以上教学目标，落实学生的学习主体地位，教学中，我采用情境创设法、观察法等方法，引导学生在观察图画的基础上，结合生活经验和阅读经验展开想象，激发学生浓厚的学习兴趣；通过让学生进行角色体验的方式，使其走进角色，唤醒其表达的愿望。我设计了四个教学板块：

（一）动画激趣，感知写话想象的特点

上课伊始，我就出示动画片《猫和老鼠》里面的汤姆和杰瑞图像，请学生说说它们是谁，当学生兴奋地说出汤姆和杰瑞的名字后，我播放了几十秒《猫和老鼠》的精彩片段，请学生说说它们俩好玩在哪里。

优质的动画片融趣味、审美、知识等为一体，课堂教学中，播放与教学内容相关的动画短视频，能营造良好的课堂气氛，有利于打开学生的学习思路。

教师通过讲述，让学生了解《猫和老鼠》（*Tom and Jerry*）是1939年制作的一部动画片，80多年了，有几代人看过这部动画片，引发学生思考：为什么这部动画片有这么大的吸引力呢？作者就是通过神奇的"想象"，带给我们这么有趣的"猫和老鼠"的故事。教师板书大大的"想象"二字。然后揭示课题：今天，我们也要大胆展开想象，自己编一个"猫和老鼠"的故事。

这样导入新课，有效激发了学生的学习兴趣，快速拉近了学生和课堂的距离，并对本次写话提出了要求：大胆想象！

（二）联结自己，想象猫鼠相遇的原因

猫和老鼠是怎么相遇的呢？这是故事的起因。二年级的学生，如果缺乏必要的学习活动设计，他们的思路打不开，猫鼠相遇的缘由也会写得干瘪无趣。这一环节，我设计了以下几个步骤：

步骤一，用多媒体课件出示根据教材里小老鼠样子修改过的图片，让学生观察小老鼠的样子，猜一猜小老鼠瞪着欣喜的大眼睛，嘴巴也张得大大的，它看到了什么呢？

低年级的学生，在做这样的猜测游戏时，就会把自己代入进去："我"

是在什么时候会有这样的表现？然后，根据自己的实际，猜测原因。

学生的学习兴趣充分调动起来，进行多角度充分猜测后，再用多媒体课件出示课文里的电脑图，哇，原来小老鼠看到了一台电脑。

步骤二，请学生联系自己的生活实际，用一句完整的话说一说在什么情况下，小老鼠想玩电脑。可以提示学生：你们平时想玩电脑就能玩吗？你们什么时候才能玩电脑？学生会说"有一天，小老鼠想玩电脑，就偷偷地溜进了书房""有一天，小老鼠的爸爸妈妈出去工作了，小老鼠做完了作业，想玩一下游戏"等富有个人生活气息的语言。

学生交流后，归纳得出第一个想象小秘诀——"联系自己展开想象"，并把这个小秘诀写在黑板上。

步骤三，小老鼠碰到电脑，那猫又是怎么出来的呢？我用语言创设了一个情境："小老鼠轻轻一碰鼠标……哎呀，不好了！出来的是——"多媒体课件出示课文中猫的图片，再请学生想象这只大脸猫是怎么出来的，用一个动作说一说猫出来时的样子，如"扑""跳"等词语。

步骤四，用一句话写一写，注意格式正确，把句子写完整，意思表达清楚。如"有一天，小老鼠的爸爸妈妈出去工作了，小老鼠做完了作业，想玩一下游戏。小老鼠轻轻一碰鼠标，哎呀，一只大脸猫从屏幕里扑了出来。"

爱因斯坦曾说："想象力比知识更重要。"同时，语文课程标准也强调，语文教学要"发展联想和想象，激发创造潜能"。所以，本环节首先引导学生联系自己的生活实际，大胆想象小老鼠为什么会去碰电脑从而遇到猫的。这是故事的合理性之一。

（三）观察图片，想象画面讲述的故事

画面中猫和老鼠的样子活灵活现，也是创编结尾的重要线索和依据。此环节，我设计了五个步骤：

步骤一，观察猫和老鼠的样子。请学生仔细观察，小老鼠见到的是一只怎样的大脸猫？引导学生关注大脸猫的动作。如瞪大眼睛、张开嘴巴、露出锋利的牙齿……根据学生反馈,随机板书"瞪、张开、露出"等关键动词。看到这样的一只大脸猫,小老鼠吓得怎么样?把动作说清楚。如"流泪、一屁股坐在地上、连连摆着手……"根据学生反馈,随机板书坐、流泪、摆手等关键动词。

步骤二,说清楚猫和老鼠的样子。连起来用一两句话说说自己看到的猫和老鼠的样子,注意说清楚动作。

步骤三,演一演猫鼠相遇的惊恐场景,想象画面。这个步骤先让学生明确要求。老师来演这只大脸猫,学生都是小老鼠。老师先是在屏幕后面(躲在讲台后面),"小老鼠"来玩电脑了,触碰鼠标的时候,学生要用手指在桌上轻轻击一下,发出"笃"的一声,给"猫"一个信号。然后师生表演。学生发"笃"声,老师大叫一声"喵——",从讲台后面扑出来,学生自由发挥。根据学生的表现,随机采访:你刚才吓得大叫,叫的是什么?让学生把"小老鼠"突然见到大脸猫时的心里话说清楚。如"别吃我,别吃我!""妈妈,快来救我呀!""我的肉不好吃,别吃我!"等。

步骤四,连起来说一说这个片段。请学生说一说猫鼠相遇的场景。可以提示学生:要说清动作,还要根据画面展开想象,说出它们的语言。小结,这是通过观察图片来想象,板书"观察图片展开想象"。

步骤五,把这个片段写下来。把刚才说的片段内容写下来,仍然注意格式正确,语句通顺,意思表达清楚。有困难的学生,教师可以提供范例。

本教学环节,引导学生把静止的画面动起来了,学生把观察到的、想象到的和口头表达的东西转化为书面文字,打开了思维,激发了想象,不仅突破了教学难点,也为学生后面个性化表达奠定了基础。

(四)奇思妙想,创编奇趣的故事结尾

故事接下去会怎么发展呢?这是本课教学的重点,也是难点,学生如果思路打不开,写出来的结尾大同小异,就很难体现创造力。所以,本环节的教学,请学生无拘无束想象故事的结局,板书大大的"无拘无束想象"几个字。让学生四人小组讨论,把小组里想到的最有意思的三个结尾,用关键词写下来,为创编不同的结尾打开思路。

这么多不同的结尾,让学生选择自己认为最有意思的一个展开想象,把故事的结尾写下来。在写话中,可以出示词语锦囊等,帮助学生写得更清楚。结尾的编写,我始终坚持一个原则:《猫和老鼠》背后是可爱的生活,猫和老鼠是可以成为好朋友的。学生怎么创编结尾都没有关系,只要能自圆其说,都是可以的。

最后,读一读自己写的故事,再根据"格式正确""想象有趣""故事完整"现场点评,让"听众"用点赞的方式激励评价,再示范修改,最后让学生自己修改。本环节通过学生上台分享自己编写的故事,让"听众"用点赞的方式激励评价可以增强学生写话的自信,提高学生写话的热情,也可以激发其他学生创作的灵感,学他人之长。在交流过程中,设置最佳倾听奖,有助于培养学生的倾听能力。

至此,故事的"起因""经过""结果"分三次编写,学生已经写了一个完整的小故事。在写话中出示词语锦囊既降低了表达的难度,又为学习基础不同的学生提供了充分表达的机会,同时,也让学生积累了大量有用的词语,为写话打下了坚实的基础。本次写话,我始终把"感兴趣"作为学生写话的第一要求。在教学中,我始终作为一名引导者、点拨者、鼓励者和协调者,倾心营造一种轻松、愉快的写话氛围。以学生的自主表达为主,充分训练学生的口语表达能力,注重引导学生主动参与和乐于探索,培养学生的写作兴趣和自信心,从而使写话也变成一件充满乐趣的事儿。

三、解读板书设计,反思教学成效—— 分享实践思考

(一)板书设计及解读

本课板书(图7-12)最上面是课题,中间是课文插图。在课题"猫"和"老鼠"下方,对应的分别是形容它们的典型动词。图画周边,是学生板贴的词卡,词卡内容为学生想象故事结尾的关键词。最右边,是本次写

话的关键能力——"想象",以及想象的三种基本方法。

本课的板书设计,融内容与方法于一体,融观察与想象于一体,体现了教师与学生的互动,展示了教与学的全过程。

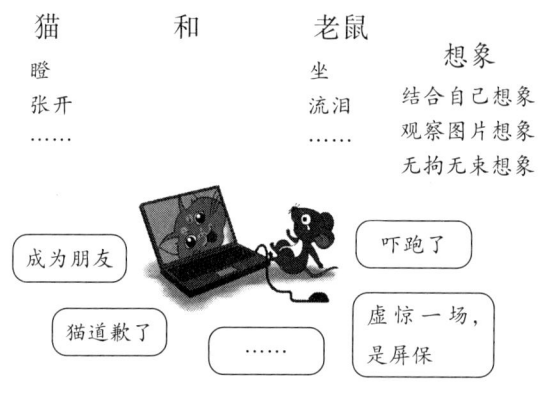

图 7-12

(二)教学成效反思

通过以上思考和实践,对本课的教学,有几点心得和大家交流分享:

1. 准确把握编写意图,合理制订教学目标

任何学习材料,选编进教材,就蕴含着编写者的意图,从而就与学习材料本身有了区别。《猫和老鼠》这幅插图,如果仅仅是一幅图画,让学生观察,然后进行看图说话,学生可以看见什么就说什么,把说的写下来就可以。但是,教材加入提示语,显然定位就不是看图写话本身,而是重在发挥想象,创编一个小故事。教师要准确把握教材的这种编写意图,根据课程标准对该学段学生的要求,结合学生实际合理制订教学目标。

2. 设计多种学习活动,破解写话畏难心理

学生永远是学习的主体。学生对学习充满兴趣,自主学习的内驱力就强,学习效果就会好。本课的教学,始终把"怎么学"放在前位,设计多种有趣的学习活动,一步步召唤学生进入写话的场域。同时,把写一个小故事分解成三个写的环节,学生每次都有话可写,并相信自己能写好,不再

惧怕写话，有效地破解了低年级学生"不知道写什么""不知道怎么写"的难题。

3.鼓励多向思维，发展创新能力

故事的结尾编写，让学生通过四人小组讨论，每个小组确定三个最有意思的结尾向全班汇报。这个环节，通过头脑风暴，鼓励学生发散思维，感受大胆想象的乐趣。这对学生创新能力的发展，有着积极的作用。

以上是我说课的全部内容，敬请各位专家与老师们指正。谢谢！

（说课者：曹爱卫）

第五节　三年级口语交际课《身边的"小事"》说课稿

各位专家，各位老师：

大家好！我今天说课的内容是统编小学语文教材三年级上册第七单元口语交际课《身边的"小事"》。

一、教材分析

我们都知道，统编小学语文教材对口语交际非常重视，将口语交际作为一个独立的教学内容，构建了螺旋上升的口语交际体系。

一、二年级口语交际以游戏化、生活化为主要内容，如一年级上册的口语交际"我说你做"、一年级下册的"一起做游戏"、二年级上册的"做手工"等。

三、四年级则更侧重引导学生关注生活，说生活中自己的观察发现，从现象入手，再说感受、想法，这是一个变化，对学生说的能力要求提高了，比如，"身边的'小事'"等。

五、六年级的口语交际更加体现深度语文的特点，注重发表观点，感受、体验整个单元的高阶性学习任务，比如，五年级下册"我是小小讲解员"，六年级上册的"演讲"等。

今天说课的内容属于第二学段，口语交际的话题是"身边的'小事'"。标题在"小事"一词上加引号，隐含了事小意义大的价值导向。

教材提供了四幅与学生生活紧密联系的情景图（图7-13）。下面两幅图表现的是社会生活中的不文明行为：左图侧重公共秩序——上公交车时插队；右图侧重旅游文明——在旅游景点乱涂乱画，在树木上攀爬拍照。上面两幅图表现的是令人感到温暖的行为：左图侧重公共礼仪——一位青年进门时为后面的人扶住门；右图侧重公共环境——及时清理宠物的排泄物。教材中，本次口语交际有两个任务：一是和小组同学交流你发现的不文明行为，或是令人感到温暖的行为，再谈谈你对这些行为的看法;二是汇总小组同学谈到的小事,和其他小组交流。

图 7-13

二年级的口语交际,已经要求学生开展小组讨论,学习轮流表达。本次口语交际,让学生就生活中真实的问题开展小组讨论,并对讨论提出更高要求:认真倾听别人的看法,初步学会汇总小组同学意见的方法。本次口语交际最难的地方就是"汇总",汇总对学生来说是第一次,也是本次交流最难的内容。

根据上述教材分析,结合三年级学生已有的认知基础和心理特征,制订以下教学目标:

①能运用"感受、好处"或"坏处、建议"的方法简单讲述身边不文明的或令人感到温暖的行为,清楚地表达自己的看法。

②能在小组中运用"记、选、连"方式,借助小组汇总单进行汇总,汇总意见时尽量反映每个学生的想法。

③养成留心观察生活的好习惯,学会自主思考、表达看法。

二、教学准备

为了让学生在课堂上有话说,让教学更具情境性,师生课前都要做一些相应的准备。

学生课前准备是完成预学单(表7-1):回忆发生在你身边,令你印象深刻的一件小事；写写自己的感受。

表 7-1　口语交际《身边的"小事"》预学单

班级_____　　　姓名_____

回忆发生在你身边，令你印象深刻的一件小事 （令人温暖的小事或者不文明的小事）	写写你的感受

教师课前完成的准备有：制作多媒体课件，包括"教材插图视频""文明宣传视频""汇总方法微课"等，以及小组汇总单、学生"有话要说"手牌、需板贴的词语及标语等，如"清楚表达看法、汇总小组意见、不文明的行为、令人温暖的事"等。

三、教学方法

口语交际课的本质是"真实情境中的言语交际行为"，也就是说，每个学生都有说的动机和意愿，课堂上能真实地看到他们思想的流动，从"敢说想说"走向"会说能说"。主要采用的教学方法有：

体验式学习法。尝试把课堂创设成一个大的真实的交流、交际的真人秀平台，让学生得到沉浸式的体验；构建学习支架帮助学生在实践中获得口语交际的方法。

小组合作学习法。在小组合作的基础上，尝试发现"记、选、连"的方法，并在小组合作学习的过程中运用这样的方法，而且又利用"讨论单"这个支架进行小组的交流，真正让每个学生习得这样的方法。

"借助支架"自主学习法。课堂中制作的每个视频、设计的板书都有支架。在有效的支架中，学生学会自主学习、自主建构。

四、教学程序

教学分五大板块，分别是：创设情境，引出交流主题；聚焦插图，清楚表达看法;再创情境,实践清楚表达;微课引入,尝试汇总意见;总结提升,感悟"小事"不小。

下面,我分板块具体展开说课。

(一)创设情境,引出交流主题

我先请学生自由说说"你们眼中的孙老师是个怎样的人",在和学生轻松聊天的过程中,进一步了解:我是一个热爱生活的人,有个外号叫"生活观察员",因为我特别喜欢用相机记录生活,更喜欢用眼睛去观察生活中点点滴滴的小事。

然后提出本节课的学习要求:今天就来聊一聊我们身边的小事,如果课堂中你对某件事有话要说,请举起你桌上的"有话要说"的手牌(图7-14)。

图 7-14

以师生聊天的形式进入课堂,老师作为"生活观察员"导入今天交流主题;和孙老师一起来聊一聊我们身边的小事,亦师亦友,圆融自然;同时,学生化身为"发言人",手牌的制作运用就是为了营造良好的"交流"氛围,把口语交际的课堂变得灵动、新颖。

(二)聚焦插图,清楚表达看法

先聚焦教材里"为后面的人扶住门"这幅插图(图7-15)。课前,我已制作了"令人温暖的事"图片集锦。播放后,定格在"为后面的人扶住门",问学生:"这件暖心事,你看明白了吗?谁有话要说?"学生自由说,如果学生就只说了事情,我就追问:"对此,你有什么看法?"学生也许会说"我觉得这样做很好!""这样的行为让我感到温暖。"等,我就跟进评点:"是的,你们还说出了自己的感受。"板书"感受"一词。

图 7-15

然后,请学生联系自己的生活,回忆:"生活中经历过这样的事吗?带给你哪些方便?"有的学生就遇到过这样的事,觉得前面的人这样做,方便了后面的人,不用再去推门。这就是这样做带来的好处,我就根据学生说的,随机板书"好处"一词,并总结:"是啊,在谈对暖心事的看法时,我们可以谈谈感受,还可以说说好处,更可以两个方面结合着说!"

可是,生活中并不是每件事都令人感到温暖,有时候还会有一些不文明的行为。我继续播放视频"不文明的行为"图片集锦,定格"上公交车时插队"一图(图 7-16),请学生自己说说对这一不文明行为的看法。

图 7-16

在交流中，学生能感受到这样的行为带来了很多不好的影响，也给别人上下车带来了不便。我就随机板书"坏处"一词，并追问："那针对这种行为，你有什么好的建议吗？"学生会说，影响大家上车、可能会导致别人摔倒等。我跟进小结："是啊，在说不文明行为的时候，你可以说说这件事情带来的坏处，还可以谈谈你的好建议。"边说边板书"建议"一词，并真诚地鼓励学生："你们真了不起，对两件不同类型的小事，通过说感受、谈好处和谈坏处、提建议，清楚地表达了自己的看法。"及时板贴"清楚表达看法"。

在这个教学环节里，我巧妙地把生活中不文明的行为和令人温暖的行为做成两段小视频，并以教材中的两幅插图作为定格画面，让学生在交流暖心事时总结关键词——说好处、谈感受，在交流不文明行为时总结出关键词——说坏处、提建议，从而学会"清楚地表达自己的看法"。在一正一反的交流过程中，老师不断追问，形成了一种老师和学生、学生和学生之间的交际流，为下一步的交流提供充分的方法指导。

（三）再创情境，实践清楚表达

结合预学单，就自己观察、发现、收集的身边的小事，和同桌相互说一说，要清楚地表达自己的看法。

在同桌充分说了之后，邀请学生走进学校广播电台《观成说事儿》栏目。这个环节里，我重点关注学生在不同场所发生的不同类型的小事，鼓励他们说清楚事情，并说明白看法。

这一板块每个人选择感触最深的一件小事，说清楚事情和自己的看法。口语交际需要生动有趣的情境来烘托，本环节创设了一个"有话要说"的现场——《观成说事儿》栏目，借助"好处、感受，坏处、建议"，落实第一条小贴士"清楚地表达自己的看法"。

（四）微课引入，尝试汇总意见

真正的学习，一定是走出课堂，走向真实的生活的。当学生对身边的"小事"有了基本的判断，能根据不同的事情，说出它们的好处、给出不同的建议时，我就引导学生走向真实的生活。

我结合自己的旅游感受，和学生分享："热爱旅游的我经常走走逛逛，可是，有一些行为我看了很不是滋味。"（出示旅游景点图片）并提问："对此，你们也一定有话想说？"这次每个人都要在小组里说看法，而且还要学会汇总组内同学的意见，因为待会儿汇报的时候要尽量反映每个人的想法。我边说边板贴"汇总小组意见"，并引发学生思考该怎么汇总小组同学意见。学生初步讨论后，请他们观看如何汇总小组意见的小微课。观看微课的时候，教师根据教学需要，可随时点击"暂停"键，帮助学生梳理关键步骤。如，"你们有什么好的记内容的方法呢？"第一个关键步骤"记"——用符号、关键词等记录每个人的意见；"每个人意见不一样，如果有相同的直接合并，还是怎么办？"第二个关键步骤"选"——选择有价值的信息；"有价值的信息选出来以后怎么做？"第三个关键步骤"连"——把所有人的想法连起来说一说。这三个步骤合起来才叫"汇总小组意见"。

然后，我请学生用上"记、选、连"，尝试汇总意见。提醒学生："为了方便汇总意见，老师在你们的手牌后面贴了一张汇总法宝（小组交流汇总单），用上'记、选、连'的方法开始小组交流吧！注意：按顺序一个一个说，每个同学都要记录哦！"

最后，再次走进《观成说事儿》栏目。请小组汇报交流，师生都可就小组同学所说的进行追问、评价、总结。

汇总小组意见是本次口语交际最难的环节，本环节聚焦教材中旅游景点不文明行为的图片。直接汇总，学生无从入手，于是，老师给出两个支架：一个是微课指导，老师通过制作类似交流平台的微课，学生在真实情境下的交流平台，并与现场学生互动，提炼汇总方法：记、选、连。让学生明白，把所有人的想法通过记录、筛选，最后连起来，这才叫"汇总"。另一个是再次走进《观成说事儿》栏目，运用方法进行组内交流，借助"小组交流汇总单"（图7-17）来汇总大家的意见。这张单子展示学生是否学会了"记、选、连"的汇总方法，在反馈交流环节，更加实现了学生说、学生追问、老师问、学生接着说的全班模式的多回合交际流。

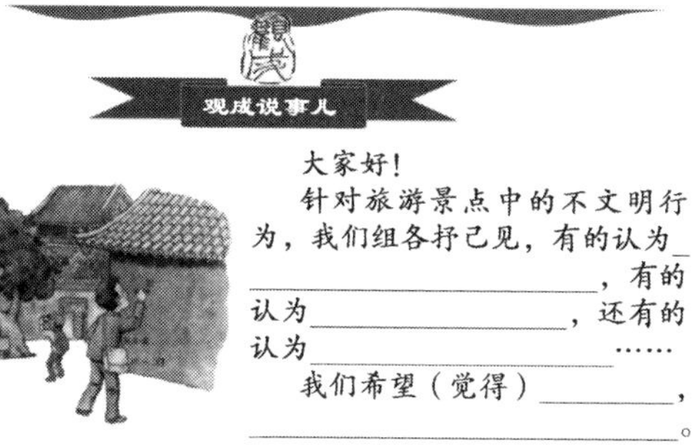

图 7-17

（五）总结提升，感悟"小事"不小

根据学生的发言，师生都由衷地感受到：生活中的"小事"真的不小啊！

我通过播放文明宣传视频，结合板书（图 7-18），再次强化，并总结本课：是的，文明一个人，温暖一座城！就让我们做生活中的观察员，去听去看去感受，去勇敢发出自己的声音。（请学生看板书，齐读"清楚地表达自己的看法"）还要让每个人的想法都能被听见。（请学生看板书齐读"汇总小组意见时尽可能反映每个人的想法"）老师呼吁：让小事传递一种爱，汇成一股力量，让阳光永驻心田！

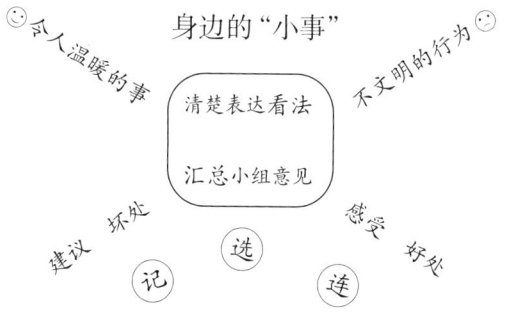

图 7-18

总结阶段，我通过播放一段文明宣传视频，师生共同总结，既有人文的提升，也有情感和价值观的表达："小事"不小。板书也是一种温暖的传

递。我在课的最后指向板书上的太阳、光芒、云朵图案，寓意美好，让阳光温暖每个人，汇成一种力量，传递一种爱和温暖。

五、教学亮点

从一开始的磨课到最后的上课，这一路走来，我对口语交际有了很大改观和认识，口语交际课必须坚持创设有效情境，坚持多向交际流，坚持在实践中渗透方法，不仅是一个个体全身心投入学习的成长过程，还是一个社会化过程、文化过程。

1. 无痕的课堂

口语交际课，教师不能像阅读课和习作课那样条分缕析，也不要急于在学生没有进行语言实践的时候就告诉他。无痕教，是为了学生更好地学，我们是先让学生实践，然后从他们的话中提炼，当学生发表观点、想法的时候，不急着评判，而是让他们同学之间先交流。这种方法我们更多的是希望学生"在游泳中学会游泳"，在实践中学会如何去表达、如何进行口语交际，让学生实践，尽量做到从学生中来，到学生中去。

2. 人文的润泽

在口语交际的过程中，如果学生的声音小了一点，就需要我们联系以前的口语交际内容，其实在一年级上册第六单元的口语交际"用多大的声音说话"，就有相关的训练。一、二年级的口语交际课强调的是什么？就是把事情说清楚！学生说话的声音要自然自信，仪态要大方。当学生声音很小的时候，我们就要鼓励他自信，勇敢地发出声音，勇敢地说出看法、想法，那么一堂课下来就是一种人文熏陶。

3. 思维的力量

语言是思维的外壳，很多学生不愿意说，不敢说。只有老师知道教什么、怎么教，学生才会聪明独立地思考。一定要激活学生的思维，这样的口语交际课是为孩子将来写议论文做准备，有观点、有思路，这便是深度学习。

（说课者：孙霞飞　指导者：曹爱卫）

第六节　四年级阅读课《观潮》说课稿

各位专家，各位老师：

大家好！我今天说课的内容是统编小学语文教材四年级上册第一单元阅读课《观潮》第一课时。接下来，我从三个方面展开我的说课。

一、解读教材内容，确定教学目标

（一）文本教学解读

《观潮》是统编小学语文教材四年级上册第一单元的一篇课文。这是一篇写景文，作者通过"潮来前""潮来时""潮过后"三个时间节点，描写了大潮由远而近、奔腾西去的全过程，描绘出钱塘江大潮由平静到奔腾咆哮最后复归平静的动态变化，呈现了奇特、雄伟、壮观的画卷！特别是"潮来时"一段，把钱塘江大潮描绘得有声有色，读来令人如临其境，如闻其声，如见其景。课后练习除了有感情地朗读、背诵经典段落和根据刘禹锡的诗在课文中找出与诗内容相关的句子外，重点是"说说课文是按照什么顺序描写钱塘江大潮的，你的头脑中浮现出怎样的画面，选择印象最深的和同学交流"，旨在落实"边读边想象画面，感受自然之美"这一单元阅读核心目标。

本课教学内容，主要有以下几项：

1. 识写生字

本课要求认读 12 个生字，会写 15 个生字。四年级的学生已经具备较强的独立识字能力，教学时，可借助预习单等方式，引导学生通过借助汉语拼音、联系已识生字和生活经验等多种方法自主识字，反馈时，集中教授学生易混淆和难记的字。

如"顿时""霎时"可以对比学习，"顿时"是"立刻，一下子"的意思，"霎时"是"极短的时间，片刻"，两个词都有时间短的意思，"顿时"比"霎时"更短促。

再如"鼎沸"两个字都是生字。"鼎",古代煮食器,可通过图文对照的方式识记。"沸",沸腾,借助偏旁表义识记。"鼎沸",形容人群的声音吵吵嚷嚷,就像锅里的水开了一样。

其余生字可放手让学生独立识记,随文学习时加以强调即可。

2. 理解课文

在教学中,需紧扣"天下奇观"这一核心词,引导学生步步深入感受钱塘江大潮的"奇",理解钱塘江大潮称为"天下奇观"的原因所在。重点抓住课文的第3、4自然段,引导学生边读边想象画面,抓住作者描写大潮声音和形态变化的词语,如"隆隆的响声""白浪翻滚""两丈多高的水墙""风号浪吼"等,想象潮水汹涌澎湃、排山倒海而来的壮观景象。在此基础上,再引导学生通过抓住对观潮者神态、动作的描写,如"人山人海""昂首东望""人声鼎沸""又沸腾起来"等词语,体会观潮的人数多、热情高涨,体会间接描写的表达方法,感受大潮的奇特。

3. 朗读课文

本课要求有感情地朗读课文。可采用以下步骤层层展开:首先,请学生自由朗读,谈感受,鼓励他们读出天下奇观的气势。接着,可教师范读,请学生闭上眼睛,想象画面,体验钱塘江大潮声音、气势的变化。教师范读,需重点抓住"浪潮越来越近,犹如千万匹白色战马齐头并进,浩浩荡荡地飞奔而来;那声音如同山崩地裂,好像大地都被震得颤动起来"等句子,强调出"千万匹白色战马齐头并进""浩浩荡荡""山崩地裂""颤动"等短语或词语,语速要稍快,音量要稍大,读出钱塘江大潮的壮观气势。然后,播放钱塘江大潮视频,使学生看到真实的情景,感受到大潮的雄伟壮观。最后,让学生带着自己的感受和理解,边读边想象画面,再读课文,感受大潮的奇特。

4. 迁移运用

本课是按照"潮来前""潮来时""潮过后"的时间顺序来写的,相对应的有"这一天早上""午后一点左右""过了好久"等表示时间的词汇。"潮来时"是课文的重点部分，作者按照由远到近的方位变化，抓住大潮声与形的变化，写出了大潮的壮观。文中由远到近观察顺序的词语有"远处"、"过了一会儿""水天相接""向前移动""再近些""越来越近"。整篇课文结构清晰，语言优美，是一篇习作的好典范。第二学段习作的重点是写好一个片段，本课要求背诵的是课文第3、4自然段，因此，篇章结构的学习不是本课的重点，本课语言的迁移运用应是学习由远到近的写法，写某种事物的变化。

（二）教学目标制订

根据上述文本教学解读，结合四年级学生已有的认知基础和心理特征，制订以下教学目标：

①通过借助拼音、利用汉字构字规律等方法正确认读"盐、屹"等12个生字，学写"潮、据"等15个生字，通过联系上下文、想象画面等方法理解"浩浩荡荡、山崩地裂"等词语。

②有感情地朗读课文；背诵课文第3、4自然段。

③边读边想象画面，感受钱塘江大潮的雄伟、壮观，体会作者的自豪、赞美之情，学习作者按照时间顺序描写事物变化的方法。

二、设计学习活动，展开学习过程

基于以上教学目标，我设计了四大教学板块。

（一）检查预习，整体感知

这个板块，主要帮助学生实现字词解码及课文内容整体感知。这个环节大致分成三步：理解文中两个"观"字的意思，认读难记的生字，把握课文主要内容。

1. 揭题，比较两个"观"字的意思

揭示课题后，我出示预习单第一题："观潮"和"天下奇观"，两个词语中都有一个"观"字，这两个"观"字意思一样吗？引导学生交流讨论，得出"观潮"的"观"是"看"的意思；"奇观"的"观"是"景象"的意思，"奇观"就是奇特的、奇异的景象。自然引出"钱塘江大潮，自古以来被称为天下奇观",指导学生读好课文第 1 自然段。

2. 检查字词预习,认读难记的生字

出示预习单第二题(图 7-19),认读难记的生字。

> 二、读一读下面的词语,把不会读的生字圈出来。
> 第一组:屹立　昂首
> 第二组:顿时　鼎沸　横贯江面　浩浩荡荡　山崩地裂　震动
> 第三组:霎时　余波

图 7-19

我会根据学生实际认读情况进行生字识记指导。重点辨析"顿时""霎时""鼎沸"等词语的意思,结合识记"顿、霎、鼎、沸"等生字。其他生字,同桌交流,自主识记。

3. 再读课文,整体感知课文内容

先用简短的语言介绍钱塘江大潮:钱塘江就在我国浙江省,每年的农历八月十八,总有很多人慕名来观潮。钱塘江大潮自古以来被称为"天下奇观"。再请学生读课文,思考:课文主要写作者去钱塘江边观潮的事,作者按怎样的顺序写的?引导学生找出表示时间的词:"这一天早上""午后一点左右""过了好久"等,再借助时间顺序,理清课文的写作顺序:课文先写潮来前,再写潮来时,最后写潮过后。最后,请学生借助预习单第二题的三组词,整体感知课文内容:按照"潮来前""潮来时""潮过后"的时间顺序,用上预习单里的三组词语,说一说课文的主要内容。

(二)理解想象,感受奇观

这个板块的主要学习任务是对钱塘江大潮之所以被称为"奇观"的原因进行探究,也是落实本单元"边读边想象画面,感受自然之美"的核心教学环节。主要设计了以下学习活动:

1. 聚焦"潮来时",感受"潮之奇"

先请学生选择"潮来前""潮来时""潮过后"这三个部分内容,哪个部分留下的印象最深刻。根据反馈,学生均选择"潮来时"部分。再聚焦写"潮来时"的第3、4自然段,借助"走进神奇的钱塘江大潮"学习活动,分以下四个学习步骤展开:

步骤一,钱塘江大潮是怎样涌过来的?请在文中圈出表示方位的词语。再读一读这些词语,想一想作者是按什么顺序写的。

学生自主学习后,交流方位词:从远处、东边水天相接的地方、白线很快地向我们移来、再近些、浪潮越来越近。明确作者是按从远到近的顺序来描写潮水涌来的过程。并让学生借助方位词,说一说钱塘江大潮的变化过程。有困难的学生可借助下面的填空(图7-20)说一说。

> 午后一点左右,(　　　)传来隆隆的响声。过了一会儿,(　　　)出现了一条白线。那条白线(　　　)。(　　　),白浪形成一道水墙。(　　　),犹如万马奔腾,那声音如同山崩地裂。

图7-20

步骤二,上面方框里的句子也写出了钱塘江大潮的变化过程,和课文的语句比一比,哪个写得好?

学生通过对比发现,课文里的语句写得好,因课文写出了钱塘江大潮"声、形"的变化。声音的变化有:起先是"闷雷滚动",然后是"响声越来越大",最后是"那声音如同山崩地裂,好像大地都被震得颤动起来";形态的变化有:起先是"出现了一条白线",然后是"那条白线逐渐拉长,变粗,横贯江面",接着是"白浪翻滚,形成一堵两丈多高的水墙",最后是"浪潮越来越近,犹如千万匹白色战马齐头并进,浩浩荡荡地飞奔而来"。而方框里的语句只是笼统地简要地叙述了变化过程。

步骤三,边读边想象画面,再现观潮盛况。如引导学生通过想象、表演"人声鼎沸"的场面,学生可跳着,叫着,挥舞着手,有的喊:"潮来了!"

有的喊:"快看!快看!",结合理解本段中"人声鼎沸"一词。领悟作者抓住钱塘江大潮的声音、形状,运用从远到近的方位顺序把潮来时的奇特壮观形象地展现在了我们面前。

步骤四,观看录像,解说钱塘江大潮。尝试背诵。实现书面语言的转化和运用。

2.学习"潮来前"和"潮过后",深化"潮之奇"

请学生思考:课文的题目是"观潮",可见,"观"的是"潮",那么作者为什么要写"潮来前"和"潮过后"的景象呢?在讨论交流中,明确把三个部分写完整,既体现了观察的完整性,又很好地结合了正面描写和侧面描写。学习"潮来前",重点解决两个问题:为什么盐官镇是观潮最好的地方?"观潮前"哪些地方看出钱塘江大潮的奇特壮观?第一个问题,结合课后的"资料袋",也可结合后面的"阅读链接资料",请学生自读后,说一说。第二个问题,从"人山人海、昂首东望、等着、盼着"等词句中体会正因为钱塘江大潮的奇特壮观,才能吸引这么多人来观赏,让大家心甘情愿等着、盼着。学习"潮过后",重点思考:哪些地方看出钱塘江大潮的奇异壮观?

引导学生从课文语句中去寻找一句,如"霎时,潮头奔腾西去",说明时间短促;"余波还在漫天卷地般涌来,江面上依旧风号浪吼",说明潮水势头之大,余威不减;"看看堤下,江水已经涨了两丈来高了。"说明潮水之大。

(三)学习表达,迁移运用

这个板块的主要学习任务是内化课文的语言表达形式,尝试运用,学写生活中某种事物的变化过程。

先请学生自由读课后练习里刘禹锡的《浪淘沙(其七)》,从课文中找出与诗句的内容相关的句子,即课文第4、5自然段中的句子,再次朗读,体悟积累。

再读课文第3、4自然段,回顾"从远到近"的写法,背诵积累这两个自然段。

最后尝试用"从远到近"或"从近到远"的写法,学写生活中某种事物的变化过程。教师可提供一些事物变化的情景内容,如"太阳从海面上升起来""蒲公英慢慢飞远""宠物狗听到主人叫声跑过来"等,唤醒学生的记忆。

(四)观察比较,学写汉字

本课 15 个生字,可分类指导书写。出示课文田字格生字的截图,引导学生发现:"据、堤、盼、滚、顿、犹"6 个生字是左右结构;"潮、渐"2 个生字是左中右结构;"笼、罩、崩、震、余"5 个生字是上下结构;"阔、逐"2 个生字是半包围结构。

左右结构:除了"顿",其他 5 个都是左窄右宽,注意"犹"右边不要写成"龙"字,"顿"左边的"屯"竖弯钩要改写成竖提。

左中右结构:注意三部分的匀称,可在学生自主书写的基础上再点评修正。

上下结构:5 个生字均上小下大,可在学生自主书写的基础上再点评修正。

半包围结构:重点指导"逐"字,右边不要写成"琢"字的右半部分,不要多加一点。

三、板书设计说明,分享资料链接

(一)板书设计说明

本课的板书设计(图 7-21),既关注了课文内容的理解,又指向了语言的表达。左边纵向排列的"潮来前、潮来时、潮来后",点明了课文是按照时间顺序描写钱塘江大潮的。中间的"由远到近、声、形",标示了"潮来时"是按照由远到近的顺序写的,"声、形"标示了大潮来时的声音和形态上的变化。"由远到近、声、形"下方对应的词语,是课文里的关键词语,便于学生理解课文内容,积累课文语言。

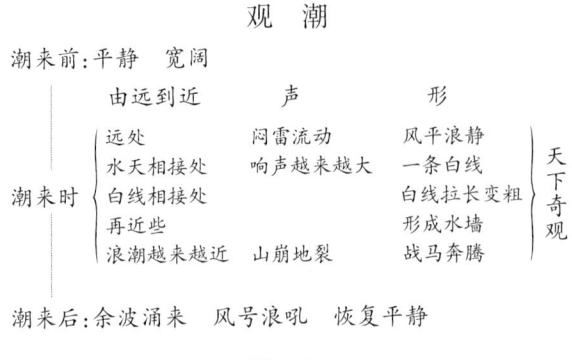

图 7-21

(二)教学资源链接

关于钱塘江大潮,涉及一些科学知识,以下资料可供学生阅读或回答学生提问。

1. 钱塘江涌潮的原因

因受太阳、月球引力影响,海面会出现潮汐,这是普通现象。然而,钱塘江的大潮却分外壮观,特别是每年秋分时节,农历八月十八日前后潮势更加汹涌,当年苏东坡有"八月十八潮,壮观天下无"的感叹。钱塘江的潮汐之所以特别大,除了因为这时太阳、月亮、地球都在一条直线上,海水受到的引力最大外,还有独特的原因。

2. 观潮胜地盐官镇

海宁县盐官镇东南一段河塘,是近代的观潮胜地。这里建有观潮台、观潮亭和镇海塔。距盐官镇东 8 公里的八堡是观赏"一线潮"最佳之地。距盐官镇 12 公里的老盐仓是观赏"返头潮"的佳点。每年农历八月十八日,是盐官镇观潮的最佳时间,这时潮头最高时可达 3.5 米,潮差可差 8~9 米。

(说课者:曹爱卫)

第七节　五年级略读课《红楼春趣》说课稿

各位专家，各位老师：

大家好！我今天说课的内容是统编小学语文教材五年级下册第二单元的略读课文《红楼春趣》。说课的主题是"迁移学习方法、聚焦关键人物、实现难文浅教"。我将从以下三个方面展开说课：

一、解读教材，分析学情，准确制订目标

（一）解读教材

本课的教材解读，从"单元视角"和"课文视角"两个方面来展开。

1. 单元视角的教材解读

（1）编写意图解读

《红楼春趣》是统编小学语文教材五年级下册第二单元的课文。本单元的课文，均改写或节选自中国古典四大名著。其主要的编排意图是通过四篇文章的阅读，开启经典的阅读之旅，进而从一篇文章走向整本书的阅读，从改写的现代文阅读走向原著阅读。

（2）单元语文要素解读

本单元有四篇课文，首篇《草船借箭》选自《三国演义》，是用现代白话文改写的文章。后三篇课文则是原文节选，《景阳冈》和《猴王出世》原著都是话本小说，比较通俗易懂，《红楼春趣》则是纯粹的文学创作，具有极其深刻的社会现实意义和丰富的审美旨趣。语文园地的"交流平台"小结了阅读古典名著的基本方法。显然，本单元的课文编排顺序是由易到难。从教材编排的立场出发，我们应该关注单元整体，紧扣单元语文要素"初步学习阅读古典名著的方法"，引导学生初步了解和运用古典名著阅读的方法即可，不可脱离五年级学生的阅读实际，避免拔高要求，学生囫囵吞枣，大致读懂就好！万万不能按普通单元的课文来教学，不必对古典名著中的人物形象、文学价值等做过于深入的解读。要重视兴趣激发,通过创设多种方式的读书交流活动,千方百计引导学生阅读原著,还要注重阅读方法的迁移,在课外阅读中强化方法的运用。

(3) 本课在单元内的站位解读

本课是所在单元最后一篇课文,属略读课文。学生在学习了《草船借箭》《景阳冈》《猴王出世》后,已初步了解和掌握了古典名著阅读的方法,如"猜读难懂的词句""课文与原著比较阅读""借助关键语句评价人物"等,本课重在将前面古典名著的学习方法、学习经验进行迁移运用。

2.课文视角的教材解读

《红楼春趣》的阅读提示是这样写的:"这篇课文讲述的是宝玉、黛玉等在大观园里放风筝的故事。读读课文,能大致读懂就可以了。读后和同学交流:宝玉给你留下了什么样的印象?"阅读提示的前两句,指向的是对课文内容的了解,也就是知道谁放了什么风筝,当时的情景是怎样的,大体明白即可,如"剪子股、籰(yuè)子"等词语,只要知道是放风筝的工具就行了。后一句,是本课有别于前面几课的一个内容,它指向的是对人物形象的感受和评价。学生要对人物形成自己的认知和判断,透过人物的言谈举止看看他(她)的性格如何、情趣如何、品行如何,在评价的过程中,学生可以形成对人物多元的认识,促进深度阅读。显然,编者希望学生阅读名著时,可以囫囵吞枣地读,知道大意即可,进而感受故事情节的起伏变化、人物形象的丰富多元。本课选取了《红楼梦》中一个极小的片段,篇幅短,意蕴长。题目是编者加的,显然,意欲凸显大观园里春天放风筝之趣。作品展现了宝黛等人在大观园内放风筝的场景,主线清晰,人物众多,形象生动,描摹传神。

(二) 分析学情

五年级学生对《红楼梦》比较陌生,所掌握的《红楼梦》背景知识和关于《红楼梦》的生活体验几乎为零,阅读时,学生很难有代入感。课文又是节选自原文,从语言看,生字词多,且是古典白话文,学生较难读通读懂;从人物关系看,涉及众多人物形象,且关系复杂,学生较难准确梳理人物关系;从内涵看,很多细节富含深意,学生不容易领悟。

教学时,要引导学生将前三篇课文的学习经验迁移运用到本节课的学习中,进一步激发学生阅读古典名著的兴趣,在阅读的过程中提高阅读能力。如可以运用猜读,鼓励学生大致读懂课文;了解课文描写的场景,通过抓住主要人物的语言、动作、神态等,感受宝玉这一人物的形象。让学生在真实的阅读经历中感受阅读的快乐,产生阅读古典名著的兴趣。

(三)制订目标

基于以上对教材的解读及对学情的分析,制订本节课教学目标如下:

①借助语境中猜读、形声字规律等,认识本课12个生字,1个多音字,读准课文中难读的字词,能正确、流利地朗读课文,借助思维导图概括课文主要内容。

②通过借助人物关系图、重点语句等,大致读懂课文。

③抓住文中细节描写,品味文章准确生动的语言,分析鉴赏主人公宝玉的人物形象,初步学习鉴赏小说的技巧。

④拓展阅读,产生阅读《红楼梦》的兴趣。

其中第一、第二个目标,是基础性目标;第三个目标,是本课的核心目标,也是教学的重点。

二、迁移学法,自主阅读,感受红楼春趣

为了有效落实这三个教学目标,本节课我围绕"趣"字,分三个教学板块展开。

(一)回顾学法,自主阅读,了解风俗之"趣"

这一板块,我将围绕"读课文,知大意"的目标,分三个步骤请学生展开自主学习:

第一步,请学生回顾古典名著阅读方法。上课伊始,我会直接揭题:同学们,今天我们学习的课文节选自中国古典四大名著《红楼梦》,"红楼

"春趣"这个标题是编者所加,原文在《红楼梦》第七十回。本单元我们已经学习了三篇改编或节选自古典名著的课文,请大家回忆一下,我们都用了哪些方法来学习?

学生回忆学习古典名著的基本方法:联系上下文、借助参考资料、比照阅读、查找工具书等理解难懂的词语;在不影响阅读理解的情况下,个别难懂的词语不必深究词义,大致理解即可,保证阅读要有一定的速度;借助具体的语言文字、相关的影视作品、课文插图等,了解故事的情节,感受丰富的人物形象。学习方法的回顾,为后面的自主学习提供了保障。

第二步,结合导语,请学生明确学习任务。然后,请学生阅读课文导语,明确本课的两个主要学习任务:一是朗读课文,大致读懂内容;二是交流分析宝玉留给自己的印象。

如此,借助学习任务,可以提升学生的积极性及对知识的探索能力,深化学生自身对知识的消化能力,让学生知其然并知其所以然,让学生真实地经历学习的过程,增强学习的成就感,建立学习的自信心,从而真正落实核心素养。

第三步,请学生自读课文,了解风俗之"趣"。学生回顾了阅读古典名著的方法,知道了本课阅读的主要任务,接下来,就围绕第一个任务,请学生自主阅读课文,要求如下:自由读课文,想一想课文围绕"风筝"写了几件事,把思维导图(图7-22)里的内容补充完整,并思考:为什么最后要铰断风筝线,让风筝随风而去?

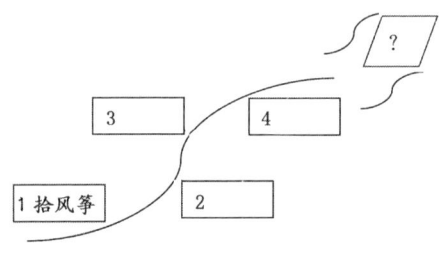

图 7-22

反馈时,在难理解的词句上,让学生自主交流,围绕课后要求识记的生字词重点交流,而对"篾子"等词语,只需知道是放风筝的工具即可,不做过多解释。引导学生小结学习方法之一:难懂词句,不求甚解。

引导学生能把课文读正确后,再交流思维导图的填写情况,按"拾风筝""取风筝""放风筝""断风筝"四个主要情节说一说故事的主要内容,了解让风筝随风而去寓意"放晦气"这一有趣的习俗。自此,完成教学目标一。

(二)梳理人物,深入探究,品析人物之"趣"

第二板块,我围绕"大致读懂课文"的目标,请学生再次走进文本,分两个步骤展开自主学习:

第一步,默读课文,圈出人物,理清关系。请学生自己默读,圈出课文中有开口说话的人物,教师借助人物关系图做简单介绍。人物关系如图7-23。

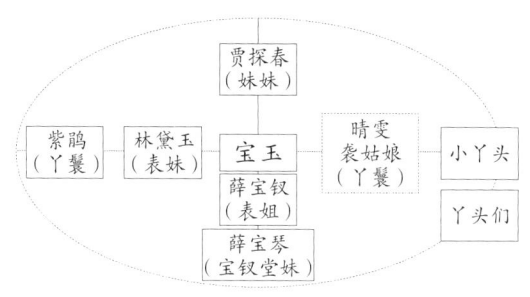

图 7-23

第二步,聚焦主要人物,借助关键语句,分析人物之"趣"。

这么多人物,一节课内,一个一个地去品读,显然不现实。怎么办?揭示古典名著的学习方法之二:人物众多,聚焦主角。

然后,请学生聚焦主人公宝玉,围绕"宝玉"印象,勾画重点词句,做简要批注。学生自主学习后,再分组讨论,然后全班交流。重点抓住以下几个场景来分析人物。

场景一:拾风筝。

宝玉笑道:"我认得这风筝,这是大老爷那院里嫣红姑娘放的。拿下来给他送过去罢。"紫鹃笑道:"难道天下没有一样的风筝,单他有这个不成?二爷也太死心眼儿了!我不管,我且拿起来。"

人物品析:从宝玉的表情"笑",语言里的"送过去",都可以看出宝玉平时为人细心和善。紫鹃的话语,更是进一步说明宝玉待人之实诚,与丫鬟们也是平等相待。

场景二:取风筝。

宝玉又兴头起来,也打发个小丫头子家去,说:"把昨日赖大娘送的那个大鱼取来。"小丫头去了半天,空手回来,笑道:"晴雯姑娘昨儿放走了。"宝玉道:"我还没放一遭儿呢!"探春笑道:"横竖是给你放晦气罢了。"宝玉道:"再把大螃蟹拿来罢。"丫头去了,同了几个人,扛了一个美人并籰子来,回说:"袭姑娘说:昨儿把螃蟹给了三爷了,这一个是林大娘才送来的,就这一个罢。"宝玉细看了一回,只见这美人做的十分精致,心中欢喜,便叫:"放起来!"

人物品析:从小丫头回复的"晴雯姑娘昨儿放走了""袭姑娘昨儿把螃蟹给了三爷",他自己说的"我还没放一遭儿呢"等话语里,可以看出,宝玉平日对丫鬟们很是"纵容",丫鬟们放了他的风筝、把他的风筝拿去送人,都不生气,对红楼女性的怜惜之情跃然纸上。

场景三:放风筝。

独有宝玉的美人儿,再放不起来。宝玉说丫头们不会放,自己放了半天,只起房高,就落下来,急的头上的汗都出来了。众人都笑他,他便恨的摔在地下,指着风筝说道:"要不是个美人儿,我一顿脚跺个稀烂!"

人物品析:宝玉放不起来风筝,"急的头上的汗都出来了",恨得把风筝"摔在地下",还"指着风筝"说话,且说的是"要不是个美人儿,我一顿脚跺个稀烂!"这些都可以看出,宝玉的天真率性,又异于常人。结合"取风筝"片段里的最后一句,更可看出宝玉对红楼女性的珍惜之意。

此三个场景的人物品析,学生大胆表达自己的看法,只要言之有理即可。让学生在轻松的氛围中把自己对宝玉的印象说清楚,同时,注意倾听别人的发言,不断丰富自己对宝玉这个人物形象的感受。学生充分交流讨论后,再对"宝玉印象"进行统整:抓住人物的言行、神态等关键语句,品读出宝玉是一个率真善良、关爱女性的可爱之人。并小结古典名著的学习方法之三:抓住细节,品析人物。自此,完成教学目标二、三。

(三)多种形式,走进红楼,催生阅读之"趣"

此环节,我提供多样化的学习单,让学生对自己感兴趣的人物或内容进行再探究,以产生对《红楼梦》原著阅读的兴趣。多样化学习单如下:

1. 继续探究"宝玉印象"。推荐阅读《红楼梦》第三十五回的节选,说说宝玉又给你留下怎样的印象。节选内容:"看见燕子就和燕子说话,河里看见了鱼就和鱼儿说话,见了明星月亮,他便不是长吁短叹的,就是咕咕哝哝的。"

2. 探究《红楼春趣》里的"探春""黛玉"印象。从和紫鹃的对话中,可以看出探春性格开朗,有主见;从黛玉对宝玉美人儿风筝放不上去的分析,看得出黛玉非常聪慧。

3. 观看戏曲电影,领略《红楼梦》的魅力。观看1989版电影《红楼梦》"宝黛初会"片段,或聆听《红楼梦》"黛玉葬花"经典音乐片段,感知《红楼梦》这部伟大作品的社会影响力。

整个板块,我抓住细节,让学生自己去品析文字、品鉴人物形象,再通过拓展阅读、看电视剧、听歌曲等多种形式,使其加深对课文的理解,体会到更多的阅读的乐趣,从而点燃学生阅读古代名著的热情,由此引出"快乐读书吧",为阅读整本书做好准备。

三、阐释板书,分析亮点,总结难文浅教

(一)板书分析

本节课的板书紧扣"故事内容梳理"和"阅读方法归纳"两条线,随教学环节,不断补充完善。形成板书的过程,也是学生不断深入阅读《红楼梦》的过程。

本节课的板书如图 7-24。

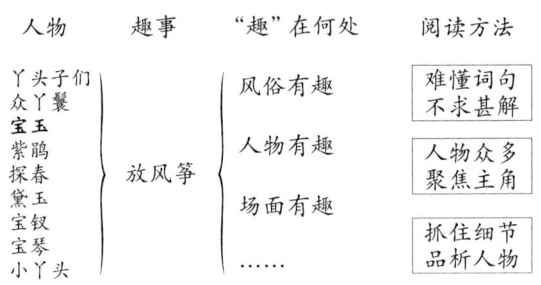

图 7-24

（二）亮点分析

本课的教学，我努力在以下三个方面实现突破：

1. 主线清晰

整节课，紧扣一个"趣"字，从内容概括，感受风俗之"趣"，到品析细节，感受人物之"趣"，体会场景之"趣"，主线非常清晰，板块简洁，保证了学生自主学习的时间和空间。

2. 难文浅教

古典名著的阅读，和现代白话文的阅读，是有一定差距的。本课采用的三种阅读方法，实现了"难文浅教"的教学思想，有效催生学生阅读古典名著的兴趣，使他们愿意走进古典名著，接受传统文化的熏陶。

3. 学以致用

本课是阅读课，因为板块设计简洁，教学方法得当，学生的自主学习就非常充分，体现了略读课文"学以致用"的教学定位。

以上是我对《红楼春趣》一课的实践和思考，期待各位专家、各位老师多多批评指正。谢谢大家！

（说课者：曹爱卫）

第八节　六年级阅读课《文言文二则·书戴嵩画牛》说课稿

各位专家，各位老师：

大家好！我今天说课的内容是统编小学语文教材六年级上册第七单元《文言文二则》中的第二篇小古文《书戴嵩画牛》。接下来，我将从教材分析、教学方法、教学程序等六个方面展开说课。

一、教材分析

文言文作为汉语言的精髓和典型，其语言具有凝练含蓄、意蕴丰厚的特点。

统编小学语文教材从三年级上册开始，编排了多篇文言文。本单元围绕"艺术之美"架构单元内容，"借助语言文字展开想象，体会艺术之美"是本单元的语文要素。本课选取了两篇有关中国传统艺术的小古文，《伯牙鼓琴》讲述了流传千古的高山流水遇知音的故事，字里行间体现出琴声的高妙，包含着真挚而深厚的情意。《书戴嵩画牛》为苏轼所作的一篇题跋，围绕唐代戴嵩画的《斗牛图》，讲述了一个发生在杜处士和牧童之间的故事，揭示了"耕当问奴，织当问婢"的道理。

"正确、流利地朗读课文"是学习文言文的第一步。本课中出现了较多的多音字，其中《伯牙鼓琴》中的"少、汤、为"和《书戴嵩画牛》中的"数、曝"这几个字容易读错，需重点指导。六年级学生已经积累了一些阅读文言文的基本方法，能够大致理解古文大意。课后练习要求"用自己的话讲讲《书戴嵩画牛》的故事"，即创造性地讲故事。高年级学生在理解文意后能讲述故事大概内容，但在通过合理想象、深入情境，把故事内容讲述得更丰富生动方面具有一定难度。因此，教学中应引导学生抓住"尤所爱"和"拊掌大笑"这两个关于人物表现的关键词，结合相关语句，想象杜处士和牧童的表现，以丰富故事内容。

根据上述教材分析,结合六年级学生已有的认知基础和心理特征,制订本课教学目标如下:

①读准"数、曝"等易混难读的字,把握朗读停顿,正确、流利地朗读课文。

②结合注释理解重点词句,读懂文章大意,明白做事需向内行人请教的道理。

③借助文字展开想象,能用自己的话创造性地讲讲《书戴嵩画牛》的故事。

二、教学准备

教师课前完成的准备有:制作多媒体课件,制作两个知识拓展微课等。

三、教学方法

朗读感悟法。引导学生通过多种形式的朗读,如带读、分角色读、配乐读等,体会文言文的节奏之美、音韵之美,感知故事中的人物形象。开展有层次的朗读,从读准字音到读好节奏,接着读好人物对话,读出人物特点,最后熟读悟理。

合作探究法。小组合作,借助注释讨论课文的意思。同桌之间互相用自己的话创造性地讲《书戴嵩画牛》的故事,并提出建议,也可以两人合作练习讲故事。

角色体验法。学生把自己当成故事里的人物,揣摩人物形象和心理活动,练习讲"我"的故事。在这一过程中,学生通过角色转换、合理想象以及形象表达,进一步加深对文本内容的感知和理解。

四、教学程序

(一)微课导入,初读课文

本文是苏轼所写的一篇题跋,学生对题跋这一艺术形式较为陌生,因此,在课堂初始,我通过一则微课向学生简单介绍了题跋,为学习本课做好预热。微课中先是出现一系列古代字画,学生赏析并观察,继而发现这些书画作品上都有一些小字,由此引出题跋就是写在字画、书籍、碑帖等前面或后面的文字。借助微课,学生不但认识了题跋这一艺术形式,也初步领略了古代书画的艺术魅力。

随后,导入课题并理解课题,引导学生说出题目中的"书"就是"书写"的意思,"书戴嵩画牛"的意思就是"写了一个关于戴嵩画牛的故事",这一步对学生来说较为容易。

接着,请学生初读课文。第一遍读,自由读,读准字音。多音字"处、数、曝"较为难读,我将这三个字所在的句子单独呈现,引导学生通过理解字的意思,确定字的读音。特别是教学"数"时,我将"数"两个读音对应的意思呈现在多媒体课件上,但学生据此判断读音仍有难度,所以我又出示了句中"以"的意思,帮助学生进一步理解"数"在句子中的含义,即"计数",由此判断"数"在文中应读第三声。第二遍读,读出节奏。多媒体课件上呈现停顿提示,我先示范读,学生再齐读,从而指导学生读好停顿,尝试读出小古文的味道。

(二)理解文意,想象读文

在这一板块的学习中,学生先通过小组合作探究学习的形式,借助注释,探讨文意,合作说一说这篇古文的意思。初步理解后,研读课文重点词句,关注不同人物面对《斗牛图》的表现。

研究杜处士的表现,围绕"尤所爱"这一关键词,我先让学生思考"从课文哪些地方读出了这份喜爱",学生能够抓住"锦囊玉轴""常以自随""曝书画"等关键词句加以体会。再引导学生联系自己的生活经验,想象一下杜处士还会有哪些"尤所爱"的表现,如"吃饭睡觉都带着这幅画""常常小心擦拭画上的灰尘"等,为后续的讲故事做好铺垫。研究牧童的表现,则是围绕"拊掌大笑",引导学生思考"牧童为何而笑",接着,通过演一演动作,读一读对话,进一步体会天真无邪、直言不讳的牧童形象。表演读的方式既能促使学生快速融入牧童角色,加深体验,又能调动学生的学习兴趣,营造轻松活跃的课堂氛围。

随后,我请学生思考:"面对牧童的取笑,杜处士是什么态度?""他可能会想什么、说什么？"第二个问题有一定难度，目的是引导学生思考杜处士"笑而然之"这一表现背后所包含的对牧童的认可，并且促使学生联想到"耕当问奴，织当问婢"，初步感悟课文所蕴含的"做事要向内行人请教"这一道理。最后，我向学生连续提问："教书当问？""治病当问？""种花当问？"将课堂与生活相联结，进一步加深对文章哲理的体会与理解。

（三）移位体验，趣说故事

在深入体会人物形象的基础上，我请学生发挥想象，用自己的话尝试讲故事，这也是本课的学习重点。为了引导学生讲好故事，我先请学生思考如何将故事讲得更吸引人，由学生之口搭建出讲好故事的第一个支架——加入想象，即想象人物的动作、神态、心理活动等，甚至还可以把自己想象成故事中的人物，讲属于"我"的故事。同时，多媒体课件出示小贴士（图7-25），目的是指导学生讲好故事的开头，为他们提供思路。学生还可能会补充，注意讲故事时的语速、语气、动作等要点，教师要予以肯定。

小贴士

我姓杜，人称杜处士，我读了不少书，可就是不愿意做官……

今天天气真好，放牛去喽！还没出村子，我看见……

我是苏轼，听说四川有个杜处士，尤爱书画……

图7-25

接着，我再出示讲好故事的第二个支架——评价标准。请学生对照"讲完整，主要情节不遗漏；讲清楚，表达有序条理清；讲生动，想象合理有创造"这三条标准，自己先练习讲一讲故事，讲完后说给同桌听，相互提出改进建议，开展伙伴互助学习，在巡视的时候，我也鼓励学生合作讲故事。有了学习支架的辅助，学生在练习讲故事的过程中有方法可用，有标准可依，讲故事的难度降低了，讲故事的兴趣提高了，学生都能讲得有滋有味。

最后，学生上台讲故事，讲完后互相点评交流，同伴和老师的夸赞能够提升学生表达的信心，提出的建议让学生明晰了进步的方向，如此有讲有评，学生讲故事的能力有所提升。

（四）思辨讨论，感悟明理

课文里讲到，小牧童认为戴嵩的《斗牛图》画错了，牛打斗的时候尾巴是夹在两条大腿间的，而画中牛的尾巴却是翘起来摆动着的。其实，牛打斗的时候，既有"尾搐入两股间"的情形，也有"掉尾而斗"的情形。在备课时，我想到了这里的认知冲突可以作为教学新的生发点，于是，我制作了第二个微课。微课中出示了目前珍藏在台北"故宫博物院"的《斗牛图》，请学生仔细观察，并思考："与课文内容相比较，戴嵩画错了吗？"通过拓展乾隆皇帝在《斗牛图》上先后做的两篇题跋，了解文中的这幅斗牛图并没有画错。

学到这里，我预设学生心中会有疑问：课文是不是写错了？于是，我把"你认为苏轼的这篇题跋还有价值吗？"这个问题抛给学生。通过思考，学生很自然想到课文让我们明白了做事要向有经验的人请教的道理，所以有价值。有的学生经过深入思考，还发现就算有经验的人也会因为认识有限而出错，所以生活中我们要多观察，多思考，这也是读这篇题跋所悟得的启示，很有价值。甚至，老师还可以引导学生从艺术欣赏层面进行思考，题跋作为一种艺术形式，与字画融为一体，本身就拥有着独特的艺术价值。在这一学习活动中，学生的阅读有了深度，高阶思维得到了发展，课堂也得到了升华。

课堂的尾声，我在简短的总结后，请学生伴着悠扬的古琴乐曲，齐读这篇小古文，一节课的学习积淀加上富有历史感的音乐，我想，这一遍读，学生的感受应该是更丰富、更深刻了。

五、板书设计

板书（图 7-26）清晰地呈现了不同阅读阶段的成果，课堂初始引出

"题跋"这一艺术形式和课题，随后由杜处士和牧童面对《斗牛图》时的不同表现，体会人物形象，最后引出文中哲理，升华主题。

书戴嵩画牛

题跋

杜处士　　　　　　　牧童

《斗牛图》

尤所爱　　　　　　　拊掌大笑

笑而然之

耕当问奴，织当问婢

图 7-26

六、教学亮点

本单元的人文主题是"艺术之美"，在备课时，考虑到文言文的特点以及单元语文要素，我产生了一系列的疑问：如何根据文本特点，教出小古文的味道？怎样设计教学活动，让学生在读文明理的过程中，领略到艺术的魅力？在教学过程中，通过不断思考这些问题，并加以实践，我有了以下收获：

1. 分层次朗读，感知言语魅力

朱熹认为："读诗之法，只有熟读涵味，自然和气从胸中流出，其妙处不可得而言。"我认为这一观点在文言文教学中也同样适用。在本课教学中，我遵循"感知—理解—感悟—内化"的语言学习规律，设计了四个层次的"读"：读准字音，读好停顿，读出特点，读有所悟。借助不同形式的朗读，如从自由读、示范读到分角色读、表演读，再到最后的配乐读，学生反复品味文言文的语言，读与悟双轨并进，最终在识得滋味的基础上达到欣赏的效果。

2. 有深度提问，训练高阶思维

课文通过叙一事，讲一理。事情简单易懂，但要把道理教到学生心里去，让学生由内而外地领悟，而不是单纯地告诉学生，则需要设计有启发、有深度的课堂提问。我们通过设计微课，让学生产生认知冲突，引导学生思考这篇文学作品的价值，从而加深学生对哲理的感悟，训练学生的高阶思维。我想这样的学习，才是真实的学习。

3. 多角度拓展，丰厚文化积淀

在本课教学中，我们希望学生除了收获这一篇课文里的知识，也能开阔眼界，受到中华优秀传统文化和艺术的滋养和熏陶。因此，我制作了两个微课。一个是在欣赏书画作品的同时，了解题跋这一艺术形式。另一个微课则是拓展了现存《斗牛图》上的两篇题跋作品以及背后流传的典故，以此让学生在欣赏艺术的同时，激发对中华传统文化和艺术作品的喜爱。

这节课在教学活动设计上，仍然有改进的空间。比如，板块二中小组合作环节讲古文的意思后，板块三又让学生用自己的话讲故事，这两个活动都和文章的意思有关，是否可以整合为一个活动呢？以上，是我对这堂课的一些思考。期待各位老师批评指正。谢谢大家！

（说课者：张宏　指导者：曹爱卫）

第八章
等级评比型说课

第一节 一年级识字课《小书包》说课稿

各位专家，各位老师：

大家好！我今天的说课内容是统编小学语文教材一年级上册第五单元《小书包》第一课时，接下来，我将从"文本教学解读""学生情况分析""教学目标制订""教学方法选取""教学过程设计""课堂板书设计""教学亮点"等方面进行我的说课。

一、文本教学解读

本篇课文安排在一年级上册第五单元，是基于对前面四个单元拼音以及简单儿歌的掌握编排的，是第二个识字单元。因此，本单元着重于生字教学，在教学设计环节中，着重引导学生识字、写字，发现汉字规律，鼓励学生运用学过的方法自主识字。

本课要掌握"书、包"等11个生字以及句字框、单人旁、竹字头3个偏旁。本课识字教学设计中，可以借助生活情境识记"书"，同时，利用文字的演变，图形结合，掌握"书"和"包"字；借助加一加的方法来认识"笔、早、课、本"；借助会意字的造字规律来认识"尺"等。在生字教学中，做到随文识字，结合生活，多方位识字。同时，将教材中的练习题融入教学中，通过各种形式的朗读，培养学生从文中提取信息、归纳信息的语文素养。通过读一读、做一做，培养学生摆放文具和整理书包的能力。

二、学生情况分析

从学情来看，我们班大部分学生上过幼小衔接，已经接触过汉字的学习，相对来说课堂汉字教学对其难度不高，因此，在课堂中可以提出一些问题，例如："你有什么好方法记住这个生字呀？""你发现了什么呀？"同时，班级有部分学生在学习过程中，游戏互动环节会使其积极性提升。因此，在教学过程中，我设计了"开火车识字""课中操"等轻松有趣的互动环节，在玩中学，牢牢抓住孩子们学习的注意点和兴趣点。

三、教学目标制订

基于本文教学的解读和学情分析，我制订了以下教学目标：

①通过看图画、古今对照、归类等方法，认识"书、包、尺"等11个生字。认识3个新偏旁。

②能够正确书写"早、书"2个生字。

③能正确地朗读课文。通过游戏情境知道各种学习用品名称，并了解它们都是"文具"。

④懂得爱护文具，学着自己摆放文具，整理书包。

本课的教学重点为通过看图画、古今对照、归类等方法，认识11个生字；认识3个新偏旁；能够正确书写"书、本"2个生字。

四、教学方法选取

为了更好开展教学过程，我采用了三种教学方法。

一是情境教学法。创设多种情境，帮助学生识记生字。课堂导入环节，请学生交流自己书包里有什么文具，引发生活经验与学习内容的联结。课中操时，创设学生与生字交朋友的情境，通过识字游戏帮助学生巩固词语。

二是联结生活法。学习生字和词语时，关注这些内容和生活的紧密联系，如理解生字"书"，引导学生回忆生活中见到书的场所，理解书的第一层意思，再联系生活中听到的"某某小朋友的书写很漂亮"这样的说法，理解书的第二层意思,即书写。将生字教学放在生活的大情境中进行,学生才能真正理解并在生活中学会加以运用。

三是讲授法。在写字教学时,老师讲解生字的书写要点和生字结构,学生根据教授书写。

三种方法相互结合,始终贯穿在本节教学中。三种教法最终带进学生的学法:自主探究和合作学习,培养良好的学习习惯。

五、教学过程设计

为了有效达成以上教学目标,突出学生的学习主体地位,我设计了四个环节。

(一)儿歌导入,感知"书包"

学期初始,学生学了《上学歌》这首儿歌,与本课要学的《小书包》有所关联,因此,在课堂导入环节通过复习已学的儿歌,唤起学生的学习经验,通过复习朗朗上口的儿歌,调动学生学习的兴趣,营造活泼轻松的课堂氛围。复习了儿歌后,以"小朋友,每天陪伴我们上学的好朋友是谁呀?"这一问题自然引出课题——小书包。

随后,出示书包图片和标注拼音的汉字"书""包"。这两个字都是要认的生字,首先,指导学生分三步读准"书包",先自己拼读,再个别反馈读,强调"书"是翘舌音,接着开火车读。通过这三步骤,将"书包"的读音读到位。通过提问"你平时在哪里见过书?",引导学生联系生活经验,回忆起在图书馆、家中等地方见过书,之后,教师出示"书"的图释以及象形文字的"书",引出书还有另外一层意思是拿着笔在纸上书写。再结合生活理解这层含义,例如,"某某小朋友的书写很漂亮"。识记"包"时,结合本课"书包"的物象,进行形象记忆:书包把所有的学习用品都包在里面了。古时候的包就是这个意思。再利用图释,引导学生简单感知象形字"包"。这两个字的识记利用生活情境落实到位。

(二)创设情境,多维识字

先通过提问——"小书包里,都有些什么呢?"揭示重点要认识的学习好伙伴，并将本课词语粘贴在黑板上。随后，请学生看着语文书，拼一拼、读一读课文中的词语，把它们读准确后，再读给同桌听。练习结束，全班进行反馈读，先个别读，再男女生比赛读，随后打乱顺序读，归类正音。通过多种形式的朗读，激发学生学习的兴趣，强化识字，提高学生的注意力。

接着，让学生开火车朗读词语，读对便展示词语，读错就正音再读。一年级学生因为课堂注意力维持时间不长，因此，在词语学完后可以穿插有趣的课中操环节。以"小朋友们，课本、铅笔、转笔刀这些'小伙伴'要和大家一起做游戏咯！"关键问题引出课中操。随后出示自编儿歌，配乐边读边做动作。如"小橡皮，来回擦"这一句配上"来回擦的动作"等。儿童在读诗歌的过程中，能够调动多个感官一同学习，有助于巩固加深对词语的理解，也能帮助儿童有效维持学习注意力。

课中操结束后，指导学生进行归类识记汉字。首先出示没有图片和拼音提示的词语，再将词语中的正字标红，学生自己练读后，再进行跳读。最后认读单个生字。可以先自己读，再同桌互读，随后小老师带读，开火车读，最后利用词语卡片进行认读。到目前为止所进行的识字教学，让学生对本节课生字有基础的认识，为接下来的识记生字做好铺垫。

在识记生字的过程中，鼓励学生用多种方法进行识记。识记"笔"，可以用加一加的方法，竹字头加毛就是笔。认完"笔"，教师马上追问"还有哪些生字也可以用加一加的方法记住"，从课本知识拓展到生活经验中，学以致用，体现一字带一串的识字规律。在此过程中相机结合认识"竹字头""句子框""单人旁""学字头"等偏旁。值得注意的是，第一学段识字教学需要借助直观形象的教学用具，因此，在偏旁教学时，提前准备好偏旁卡片，方便学生感知和学习。"作业本"可以联系生活进行识记，这是学生可天天见到的事物。同样可以用这种方法进行识记的生字还有"刀、本、业"等。培养学生在掌握学习方法后能够自主学习探究的能力。

生字识记后，利用"汉字对号入座"游戏巩固生字。让学生在记忆编号对应的生字的过程中记住生字，同时，将生字放在词语中加深理解。游戏结束后，带领学生再次认读词语，教师总结：这些都是学习的"好伙伴"，他们有一个总的名字叫——文具。

最后，将词语放进文本中，出示儿歌前半部分（带拼音），请学生用自由读、个别读、齐读的方式读儿歌，巩固汉字。通过认读、自读、小老师带读、开火车读，加深对生字的印象。在读的过程中，放进真实语境中，把生字的识记一一落实到位。

（三）观察辨析，学写生字

写字教学中，要注意引导学生学会观察。"书、本"两个字可以一起进行指导，先请学生看一看、说一说这两个字是怎么写出来的，尝试进行书空。老师在示范书空时，考虑到和学生面对面，因此，要进行镜面展示，提前做好笔画的镜面方位准备。随后，引导学生观察这两个字都有哪个共同的笔画，发现都有一笔写在竖中线上的"竖"，这一笔是关键笔画，教师要进行强调，竖要写在最中间，写得直。同时，还要请学生思考，写的时候要注意什么。学生观察后发现，这两个字在写时都要上窄下宽。

对生字进行观察辨析后，学生分别练习书写两个生字。先教师范写，再由学生临写一个，采取学生评、老师评，展示优秀书写作品。一年级写字教学中，教师要从多方位、多角度表扬学生，建立学生写好字的信心，提高学生书写的积极性，同时，教师也要强调坐姿的正确以及书写的规范性，做到"三个一"，为学生今后的书写打下良好的基础。

（四）语境识写，巩固汉字

与普通课拼音写字不同的是，本次课堂练习结合直观图片（图8-1），让学生在真实情景中掌握生字。

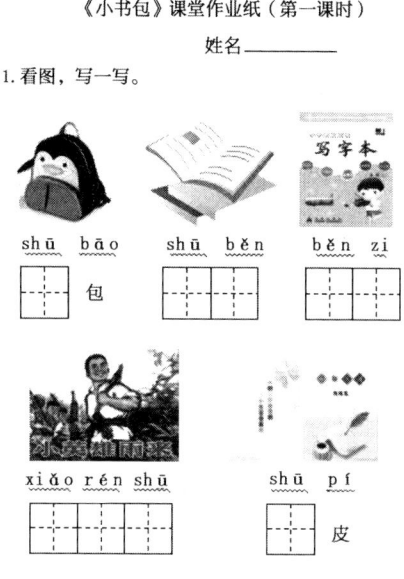

图 8-1

六、课堂板书设计

本课板书设计,由四个模块组成:课题、词语卡片、田字格、偏旁卡片(图 8-2)。首先,揭示并在黑板正中间书写课题"小书包",简明易懂。其次,根据课堂生字教学,以及师生互动、生生互动,在黑板左侧依次张贴六张词语卡片,可供学生反复查看和巩固。接着,在黑板中间的两张磁铁田字格中,教师依次教学和示范书写"书"和"本"两个生字,通过教师直观范写,培养学生良好的书写习惯以及热爱书写的情感。最后,在黑板右侧,偏旁教学时,将三张提前准备好的偏旁卡片依次张贴,偏旁卡片中包含描红的偏旁,注有拼音提示的偏旁名称。内容详细形象的偏旁卡片,学生可以借此反复巩固落实。通过四个模块的板书设计,将本课的教学重点内容一一呈现,并且借助教学过程一一落实到位,实现精准教学。

图 8-2

七、教师亮点

本课的教学重点为 11 个生字以及 3 个偏旁的教学。因此,在这个过程中,让生字活起来,让生字从课本中走出来,让生字走进学生的真实生活,这是我在生字教学中着重关注的。

1. 把学习与生活紧密结合

上课伊始,利用已学儿歌引入课题,借助学生已有经验导入。接着,把"书""包"两个关键字借助象形图释从课文中引申到生活中接触过的相关词语。

2. 利用多种识字方法进行识字

例如,熟字相加、会意识字、生活识字等,告别单一、枯燥的识字方法,灵活变动的多维识字,让学生体会到识字不仅在生活中有用,还很有意思。

3. 把识字与语言运用相结合

如借助课中操,把生字在新语境中用一用,再如写字练习,不是机械地抄写,而是把生字书写和词语积累结合起来。

总之,本课重在创设丰富多彩的教学情境,采用具体直观的手段,真正让生字"活"起来,让课堂"活"起来,让学生"活"起来。

以上是我说课的内容,说课中存在的不足之处,真诚恳请老师批评指正,谢谢!

(说课者:安晓恩 指导者:曹爱卫)

第二节　二年级阅读课《当世界年纪还小的时候》说课稿

各位老师，各位专家：

大家好！我今天说课的内容是统编小学语文教材二年级下册《当世界年纪还小的时候》第一课时。

对于阅读教学，我秉持"智趣"的理念。"智"即阅读教学要注重儿童言语智慧的发展，"趣"即注重教学活动的趣味性，让儿童感受到语言学习的乐趣。

如何将这一理念落实到课堂呢？下面，我就从文本解读、学情分析、目标制订、教学过程四个方面来说说对这堂课的理解和设计。

一、文本解读

《当世界年纪还小的时候》位于统编小学语文教材二年级下册第八单元第2课。本单元的人文主题是"世界之初"，编选的3篇课文都充分体现了人们对世界之初神奇的想象。《当世界年纪还小的时候》从儿童的视角，列举了太阳、月亮、水小时候学习生活的本领，以及它们学这个本领的原因，语言清新有趣，构段方式各不相同。写太阳的段落，先写太阳学会的本领，再写学这本领的原因，最后举了个例子，三句话语义联系紧密；写月亮的段落，为了凸显月亮学会的本领是"不断变化"，语言也采用了对比的写法，"一下子变圆，一下子又变缺"，这样的文字，把月亮的反反复复、变化不定刻画得入木三分；写水用了三个"一直往低处流"，让水学的本领简单跃然纸上。这样的想象，虽然不符合客观事实，但却非常符合学生的心理认知。本课的课后练习以发展学生言语智慧为落脚点，编排了两道题目："课文充满了奇妙的想象。你最喜欢哪部分？好好读一读。""选一个开头，接着往下讲。"对课文的语言表达做出呼应。

二、学情分析

《义务教育语文课程标准(2022年版)》第一学段一个重要的阅读目标就是"展开想象,获得初步的情感体验,感受语言的优美"。统编小学语文教材中,从一年级上册开始,就多次出现以"想象"为人文主题的单元。因此,学生对于想象文章,已经不是第一次接触,教学时,要设计各种有趣的言语活动,引导学生充分感受本课"新奇有趣"的想象,并学习用课文语言图式来表达,发展学生的言语智慧。

三、目标制订

根据课程标准要求、单元重点、文本特点以及学生的起点,我确定的本课的教学目标是:

①通过联系生活、找近义词等方法,识记本课14个认读字,会写本课9个生字,积累新词。

②学习正确、流利、有感情地朗读课文。通过朗读比较,体会课文奇妙的想象,发现课文写不同事物的想象采用不同的方法。(这也是本课的重点)

③学习用课后练习最后一题的两个句子为开头,展开想象,接着往下讲故事。(这也是本课的难点)

至于习惯的培养、兴趣的激发等课程类目标就不再单列,因为它们应贯穿于学习全过程。

四、教学过程

语文是一门实践性课程,学生的语文能力是在实践中形成的,不是教师讲会的。因此,在我的课堂上,采用板块设计,尽可能留给学生更多语言实践的时间和空间,每节课至少设计一个有趣的学习活动,让学生在亲身参与的过程中,提高听说读写能力。

我准备分两课时展开《当世界年纪还小的时候》的教学,下面重点说说第一课时的板块安排和学习活动设计。第一课时,我设计了以下三大板块。

（一）趣味揭题，整体感知课文

这一板块我分三个教学环节：

1. 识记"纪"字，借助问题激发阅读期待

我会先板书"年纪"，请学生读一读生字"纪"，自主记一记"纪"字。如换偏旁识记，"日记"的"记"去掉言字旁，加上绞丝旁，就是"纪"；组词识记，"新世纪"的"纪"等。再说说自己多大年纪，猜猜世界多大年纪。二年级的学生，大部分是8岁；世界的年纪大约是138亿年。这么老的世界，没有人见过，那当世界年纪还小的时候，是怎么样的呢？学生的阅读期待自然而然就被唤起了。带着这样的期待，学生就会兴致盎然地走进课文。

2. 自由读课文，检测流利朗读情况

我重点抽查生字多的句子，如："它也试过做别的事，但是都没有成功。譬如说唱歌，它粗糙的声音，把这个敏感的新世界吓坏了。"这个句子里有4个生字，要指导学生读正确，读流利。正确、流利地朗读是阅读理解和语言运用的前提。还有，"当世界年纪还小的时候，每样东西都必须学习怎么生活。"这个句子中的"必须"是一个非常关键的词语，两个字又都是生字。教学时，可以先让学生说说"必须"的意思，"必须"就是"一定要"的意思。再结合生活说说"什么时候，谁必须干什么"。学生就会说，"升国旗的时候，少先队员必须敬队礼""别人在和你说话的时候，我们必须认真倾听"。在学习生字的同时发展语言，渗透做人做事的道理。

3. 借助问题，梳理内容

我会出示下面的问题："当世界年纪还小的时候，哪些东西学习了生活的本领？用方框框出它们的名称。它们都学了什么本领？用波浪线画出来。"提取关键信息是很重要的一种阅读能力，低年级学生往往会出现信息提取不全，或者没按要求圈画信息等问题。所以，学生自学后，我会留足校对改正的时间，并提示学生，发现错误并能及时改正，这就是善于学习。再让他们借助框出的事物名称及画出的它们学会的生活本领，连起来说一说文章的主要内容。如当世界年纪还小的时候，太阳学会了发光和

上山下山,月亮学会了不断变化,水学会了流动。整个学习过程,都是基于"学"的一种引导,这样的学习,学生才有可能走向智慧。

(二) 想象比较,发展言语智慧

这一板块,是本课教学的重点,我将给予学生更充分的学习时间和学习空间,教学分两个环节展开。

1. 展开想象,积累语言

我会请学生先聚焦写太阳的这一自然段,思考:太阳为什么学发光和上山下山,而不学其他本领呢?学生很快就会发现,太阳也做过别的事,但都没有成功。课文用"譬如"一词列举了太阳学唱歌没有成功。"譬如"是"比如"的意思,说明太阳还学过很多本领。我就紧扣"譬如"设计语言学习活动,让学生展开想象,发展他们的言语智慧。

指导学生开展想象要点如下:

要点一,识记"譬"字,"譬"上面是个"辟",表示分析,下面是个"言",表示打比方,"譬如"就是分析给你听,打个比方给你听。显然,"譬如"的近义词是"比如"。

要点二,联结课文,理解课文中举的唱歌的例子。我会让班级里唱歌最动听的学生唱一句近期在音乐课上学的歌,再让学生想象,如果这句歌词由太阳来唱,它"粗糙的声音"会是怎样的?请一个学生模仿一下。其他学生呢?我就让他们想象是这个"敏感的新世界"中的一员,可以是小花,可以是小草,可以是小鱼……听到这粗糙的声音,这些新世界敏感的小东西,会怎么说,怎么做?"小草"也许会说:天哪,外面的世界太可怕了,我还是不要发芽了吧。"小花"呢?听到这粗糙的声音,吓得直接掉下了花瓣。"小鱼"一听这粗糙的声音,急忙沉到水底,再也不敢冒出头来了……

要点三,借助"譬如",想象说话。"譬如"是"比如"的意思,也就是说,太阳学过的本领还有很多,课文只是举了它"唱歌"的例子,请学生展开想象,太阳还学过哪些本领,为什么没有成功。学生可能会说:譬如学画画，太阳只会用一种颜色，那就是火红色，大家都看不明白它画了什么；譬如它也学过跳舞，可是它的身子滚圆滚圆的，它一跳起来，就咕噜噜地滚动，怎么也舞不起来；譬如游泳，它的身体太热了，一跳进水里，就把水蒸干了，根本游不起来……

要点四，师生接读，明确段落图式。学生要想能清楚流畅地表达，除了用词准确外，还要能关注句和句之间是怎么连接的，也就是构段的方式是怎样的。我通过师生接读的方式，让他们领悟本段的语言图式。我会用这几句提示语，帮助学生来厘清：太阳学会的本领是——学生接读第一句；太阳学这本领的原因是——学生接读第二句；我来给你举个例子吧——学生接读第三句。如此，学生就明确了，本段是先写学会的本领，再写学本领的原因，最后举例说明。

写月亮学本领的段落，我通过把段落内容排列成诗歌的样子，写水学本领的段落，则采用把三个"一直往低处流"字号越变越小的形式，让学生直观地感知月亮的反复变化和水保持一种方式越流越远。时间关系，这里就不展开具体说了。

2. 借助课文语言图式，迁移表达想象世界

课文中说，"那时候，生活就是这么简单。每样东西只要弄明白自己做什么最容易就行了。"当世界年纪还小的时候，还有哪些东西学习生活的本领，它们做什么最简单？请学生自由说一说。如小鸟学飞翔，雨学习降落……那它们小时候又是怎么学习这些生活的本领呢？仿照课文写太阳、月亮、水学生活本领的样子，说一说。如小鸟学会了飞翔。它也试过做别的事，但都没有成功。譬如学游泳，它一跳进水里，水就把它的羽毛打湿了，怎么也游不起来。雨学会了降落。它很快就学会了，因为只有一种方式，那就是一直往下降，一直往下降，一直往下降……再以"很久很久以前，当世界年纪还小的时候……"为开头，请三四个同学连起来说一说。

这一板块，我多次设计想象说话的练习，引导学生借助课文的语言图

式和表达方式来说写自己想象的事物,实现从语言理解到语言运用,发展他们的言语智慧。

(三)观察发现,体验书写乐趣

本课要写的9个生字,我把它们分成两组。第一课时完成第一组"世界、反复"4个生字的书写。生字书写,主要抓变化笔画,如"界、反、复"3个字里,都有撇捺或横撇、捺,发现其写法上的不同。再观察老师范写,给足时间,让学生练习,并进行修改评价,二次练写。保证生字书写的时间和书写的质量。

以上就是我对《当世界年纪还小的时候》第一课时教学的思考,请各位评委老师批评指正。谢谢!

(说课者:曹爱卫)

第三节　二年级识字课《树之歌》说课稿

各位评委老师：

大家好！我今天说课的内容是统编小学语文教材二年级识字课《树之歌》第一课时。我将从"文本教学解读""学生情况分析""教学目标制订""教学方法选择""教学过程设计""设计理念阐述"六个方面来说说我对这堂课的理解和设计。

一、文本教学解读

《树之歌》是统编小学语文教材二年级上册第二单元的识字课，是由人民教育出版社小学语文室编写的一首儿歌。这首儿歌以"树"为主题，写了杨树、榕树、梧桐树、枫树、松柏、木棉、桦树、银杏、金桂等众多树木的特点，每句字数基本相同，节奏明快，尾字押韵，读起来朗朗上口。

（一）识写生字

整首儿歌共 55 个字，要求会认 15 个生字。

从字形看，其中"梧、桐、枫、松、柏、桦、杉、桂"8 个生字是木字旁的。教学时，可以把这 8 个生字组成块，结合树形，按形声字规律开展教学，融认识生字、认识树木、巩固识字方法等于一体。其余 7 个生字可结合诗歌朗读，可以采用多种方式识记："掌、装"可结合观察叶子和树形、联系生活来识记；"耐、守、疆、银、化"可通过介绍树木特点，比对事物，在理解意思的基础上再识记。

从字音看，"掌、装、守、杉"是翘舌音，可通过集中练读，正音强化。"银、杉"是前鼻音，"桐、掌、枫、松、装、疆"是后鼻音，可通过对比朗读，巩固正音。读音有困难的个别生字，仍需要借助拼音，通过拼读读准字音。

本课要求会写的 10 个汉字均是左右结构，且都符合左窄右宽的结构特点。其中 8 个是木字旁，可组成一组来教学，选择最难写的一至两个字重点指导，如"棉、杉"，其余可让学生自主观察，迁移书写。"化"，可与第一单元的"它"字进行比较，提醒"化"右边不是一个"匕"字，一撇要出头。"壮",注意右边是个"士",不能写成"土"。

(二)课文朗读

本课的语言非常富有节奏感,每句都按"什么东西怎么样"的句式来编写,且尾字押韵,学生易读爱读。在自主拼读、朗读的基础上,可采用联句读、接句读等形式,把儿歌读正确。

在读正确的基础上,指导学生读出节奏。可采用"问读法",帮助学生感悟句子的重音和停顿。如教师问:"什么树叶像手掌?"生回答:"梧桐树叶像手掌。"强调"梧桐树叶"时,学生也就按语意进行了停顿,语言的节奏也就出来了。教师也可问:"梧桐树叶像什么?"生答读:"梧桐树叶像手掌。"还可配上拍掌读等形式,让朗读更富情趣。

(三)积累运用

课后练习里的"读一读,记一记",第一行的词语都是树木名称,第二行的词语都是树的某一部分,和花、叶、果有关。积累时,注意从类别上加以引导,帮助学生建立关于树的类别概念。还有一题是和树有关的名言警句积累,可读一读,想一想意思,也可组织学生结合自己的理解讨论,但不要做过深的解释和阐述。

二、学生情况分析

学生经过一年的学习,已经有了一定的汉字知识积累,所以要引导学生在诵读文本的同时,运用多种识字方式,要将识字教学和阅读文本有机结合,在反复的读书中体会。同时,学生对于"树"有一定的生活常识,运用生活实际识字、列举相关联的词语等方法总结识字规律,学会一定的识字方法。学生初步了解过形声字,但对形声字形旁表义、声旁表音的特点和自主识字的意识较差。所以,本课要引导学生发现汉字规律,运用形声字形旁表义、声旁表音的特点归类识字,并鼓励学生运用已经掌握的方法自主识字。

同时,《树之歌》语言浅显易懂,描写了各种树木的特点,有的从树形写,有的从树叶写,有的从树的颜色写,有的从树喜欢的生长环境写……基本的句式是"什么树木怎么样"。"枫叶红"对"松柏绿","木棉喜暖"

对"桦树耐寒"。这样的语言图式,是容易被低年级的学生模仿迁移的。因此,在教学时,教师展示提前准备好的树木图片,让学生学习积累语言。也可提供其他一些特点鲜明的事物,让学生用上课文句式说一说。如提供大象图,就可以说"大象身子像堵墙"等。课后把学生的作业整理出来,装订成册,形成"我们班"的《树》、"我们班"的《动物》等,激励学生持续读写。

三、教学目标制订

基于本文教学的解读和学情分析,我制订了以下教学目标:

①通过运用形声字规律正确认读15个生字,学写10个汉字。

②通过多种形式朗读课文,背诵课文。

③借助图文的阅读,丰富对树的认识。

本课的教学重点即为通过运用形声字规律正确认读15个生字,学写10个汉字。通过多种形式朗读课文,理解课文内容。

四、教学方法选择

为了更好开展教学过程,我主要采用了三种教学方法。

1. 探究发现法

学生是学习的主体,课程改革的核心是改变学生的学习方式。识字课,也要重在探究,让学生在探究中去掌握知识,训练思维,积累经验。本课的三次朗读,从三个不同维度去发现。第一次读,指向发现"有哪些树",第二次读,指向发现"这些树分别有什么特点",第三次读,指向发现"儿歌语言的表达特点"。结合三次发现,归类识记相关生字。

2. 归类识记法

本课生字,带木字旁的字特别多,学生通过探究,发现汉字特点,进行归类识记。

3. 联结生活法

在学习课文和生字时,用这些内容和生活的联系引导学生学习。如课堂导入部分,给"树"这个字找朋友时,学生基本会提到树的种类或树的某一部分,学生就可以调动生活经验,回忆自己还知道什么种类的树或是了解树有哪些部分，充分调动他们的生活经验来学习。

三种方法相互结合，始终贯穿在本节教学中，实现"教"与"学"统一结合，培养良好的自主识字习惯。

五、教学过程设计

为了有效达成以上教学目标，落实学生的学习主体地位，故此教学过程分为四大板块：

（一）整体感知内容，识记树名里的生字

1. 板书"树"，给"树"字找朋友

根据学生的回答，及时按类别引导。如学生说"松树"，教师可引导：他是从树木名称这个角度来想的，他知道松树，你还知道什么树？引导学生说出更多的树木名称：杨树、柳树、枫树……如学生说"树叶"，教师可引导：树叶是树的一部分，树身上还有什么呢？引导学生按树不同的部分说出：树皮、树枝、树根……通过分类别引导，自然引出课题，同时，学生初步感知"树"。

2. 一读课文，认识树名

首先，让学生自读课文，圈出树名。教师导语：今天学习的课文就是《树之歌》，请同学们自由读课文，做好两件事（出示自读要求：借助拼音读准字音；圈出文中的树名）。出示自读要求，可以帮助学生理清学习任务，紧跟学习节奏。

其次，根据学生反馈，板贴词卡（图8-3），并练习准确认读。通过词语卡片展示，为下一环节利用形声字识字方法做准备。

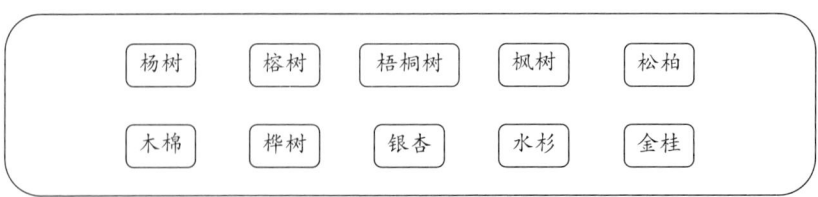

图8-3

接着,识记树名。读读这些树名,提出关键问题:"你发现这些树名的汉字有什么特点?"提示:都有木字旁。采用形声字识记方法识记梧、桐、枫、松、柏、桦、杉、桂。再用联系生活、组词的方式,识记"银"。如"银行""白银",识字教学稳固落实。

3.用句式说话

通过前面环节的随文识字,加上课文大致内容的感知,出示:《树之歌》这首儿歌里写了(　　)、(　　)、(　　)等树木。通过学生填词练习,在选词语说的过程中强化读音,复现生字,最重要的是培养学生提取文本信息和归纳信息的能力。

(二)关注树木特点,识记其他生字

1.再读儿歌,画出树的特点

学生再读儿歌,出示再读要求(用横线画出描写树特点的词语;边读边想象树的样子)。教师导语:这些树都有什么特点呢?我们再去读一读儿歌。这一回读,要求同时注意实物展示台展示学生的实践操作,校对,改正。这样的读书任务,不仅培养了学生的思维能力,还锻炼了学生带着问题、任务去读课文的能力,使其学以致用,拓展到今后的学习生活中。

2.多形式接读,感知树木特点

师生接读,老师读树名,学生读刚刚画出的树木特点的词语或词组。男女生接读。女生读树名,男生读刚刚画出的树木特点的词语或词组。再调换读。低年级学生对儿歌的韵律很感兴趣,因此,在互动朗读儿歌时,师生打节拍,调动多个感官,产生趣读共鸣。因此,阅读教学中尽可能调动学生积极性尤为重要,在教学环节中,让学生多读、多练,注重学生智慧学习的同时,感受朗读的乐趣。

3.图文结合,识记生字

在识记生字的过程中,鼓励学生用多种方法进行识记。教师导语:儿歌都会读了,老师把这些树木的照片请出来,你能给它们挂上名牌吗?教师把树木的图片贴在黑板上,请学生把刚才的词卡一一对应贴在边上。

在张贴词卡的过程中，让学生看图说树木的特点，随机识记相关生字。掌，上面是个"尚"的变形，表示敞开，下面是个"手"。掌表示五指张开的扇状手形。再把梧桐叶和手掌对比，让学生说说相似在哪里。装，可用熟字加一加的方法识记，再通过组词巩固：衣装、服装、装饰。耐、守、疆，三个生字结合儿歌语境，帮助学生理解后再识记。

三个生字，安排先学"疆"：古代的疆字，右边有两块田，表示土地之间有界限，左边是一个弓，它代表一种武器，整个字表示用武力来保卫土地的边界（出示古汉字"疆"）。后来，人们又在右边加了三横，这样它们的界限就更清晰了（出示小篆"疆"）。后来，慢慢地，就成了现在的"疆"（出示楷书"疆"）。整个疆字就代表边界的意思（图8-4）。

图 8-4

再学"守"：边疆就是和其他国家交界的地方，需要战士守卫。也可联系生活识记给"守"找找朋友：守护、遵守、守则。最后学"耐"：桦树耐寒，生活在北方，就像战士一样守卫在边疆。识记"耐"后，再说说桦树耐寒，你还知道什么东西耐什么？如骆驼耐热，松树耐旱。化，用图片形象感知化石，再理解"活化石"——指某些在地质年代中曾繁盛一时，广泛分布，而现在只限于局部地区，数量不多，有可能灭绝的生物。

图文结合，联系生活，让学生在生活的大情境下识字，通过读儿歌、认生字，本节课的教学重点有层次地落实到位。

（三）尝试背诵儿歌，迁移运用语言

首先，出示三读要求（边读边想：每一句儿歌先写什么，再写什么？前后两种树木的特点之间有什么关系？），三读儿歌，发现语言特点。教师导语：这首儿歌的语言很有特点呢！请同学们自己再读一读儿歌，看谁发现的秘密多。出示朗读要求，学生在读中发散思维，自主探究。

然后,根据规律,多形式背诵儿歌。教师提示:可通过多种形式,由易到难,逐步实现全文背诵。教师引背,教师说树名,学生接特点;再隐去某一个部分,学生看提示背;最后根据树名和特点两部分出现的两个括号,看着括号背。通过师生合作练习,学生在内容的掌握上,能够理解背诵儿歌。接着,根据句式特点,迁移运用语言。注意低年级的学生能说单句即可,如桃树春天花儿粉,梨树秋天果满枝。在学生发言时,多鼓励,让学生对自己的思考和发言有信心,激发其学习积极性。

最后,积累课后名言警句。借助课本的习题,读一读。说一说自己的理解。背一背。学生本节课所掌握的知识在课本习题的帮助下,巩固落实到位。

(四)巩固生字新词,指导书写汉字

在巩固字词方面,首先,整体巩固本课生字和词语。此环节分三步骤:

第一步,教师导语:《树之歌》这首儿歌给我们带来了很多词语"朋友",让我们再次跟它们打个招呼!多媒体课件分组出示第一组,认读词语。

枫树 松柏 桦树 银杏 水杉 梧桐树

第二步,教师导语:很多生字,还带来了新的"大树朋友"。多媒体课件分组出示第二组,读一读,记一记,不明白的词语用图片解释。

泡桐 云杉 翠柏 白桦

第三步,教师导语:树上有花、有叶、有果,大树还给我们带来了一些新"朋友"。多媒体课件分组出示第三组,认读。

松子 枫叶 白果 桂花

通过这三个步骤整体巩固本课生字词,此处,从树到果实,分层次、有进度地巩固词语,学生思维被打开,识字兴趣得以提升。

在学写汉字方面,首先,学写木字旁的字。帮助学生观察木字旁字的结构特点均是左窄右宽。教师先范写"棉""杉","棉"注意右边"白"要写得紧凑,下面的"巾"要舒展;"杉"的右边三撇起笔基本在同一竖线上,前两撇略短，最后一撇稍长。然后，让学生练写这两个字，采取学生评、老师评、展示优秀书写作品等方法，帮助学生写好难点字。其他木字旁的字，学生自己迁移书写，点评修正。

学写"化、壮"，先让学生观察这两个字也是左窄右宽，"化"的右边一撇要出头，不能写成"匕"；"壮"的右边是个"士"，不能写成"土"。

二年级写字教学中，教师要从多方位多角度表扬学生，建立学生写好字的信心，提高学生书写的积极性，同时，教师也要强调坐姿的正确以及书写的规范性，做到"三个一"，为学生今后的书写打下良好的基础。

六、设计理念阐述

1. 巧用方法，智趣识字

这是二年级上册识字单元的课文，识字写字教学是本课的重点，考虑到二年级学生已经有一定的识字基础，但还没有自主识字的系统方法，所以这堂课上结合树形，8个木字旁的生字按形声字规律开展教学，融"认识树木""识记生字""巩固识字方法"等于一体，其余7个生字结合诗歌朗读，采用多种方法识记，让学生会识字，乐识字。做到在识记生字的同时，发展儿童的思维，增进对汉字的理解，激发对汉字的热爱。

2. 重视探究，寻找规律

在教学中，寻找课文的规律，读出课文的韵律。《树之歌》是一首儿歌，它既有儿歌的韵律，句式上又有规律。根据韵律和规律，让学生在理解的基础上了解树木特点，朗读记忆儿歌，尝试背诵。通过多种形式，由易到难，逐步实现全文背诵。学生在和教师、同学多形式的合作朗读中，不但能熟读成诵，而且能根据句式特点，迁移运用语言。

以上是我关于《树之歌》的说课内容，请各位评委批评指正，谢谢！

（说课者：曹爱卫）

第四节　三年级阅读课《古诗三首·三衢道中》说课稿

各位专家,各位老师:

大家好!我今天说课的内容是统编小学语文教材三年级下册第一单元《古诗三首》中的第三首诗《三衢道中》。

一、教材分析

古诗是我国文学长河中的璀璨明珠,它短小精悍、意境深远。

从课程标准看,第一学段的古诗学习除了承担着识字任务外,还侧重激发学生的学习兴趣,大多是浅近古诗,以期学生能够获得初步的情感体验,感受语言的优美。第二学段的要求略有提高,更侧重想象和领悟诗文大意。

在教材中,三年级古诗课文的编排里增加了注释,为学生理解古诗提供了支架。本课要认的生字"减",识记难度不大。要求书写的字中,根据以往经验,"溪"最容易写错,要重点指导。课后练习要求"有感情地朗读课文。背诵课文"。这是古诗学习的常规要求。"结合诗句的意思,想象画面,说说三首诗分别写了怎样的景象",这是单元语文要素在本课的体现。但《三衢道中》一诗写具体景物的笔墨少,对诗人心情心境的烘托多,就连课文中的插图,也不像前两首诗那般有具体可感的事物呈现,这无疑又增加了本课的学习难度,需要学生全身心地进入古诗所描绘的意境中,在想象的画面中感受诗人的心境。

本课中的《绝句》《惠崇春江晚景》《三衢道中》三首诗呈现的是诗人眼中美丽的春夏景象。虽都有关写景,但各有不同。宋代诗人曾几的《三衢道中》更像一首纪行诗,诗的前两句写了出行的天气、路线等,一句"日日晴"奠定了全诗明丽的色彩。后两句写自己的见闻,有声有色,有动有静,没有铺叙自己的感情,却用"绿荫不减""添得"巧妙写出了游玩过程中不减反添的意外之喜,全诗透露着诗人越来越高涨的游兴,意味盎然,需要细细反复品味。

根据上述教材分析,结合三年级学生已有的认知基础和心理特征,制订本课教学目标如下:

①认识"减",读准"三衢、曾几、泛尽"等词,会写"梅、溪、泛、减"4个生字。

②有感情地朗读古诗,背诵古诗。

③能借助注释和插图了解诗句的意思,想象画面,说出诗中描绘的景象。

二、教学准备

教师课前完成的准备有:制作多媒体课件,准备好相关的板贴等。

三、教学方法

古诗篇幅精简而意无穷,在学习本诗时,要注意调动学生的生活经验,引发想象,拉近学生与古诗的距离。主要采用的教学方法有:

朗读想象法。引导学生在把古诗读正确、读出节奏、读出意境和韵味的过程中,识记生字,体悟古诗大意,产生自然的情感体验。借助多种朗读形式,学生能够想象画面,走近诗人,读出韵味。

讨论探究法。设置关键问题,引导学生在师生问答中逐渐理解古诗大意。在难点处根据学生的理解进行追问,引发思考,探究诗人越来越浓的游兴。

"借助支架"自主学习法。借助拼音自主读准生字,借助注释初步理解诗中重要字词的意思,借助板画了解游玩路线,借助插图感受诗人游玩过程中的喜悦之情、惊喜之情。

四、教学程序

教学分四大板块,分别是:自读古诗,把古诗读正确;初知诗意,读出古诗的节奏;想象画面,读出意境和韵味;书写汉字,延续传统之美。

下面,我分板块展开说明,重点谈谈二、三板块。

（一）自读古诗，把古诗读正确

直接揭题，学生齐读课题后进入古诗学习。这一板块以学生自学为主，学生借助拼音，自由、放声地朗读古诗，争取把古诗读正确。

根据以往教学经验，本诗要求识记的"减"字不难，反而是"衢""几""泛""得"等字的读音要注意。因此，在巡视和反馈环节，我都重点关注学生对这些字词的掌握情况。

（二）初知诗意，读出古诗的节奏

先聚焦诗题，两步走，学生借助注释不难知道"三衢"是地名，在今浙江衢州一带，但要理解"三衢道中"仍有困难。所以第二步就是追问和助推，当学生说到"道"就是"路"的意思时，引导学生理解"三衢道中"就是"去三衢的路上"，理解诗人是要写自己游览三衢山的经历。

接着，我引导学生理解全诗大意。"同学们，你们出去游玩时，会记录些什么？"我以这个问题来唤起学生的生活经验，尝试拉近学生与本诗的距离，引发学生与诗人同游的兴致。在这一学习活动中，学生能够主动去诗中了解诗人游玩的时间、地点、天气、路线、见闻等，对本诗大意有整体的感知。

最后，攻破此处的难点，即对时间、天气、路线的理解。时间，在预设中，我想有些学生可能听过"黄梅天""梅雨季"，就可结合学生的生活经验理解此为春末夏初的时候。若学生不知道这一常识，也可以结合字面意思帮助学生。天气，学生不难找到"晴"字，但"日日晴"却包含了感情色彩，通过追问引发学生进一步思考得知，这里强调的是连日晴天。路线，学生能够找到"小溪"和"山"的地点变化，但不容易理解诗人先是泛舟溪上，到了尽头再登山，最后下山这样的路线。于是，我借助板画让学生将自己的理解变得可视化，学生在画路线、说理解的过程中，对诗人的游览路线更加清晰。

学生大致理解了诗句大意后，就能根据自己的理解自然地读出节奏。师生接龙读，男女生配合读，在不断朗读中，进一步加深对诗意的理解。

(三)想象画面,读出意境和韵味

本诗要落实的语文要素——结合诗句的意思想象画面,说说本诗写了怎样的景象,需要对诗句的意思有更深入的理解和感悟。本诗描绘的景象是动态的,是连续的,"日日晴"带来的心情舒畅和欣喜,"却山行"时的兴致高涨,"绿阴不减"又"添得黄鹂四五声"的惊喜,这些连续的景象反映出诗人那种越来越欣喜的心情,不能一句句拆解。

因此,这一板块以小组合作的形式让学生再次充分地读古诗,边读边想象画面,再说说自己仿佛看到的景象,最后与同学交流。借助略加修改的插图,学生能再次聚焦"日日晴",通过引出赵师秀"黄梅时节家家雨"与本诗中"梅子黄时日日晴"进行对比,学生能感受到此时诗人欣喜舒畅的心情。此时,引导学生通过朗读分享诗人的欣喜。接着,通过追问"一、二两句诗中哪里还写出了诗人心情大好"来引发思考,学生能理解"却山行"背后的游兴大发。

学生也可能说:"想象到诗人一路上看到了绿树成荫,景色很好。"通过追问"哪里绿树成荫",让学生明白虽诗中只说了"不减来时路",却暗指来时路上所见已是树木成荫。

学生也许会说:"想象到诗人听到了林子里有鸟叫声。"我追问:"林子里的鸟叫声是多还是少?"接着,以诗解诗,用本课前一首诗《惠崇春江晚景》中"竹外桃花三两枝"来引导学生理解此处鸟叫声少,只有四五声。接着追问:"诗人觉得此处林子里鸟叫声少好不好?"引导学生抓住"添"字体会诗人对这种妙境的意外和喜爱,也更明白了诗人一路游玩一路喜,越来越喜的心情。

最后,我引导学生想象自己也在这样的场景里游玩,配上音乐,感受整首诗的意境,读出韵味。

(四)书写汉字,延续传统之美

读完古诗,学生还要书写四个汉字。三年级的学生,对于观察和书写汉字的方法已经相对熟练掌握,要给学生自主学习和表达的机会。本课要书写的"梅、溪、减、泛"4个字都是左右结构，左窄右宽。其中，"溪水"的"溪"最容易写错，在学生自主发现自由分析的基础上，我进行范写，对容易错的右下部分"大"进行标红。其他生字较为常规，学生通过自主观察和练习来掌握。

五、板书设计

再来说说这节课的板书设计。（图8-5）

图 8-5

板书以板画为背景，呈现了诗人游玩地点的变化，其中行进的路线体现了学生对路线的理解，用以突破学习难点。"日日晴""却山行""绿阴""黄鹂"既是诗中所描绘景象的概括表达，也是理解诗人心情的关键词语，随着诗人的游玩路线逐步推进。

六、教学亮点

在接触到这首诗时，我就觉得本诗的教学充满挑战，因为它不像以往学到的古诗那样，可以抓住诗中的景物展开想象。如何展开教学？如何既能让学生整体把握古诗，又避免一问一答的琐碎？如何让学生想象到诗人一路游兴高涨的景象？这些问题都困扰着我。在教学这首诗时，我有以下思考：

1. 以读促悟，有梯度地达成目标

我们采用古诗教学最基础也最实用的方法教学这首诗，整节课紧紧围绕一个"读"字，从"读正确"到"读出节奏"，最后"读出意境和韵味"，将"读"贯穿始终，用"读"的方式突破教学重难点，让学生在反复、有目标的、有梯度的朗读中逐步走近古诗和诗人，达成教学目标。

2. 感同身受，有意识地勾连生活

古诗的魅力在于"言已尽而意无穷"，三年级的学生已经积累了一些学习古诗的经验，但在理解古诗大意时，仍不能避免用直译的方式解读古诗。而直译是非常空洞的，很难与作者产生共鸣，没有共鸣的学习也就谈不上理解和领悟。古诗教学既不能拔高要求，也不该降低要求，所以我们在设计时，希望多多唤起学生的生活经验，将学生获得情感体验作为古诗学习的底线要求，这样他们才能在读诗时想象出独特的画面。

3. 避免琐碎，有计划地整合学习

本诗包含的出行时间、天气、路线、见闻，是学生应该知道的内容，如何检测？如果一句句问，学生一句句答，课堂就会显得细碎。不如给出一个学习活动，让学生先主动求解，自主学习，再在反馈交流中突破重难点。本诗中诗人游览地点变化，心情也随之变化，这种变化也是要在想象整首诗描绘的景象中感受到的，所以在此处安排了小组合作，让学生先自己想，尽情说，再交流。

当然，几次教学尝试下来，在引导学生说说古诗写了怎样的景象这一教学目标的达成上，我仍然觉得十分艰辛，很难检测学生到底领悟到多少。也期待各位老师批评指正。谢谢大家！

（说课者：卢灿　　指导者：曹爱卫）

第五节　四年级阅读课《西门豹治邺》说课稿

各位专家、老师：

大家好！今天我说课的内容是统编小学语文教材四年级上册《西门豹治邺》。接下来，我将从三个方面展开我的说课。

一、分析教材，把握学情——确定教学目标

（一）分析教材

《西门豹治邺》是四年级上册第八单元的一篇精读课文。本单元的语文要素是：了解故事情节，感受人物形象；简要复述课文，注意顺序和详略；写一件事情，能写出自己的感受。本单元编排了三篇课文，其中两篇精读课文，一篇略读课文。《西门豹治邺》作为一篇精读课文，在教学中要注重学习方法的指导，体现学生主体地位。结合语文园地和课后练习题，本节课应重点落实：了解故事情节和简要复述课文。这也是对第四单元语文要素"关注主要人物和事件，学习把握文章的主要内容"学习的进一步提升。

《西门豹治邺》讲述了魏王派西门豹管理邺县，西门豹巧施妙计，和群众一起破除迷信，惩治巫婆和官绅，兴修水利，带动当地经济发展的历史故事，赞扬了他为老百姓做好事、办实事，反对迷信、尊重科学的品质。文章在写作上主次分明，详略得当。教学这篇课文时，要指导学生理解西门豹和老大爷的对话，弄清河伯娶媳妇的来龙去脉。

（二）把握学情

《义务教育语文课程标准（2022年版）》中指出，第二学段的学生"能初步把握文章的主要内容，体会文章表达的思想感情。……能对课文中不理解的地方提出质疑，……能复述叙事性作品的大意，初步感受作品中生动的形象和优美的语言，关心作品中人物的命运和喜怒哀乐"。在学习《西门豹治邺》前，学生对把握文章内容、简要概括文章主要内容已经

有了一定的基础。因此，教学时，要注重理清文章脉络，引导学生通过合作探究等学习方式深入了解文章，品味人物形象，从而使学生可以有条理、完整地复述课文。学生因生活经验的不足，难以理解西门豹治邺时的想法。对于四年级学生来说，通过取小标题来概括课文内容是教学难点。

以上是本人对学情的基本把握。那么对于四年级学生而言，这篇课文真正的难点究竟是什么？为了精准把握授课班级学情，我对班级45名学生进行了简单调研，主要有以下两个问题：

一是对课文内容的理解，学生无法精准把握西门豹在管理邺县时做了几件事，且给这几件事取小标题无法统一。

二是对西门豹人物的评价，大多数学生给出的答案是聪明机智，对于西门豹人物形象的认识流于表面。

根据调研结果，总结以下两大难点：

难点一，学生对文本脉络的把握比较模糊。

难点二，学生无法准确深入评价人物。

（三）确定教学目标

基于教材分析和学情把握，本课制订了以下教学目标：

①会认"豹、娶、媳"等11个生字，会写"豹、派、娶"等15个生字。

②默读课文，理清课文脉络，整体感知课文的主要内容。

③通过合作探究等方法了解西门豹如何摸清底细，体会西门豹四个提问的精妙之处。

④学会简要复述课文第一部分。

二、小组合作，设计活动——展开学习过程

基于以上教学目标，我设计了三个教学板块：

（一）对比课题，整体感知，梳理故事情节

该环节主要是落实识字和理清文章脉络的目标，帮助学生解决阅读障碍、把握文章大意。

这个环节共有三步：对比课题—新学字词—理清文章脉络。

1. 对比课题

学生对文章的把握首先从课题入手，剖析课题也就是在整体上把握文章。出示《西门豹》和《西门豹治邺》两个题目，学生在对比中发现，前者重在写人，后者重在写事。这节课的教学重点就是专注西门豹治理邺县的过程。学生的学习具有系统性，课堂作业本的有效运用不仅可以给学生巩固知识，保证学练结合，还可以让学生的思维得到锻炼，让大多数学生都有思考的时间。因此，在这里安排课堂作业本练习，理解"治"的含义。这一环节，在对课题的比较思考中，学生得以快速理解本节课的教学重点。

2. 字词教学

从课前调研中了解到，学生对把握文章思路有一定的困难，因此，在新学字词上出示不同类别的词语，学生用不同方式朗读后，将每组词语根据文章内容连成句子。连词成句，其实就是让学生在脑海里理清故事的发展，用自己的语言表述出来，为后面理清文章线路和复述环节做好铺垫。

3. 理清文章线路

结合课后练习题一，引导学生明确西门豹在治理邺县时做了三件事，自主填写小标题。通过学生展示、互相比较、教师总结的方式，说清楚西门豹治理邺县时做的三件事，并完善小标题，达到理清课文脉络这一教学目标。

（二）研读对话，深入内心，感受人物形象

这一板块的学习任务是对西门豹人物形象进行品读，抓住西门豹与老大爷的对话，剖析人物心理，感受西门豹这一人物形象。根据课前调研，发现学生对西门豹评价比较单一。针对这一难点，提出以下问题引发学生思考：找到西门豹通过与老大爷的对话，分析西门豹从老大爷的话中得到了哪些信息？他与老大爷之间的对话又能反映出什么？西门豹除了机智勇敢之外，还有哪些美好的品质？

我具体设计了以下学习活动来突破难点：

首先，独立阅读：快速阅读课文第一部分——摸清底细，将西门豹和老大爷的对话在文中做好横线和波浪线批注。

然后，合作学习：根据学生合作学习的经验与能力起点，将学习活动分步呈现，指点细节，保证个体学习和同伴互动的实效。合作学习分成三步，首先小组共同完成表格，然后展示成果，小组进行汇报，最后理解由西门豹提出的四个问题之间的联系。

在交流汇报中，要体现学生的主体性，教师引导学生倾听、发现、感受，过程如下：

1. 小组合作，提炼信息

学生根据之前的阅读批注完成表格，通过自学和小组合作，将对话中的重要信息进行提炼。课堂中的合作探究千万不能成为无效的合作，对四年级学生而言，学生很快就会找到文章中的信息，但要注意避免出现分工不均现象。在合作前，教师要提醒学生在探究时注意时间的把控，分工要明确，需要提高效率；填写表格时，要注意写下关键词，做到小组内成员人人参与。

2. 进行小组汇报

这一步的安排主要是随着学生的汇报，逐步引导学生体会西门豹的智慧。表格中西门豹的第一个问题不是能从文本中直接提炼，需要学生自己概括。并且学生要将西门豹提出的第一个问题转化成口头语。转化成口头语的过程中不仅仅要关注语气，还要关注人物特点，西门豹询问老大爷的话不能直接用官方的语言，这就需要学生可以试着把自己放在西门豹的位置上来问一问。交流过程中，再次结合课堂作业本，理解"闹"的不同含义。随着学生的回答，教师随时进行点拨，完成表格信息汇总。

3. 加强问题之间联系，揣摩人物心理

学生可以从西门豹的提问和说话方式感受到他的机智、沉着和冷静。对于学生而言，这个故事发生在古代，学生也无法对老百姓的封建迷信感同身受，更难以领会西门豹作为一个官员治理邺县和教育百姓的巧妙之处。这里我将采用由扶到放的教学方式，先提出主问题——"西门豹为何要提出这四个问题？"，再按照"找句子—朗读句子—学生质疑—揣摩西门豹想法—明确西门豹人物形象"的流程进行处理。

具体操作如下：

学生找出相关句子，朗读后学生质疑：怎么会有河神呢？河神怎么会娶媳妇儿呢？教师进而做适当评价，再由教师来追问：明明有更重要的问题，为什么要先问第一个问题？学生的不同回答会解决大部分刚才由他们提出的问题，学生表达完自己的想法后，就会明确此时的西门豹已经知道河神娶媳妇这件事情是假的。这一流程让学生感受到西门豹是一位机智聪慧、善于捕捉信息的官员。

接下来，采用由扶到放的方式，让学生揣摩西门豹提出后三个问题时的心理，再进行汇报。学生在交流过程中，会更加确认西门豹肯定知道河神娶媳妇是骗钱害人的。研读句子时，学生交流要点如下：一是学生及时圈画"每年、硬逼、哪家"等老百姓处于水深火热之中的词语，意识到巫婆和官绅的可恶；二是探知西门豹内心的想法，感受西门豹的沉着、冷静和机智；三是引导学生明白西门豹没有当场向老大爷揭示真相的原因是他希望能够让百姓当场看到骗局被拆穿，从而达到教育百姓的效果。

（三）小组合作，复述课文，提升语言表达能力

在本课教学时，我安排学生复述文本第一部分的内容，先明确复述要求——内容完整、有条理、语言流畅，再请学生按照要求进行复述。小组内相互复述后请代表上台复述。

小组互相复述，教师巡视，确保每位同学都能按照故事的发展把第一部分故事说完整。

代表上台复述，学生代表复述完，请学生评价，学生评价完后，教师评价总结。

三、注重思维，以生为本——分享实践思考

以上是我对这节课的思考和实践。经过专家的指导，有几点心得和大家交流分享。

1. 目标制订:凸显语文要素,精准把握学情

首先,是教学目标的制订,本人没有把目光局限于一篇课文,而是根据教学的需要从整体着手,通过对单元导读、课后练习题、交流平台、语文园地、课堂作业本中的语文要素进行梳理,确立了本节课的教学目标,体现了单元教学的整体性和综合性。

2. 学法讲授:教学方式多样化

语文课堂教学要以学生为主体,发挥学生的主观能动性。本节课采用学生自学、小组合作探究、教师随机指导、教师先扶后放等方式,有效地让学生学习阅读方法,从学生学习的自主性、主动性考虑调动学生学习积极性的手段、策略,为各种学习活动提供施展才智的空间。

3. 科学看待事物,借助文本体现育人价值

本文是一篇借事育人的文章,借助西门豹教育百姓破除迷信来教育学生,生活中也不可以迷信。我们要将课文的学习,联系学生的生活实际。在感受西门豹的人物形象时,引导学生自我观照,促进学生进行自我认知,充分发挥教材的育人作用。

以上是我说课的全部内容,我试图通过这一节课的设计体现对语文课程本质的认识、对教材编排意图的理解、对阅读教学的实践探索,敬请各位专家与老师指正。谢谢!

(说课者:王璐耳　指导者:曹爱卫)

第六节　四年级阅读课《乡下人家》说课稿

各位老师，各位专家：

大家好！我今天说课的内容是统编小学语文教材四年级下册《乡下人家》。我将从"文本教学解读""教学目标制订""教学程序设计"三个方面进行说课。

一、文本教学解读

《乡下人家》是统编教材四年级下册第一单元除古诗外的第一篇精读课文，是一篇写景文。本单元的语文要素是：抓住关键语句，初步体会课文表达的思想感情。写喜爱的某个地方，表达出自己的感受。作者陈醉云先生抓住乡村真实的植物、动物和人们的生活场景进行描写，描绘了屋前瓜架、门前鲜花、屋后竹笋、鸡鸭成群、门前晚餐、月夜虫鸣六幅乡村生活画面，最后由衷感慨："乡下人家，不论什么时候，不论什么季节，都有一道独特、迷人的风景。"显然，本课的关键语句是最后这个总结句，表达的思想感情是对乡村生活的热爱和向往。

四年级的学生对"关键语句"并不陌生，三年级上册第六单元学过"借助关键语句理解一段话的意思"，三年级下册第四单元学过"借助关键语句概括一段话的大意"。但，"借助关键语句"体会"课文表达的思想感情"还是第一次。本课还要求"积累描写生动形象的句子"和"用一段话写写自己眼里的乡村景致"。教学时，需把这些内容和要求有机整合。

体会课文表达的思想感情，前提是能走进文字描绘的画面，真切感受到作者字里行间的情感。因此，教学时，还应先引导学生抓住重要语句，通过多形式朗读展开想象、调动学生相似的生活经验辅助想象、对比事物展开想象等，从不同的图景中感受乡村景致的独特、迷人，才能初步体会作者的思想感情。再学习作者生动形象的语言表达方式，迁移写一段话，表达自己对乡下人家的思想感情。

二、教学目标制订

上海师范大学吴忠豪教授把根据单元语文核心要素分解制订的目标称为"发展性教学目标",其他需要落实的目标称为"基础性目标"。基于以上对文本"教"和"学"角度的解读,本课的教学目标从"基础性目标"和"发展性目标"两个层面制订。

1. 基础性目标

①借助预习单,利用形声字的特点识记"构、冠、朴"等10个生字,理解"攀上、率领、倘若、捣衣"等词语的意思,会写"率、序"等15个常用字。

②理解积累课文中生动形象的句子。

2. 发展性目标

①理解什么是文章的思想感情,学习区分文章的思想感情和文章的主要内容。

②能找出课文中的关键语句,并抓住关键语句,感受乡村独有的景致和画面,初步体会乡村生活的自然恬静和独特迷人及对乡村生活的向往和热爱之情。

③联系生活,用一段话写一写自己眼中的乡村景致,表达自己对乡村生活的感情。

三、教学程序设计

本课教学可以分成以下四大板块展开:

(一)检查预习,紧扣关键语句感知景物

教师可采用情境导入的方式,出示一些具有乡村特色的图画,配上舒缓的轻音乐,让学生想一想在哪里可以看到这样的景致,唤起生活的记忆,推开对乡村生活的向往之门。

再借助预习单的反馈,读准"芍药、朴素、附上、绘成、纺织、攀上、率领、倘若、捣衣、和谐"等词语,识记"朴、素、率"等生字。

课文能读正确后,请学生找出文中能概括课文主要内容的关键语

句——"乡下人家,不论什么时候,不论什么季节,都有一道独特、迷人的风景。"借助这一关键语句,走进课文。请学生读一读,想一想:乡下人家独特、迷人的风景里,都有哪些景物和人物的活动?学生在读中提取信息,并对信息进行整理归纳:课文中写到的"瓜、花、竹"都是植物,"鸡、鸭"是家禽,"吃饭、睡觉"是生活场景。原来,作者在选择素材时,既考虑到了具有乡下特色的景物和活动,又有一定的分类。

最后请学生结合景物和活动,说一说课文的主要内容,可以先总后分地说,也可先分后总地说。

(二)再读课文,借助关键语句明晰画面

这一板块的设计,旨在让学生对课文内容有一个整体的把握。教学时,借"这么多独特、迷人的景物和活动,构成了乡下人家一幅幅美丽的画面。课文都写到哪些画面了呢?"这一问题,请学生再次走进课文,欣赏文字描绘的一幅幅乡村美景图。对四年级的学生来说,如何读出画面,并能用简洁凝练的文字来表达,是需要学习的。怎么学?可先请学生自由朗读第1自然段,根据文字再现画面,读完后,说一说自己仿佛看到了怎样的画面。比如,学生说:"我仿佛看到了门前的瓜架上爬满了细长的藤蔓,绿色的叶子在随风飘动。一个个青、红的瓜,像小铃铛一样跟着摇摆着,有趣极了!"再让学生抓住"屋前""瓜架"等关键词给这幅画面取名"屋前瓜架图"。有了这样的示范后,学生的迁移运用就有了基础,就可以学着把后面文字读成画面,再给每幅画面取一个自己喜欢的名字:门前鲜花图、屋后竹笋图、鸡鸭成群图、门前晚餐图、月夜虫鸣图等。课文变成了一幅幅可以感知的具体的画面。

(三)品悟语言,借助关键语句体会思想感情

这一板块是本课教学的核心板块。本课的关键语句是:"乡下人家,不论什么时候,不论什么季节,都有一道独特、迷人的风景。"但是,在这一关键语句中,"不论什么时候""不论什么季节""独特""迷人"这些都是概括性的短语或词语，在课文描绘的每幅画面中的具体形象是各不相同的。学生只有对"这一画面"的独特、迷人有所体悟，产生亲近喜爱之情，才能产生共情，体会到作者对乡下人家生活的喜爱和向往。

这一重点板块，可以分步骤、分层次展开教学。

步骤一，示范学习"屋前瓜架图"，抓住蕴含作者情感的语句体会思想感情。因有了第二板块的"把文字读成画面"的练习，学生已然读懂了课文的内容。读不懂的，是蕴含着作者情感的语句。"屋前瓜架图"，作者的情感重点蕴藏在把青、红的瓜，碧绿的藤和叶看作别有风趣的装饰这一句中。"装饰"在课文中的意思，是指"起修饰美化作用的物品"，"风趣"是"风味情趣"。这青、红的瓜，碧绿的藤和叶起到什么美化作用，又有何风味情趣？显然，学生在前面的阅读中，不会去深入研究、仔细琢磨，对作者与乡下人家那份热爱之情的体悟，也不够真切与深入，恰如轻风拂水，不能激起波澜。

因此，课堂教学，需把此句的理解进行具象铺排，让学生走进这一画面的深处，走进这一画面的不同季节，看到画面带来的那些细节美和变化美。可请三位学生到讲台前，想象自己的家在乡下，一号学生家的屋前有一架丝瓜，二号学生家的屋前有一对石狮子，三号学生家屋前有一根旗杆。教师按季节转换提示，请三位学生想象，一年四季各自家屋前的景色是怎样的。如，教师提示："春天来了，你们三家的门前是怎样的景色？"一号学生就可想象：家门前的丝瓜藤开始往架子上爬了，嫩嫩的丝瓜叶在风中摇摆着，像许多只小手在欢迎来做客的朋友。而二号学生家门前的石狮子兀自蹲着，三号学生家门前的大旗杆兀自立着。教师再提示："夏天来了，你们三家的门前又是怎样的景色？"秋天呢，冬天呢？在具象铺排中，学生真切地体会到用瓜架装饰，因四季变化而变化，自然又别有风趣，而石狮子和大旗杆一成不变，了无生趣。这样就对"屋前瓜架图"的独特、迷人有了感悟，对作者的思想感情也就能初步体会了。

步骤二，朗读体验，初步了解"课文内容"与"思想感情"。引导学生从文字入手，深入文字去体验后，学生对什么是"课文内容"，什么是"作者要表达的思想感情"有了认知和了解。再请他们来判断下面的两句话，哪一句是在描写"屋前瓜架图"的内容，即课文内容；哪一句是课文要表达的思想感情。

第一句：青的、红的瓜衬着长长的藤和绿绿的叶，构成了一道别有风趣的装饰。

第二句：由青的、红的瓜衬着长长的藤和绿绿的叶构成的这道别有风趣的装饰，令人喜爱。

显然，第一句是描绘的画面，第二句"令人喜爱"直接表达了思想感情。在讨论交流中明晰，抓住关键的语句进行对比，展开想象，就能体会作者所要表达的思想感情了。

步骤三，走进其他画面，多角度体会作者表达的思想感情。课文里描绘的每一幅画面，都可以从那些表达作者情感的语句着手，通过展开想象、联结生活等方法，感受乡下人家景致的"独特、迷人"。如："门前鲜花图"抓住花名间的逗号和"依着时令"等词语，感受农家门前一年四季鲜花盛开的美景，体会作者的欢喜之情；"屋后竹笋图"抓住表示颜色的词和"常常、许多、成群、探出头"等词语，感受竹、笋旺盛的生命力，体会作者的欢欣喜悦之情；"鸡鸭成群图"抓住"肯定、率领、大踏步、游戏、从不吃惊"等词语，感受鸡鸭生活的自由自在和彼此信任，体会作者对乡下自由、淳朴生活的向往之情；"门前晚餐图""月夜虫鸣图"则可抓住"常常、天高地阔、赛过催眠曲、甜甜蜜蜜"等词语，感受乡下人家的自然、和谐，体会作者对乡下生活的无限向往之情。

步骤四，选择思考，体会"课文内容"与"思想感情"的差异。在表达课文思想感情的句子后面打上钩。在选择过程中，进一步区分"课文内容"和"作者要表达的思想感情"之间的差异。

第一句：天边的红霞、向晚的微风、归巢的鸟儿和天高地阔吃完饭的人儿，绘成了一幅自然和谐的田园风景画。

第二句："我"多想生活在乡下，去领略这道独特、迷人的风景。

以上两个句子，第二句"'我'多想生活在乡下"直接表达了对乡下人家的向往和热爱之情。第一句写出的是具体的内容。

步骤五，回扣全文，小结体会。抓住全文的关键语句，结合前面的画面，请学生说说自己从"乡下人家，不论什么时候，不论什么季节，都有一道独特、迷人的风景"体会到的课文想表达的思想感情。

(四)迁移运用，写能表达思想感情的一段话

请学生再次浏览课文，紧扣关键语句"不论什么时候，不论什么季节"，引导思考，你发现作者都写了乡下人家的哪些时候和季节，发现写法秘密：作者是抓住乡下人家的"春、夏、秋"和"白天、傍晚、夜间"这些不同季节、不同的时间来写的。那在你眼里，乡村景致又是怎样的？请学生联系自己的生活，学习课文的语言表达形式，用一段话写一写自己印象最深的乡村景致。可先请学生想一想，自己对乡下人家印象最深的景致是什么；再品一品，你对这一景致的感情又是怎样的；然后写一写，学习课文中某一幅图的写法，试着用几句话写一写自己印象最深的一处景致，要能够表达出自己的思想感情；最后评一评，改一改。同桌交流，互相评议，根据同学意见和建议修改所写内容。

当然，虽然教学对象是四年级的学生，但生字书写等基础性教学目标还是要落实到位的。如本课的15个生字，就可分组书写练习。"构、饰、蹲、例、踏、倘、绘、谐、眠"等左右结构的字可以归为一组。其中"蹲"字笔画较多，"酋"中的"短横"容易遗漏，可引导学生先书空，再自主书写；"构"的右半部分容易和"勺"混淆，可做讲解区分。"率、觅、筑、寄"等上下结构的字可以归为一组，其中"率"字笔顺易出错，强调点、横之后先写中间的绞丝，再写两边。总之，基础性教学目标的落实，也要根据学生学习的实际情况，有所侧重，保证课堂教学的最大效益。

(说课者：曹爱卫)

第七节　六年级阅读课《少年闰土》说课稿

各位专家：

大家好！我今天说课的内容是六年级阅读课《少年闰土》第一课时。接下来，我将从"文本解读""学情分析""目标制订""教学过程""板书设计""教学亮点"等方面进行我的说课。

一、文本解读

《少年闰土》是统编小学语文六年级上册第八单元的课文，本单元是以"走近鲁迅"为人文主题，编排了《少年闰土》《好的故事》《我的伯父鲁迅先生》《有的人》四篇课文。前两篇是鲁迅的作品，后两篇是别人写鲁迅的作品，旨在从多角度展现鲁迅的形象，初步了解其文学成就，感知其性格特点，体会其精神境界。

本单元的阅读训练要素是"借助相关资料，理解课文主要内容"。这一要素体现了对本单元选文特质的考虑。因为鲁迅生活的年代离学生较远，时代背景与现在不同，所以必须借助资料才能真正读懂课文。习作训练要素是"通过事情写一个人，表达自己的情感"。在以往结合具体事例写人物特点的基础上，强调表达真情实感。

《少年闰土》节选自鲁迅的短篇小说《故乡》，通过"我"的回忆，依次介绍了月下看瓜刺猹的闰土、初次相识时的闰土、给"我"讲新鲜事的闰土、离别时的闰土。重点回忆了给"我"讲新鲜事的闰土，其中"看瓜刺猹"这件事叙述最详细，正因为作者对这件事印象极深，所以开篇就选取了这一场景。同时，运用正面和侧面描写塑造机智勇敢、聪明能干、见多识广的农村少年形象，表达"我"与他儿时短暂而又真挚的友谊以及怀念之情。课后习题"结合相关内容，说说闰土是个怎样的少年""背诵第 1 自然段，体会闰土在'我'心中的美好形象，并仿照第 1 段写一写"是本篇文章的语言训练切入点。

二、学情分析

《义务教育语文课程标准（2022年版）》第三学段提出"学习浏览，扩大知识面，根据需要搜集信息"的课程目标。统编小学语文教材从五年级上册开始多次出现搜集资料的要求，且在第二学段学生就有收集相关主题资料进行阅读的学习。通过前期学习铺垫，再依据《少年闰土》的语言特色，重点引导学生选取与课文内容相关的资料辅助理解课文。

同时，课程标准也提出要"在阅读中了解文章的表达顺序，体会作者的思想感情"。统编小学语文教材的课堂作业本经常为学生搭建梳理文章结构的脚手架，本文亦是如此，通过范例引导、自主研读、对比修改的方式，帮助学生梳理文章的表达顺序，进而走进作者的内心世界。

三、目标制订

基于本文教学的解读和学情分析，我制订了以下教学目标：

①正确、流利、有感情地朗读课文，会写"一望无际、潮汛"等词语。

②通过查找背景资料、联系上下文初步了解鲁迅文章半文半白的语言风格。借助结构图，梳理文章主要内容。

③借助"月下看瓜刺猹的闰土"片段，体会闰土在我心中的美好形象，并在此基础上有感情地朗读并背诵第1自然段。（教学重点）

④学习作者描写"月下看瓜刺猹的闰土"场景的写作方法，模仿第1段练笔。（教学难点）

四、教学过程

有意义的学习活动要求我们在语文教学中设计的活动、提出的问题，都要紧密结合文本内容，结合文本的具体语言，学生的发展一定是在深入解读、读懂文本的基础上获得的。因此，在本节课的教学设计中，我力求将学生的各种经验融合在一起，使其全身心投入学习。

《少年闰土》我准备分两课时展开教学，下面我重点说说第一课时的板块安排和学习活动设计。

(一)走近鲁迅,谈话揭题

因为本单元主人公鲁迅所处时代的特殊性,在教学前我特意安排了单元导读。在导读过程中,学生通过鲁迅的生平资料、文学成就以及名家评价等初识鲁迅,对他产生兴趣。与此同时,通过绘制"走近鲁迅"主题小报,学生个性化地搜集和整理资料。

上课伊始,分享4张优秀小报的照片,随机让学生谈一谈对鲁迅的了解。与此同时,出示单元导语页及补充资料,并提问,"你从中还获得了哪些新信息?"

在这一环节中,学生搜集、提取、整理信息的能力进一步得到提升,同时总结:"借助资料,我们可以更好地了解作者,读懂文章。"

(二)初读课文,整体感知

该板块主要聚焦课后习题2:"课文写了记忆中的闰土、初次相识时的闰土、给'我'讲新鲜事的闰土。结合相关内容,说说闰土是个怎样的少年。"理清文章的脉络。同时,借助课堂作业本的结构图,梳理闰土给"我"讲的四件新鲜事。这一板块分为两个环节:

1. 朗读课文,理清文脉

学生自由朗读完后根据课后习题2给文章分分层,并说说课文的主要内容。学生容易将前三个部分找到,但是,会发现最后一段并不归属于前三部分,在经过交流讨论后决定将它单独归类并根据前三部分标题格式,命名为"离别时的闰土",形成结构图(图8-6)。与此同时,借助"项带银圈""尽力的刺"等词发现半文半白的语言风格。这就是学生、教师、教科书编者和文本对话的过程。

图 8-6

2.借结构图,理新鲜事

在理清文章结构的基础上,借助课堂作业本的结构图,聚焦到四件新鲜事。我班学生基本能根据文本内容概括小标题,但要达到准确简洁的要求难度较大,在教学过程中,我采用先扶后放的方式。通过"闰土给'我'讲了哪些新鲜事儿?谁来说说第一件事儿"引发学生概括第一件新鲜事的小标题,在对"大雪捕鸟""闰土捕鸟""在沙地捕鸟""雪地捕鸟"等几个小标题进行比较分析后,学生选择了"雪地捕鸟"这一包含了"地点+事件"相对准确完整的标题。有了范例参考后,学生独立思考概括,再次请两位学生进行对比,在比较中后三件事的小标题"海边拾贝""月下刺猹""沙地看鱼"能较快概括出来。虽然概括小标题没有唯一的答案,但在这一环节关注标题格式的统一,在学生以往的概括基础上提出更进一步的要求,我想这是符合学生的"最近发展区"要求的。

(三)合作探究,感受人物

这一板块,是本课教学的重点,我将给予学生更充分的学习时间和学习空间,教学分三个环节展开。

1.聚焦片段,小组合作

月下看瓜刺猹的片段在文章中出现了两次,在课堂作业本的结构梳理图中出现了两次,课后习题中要求背诵第1自然段并体会闰土的人物形象,课后小练笔也指向对这一片段的仿写,学生对看瓜刺猹的事情也是最陌生的,因此,第一课时的教学重点直接聚焦描写这一场景的第1自然段。

我班学生经过长期的小组合作探究学习,他们非常习惯这样的学习方式,同时,也营造了一种开放、平等、融洽的学习氛围。在本次小组合作中,用学习单(表8-1)为学生搭建脚手架,在自主、合作、探究的过程中,发现第1段写作的奥秘。

表 8-1　月下看瓜刺猹的闰土

小组合作学习

组长		记录员		汇报人		其余组员	
闰土是个怎样的少年							
关键词句							
鲁迅描写的方法		（　　　　　）的环境描写 人物的（　　　）、（　　　）等描写					
小组提出的疑问							

在 5 分钟的小组合作学习过程中，我发现学生对描写环境和闰土的关键词句并不能准确完整地摘录，需要进行提醒和点拨。

2. 分享交流，发现奥秘

在分享交流环节，请一个小组进行分享汇报，其他小组进行补充。在教学"深蓝的天空中挂着一轮金黄的圆月，下面是海边的沙地，都种着一望无际的碧绿的西瓜"这一句环境描写时，通过学生的个性朗读，提问学生："你读到了怎样的环境？""作者是怎么写出来的？"引导学生关注颜色词"深蓝""金黄""碧绿"，关注方位词"下面"，这是由远及近、由上至下的写作顺序。在朗读中进一步体会鲁迅先生在写环境时是有方位顺序的，且运用了这些颜色词，让整个环境显得寂静而美好。

在教学"其间有一个十一二岁的少年，项带银圈，手捏一柄钢叉，向一匹猹尽力的刺去。那猹却将身一扭，反从他的胯下逃走了。"这一描写闰土的片段时，请学生读一读。"你看到了怎样的少年闰土？""你是从哪里看出来的？""谁能将闰土的这份机智勇敢读出来？"通过这几个问题，引导学生关注一系列动词，描写人物的"带""捏""刺"，以及描写猹的"扭""逃"，通过做动作朗读，感受闰土机智勇敢的形象。

在从环境描写过渡到人物描写的过程中，"其间"这个词特别有意思，让语言衔接更加自然，也是学生练笔中可以模仿运用的。在上述两句话教学完成之后,进行整段朗读,通过删去"其间"的方式,对比发现"其间"在语言过渡中的重要作用。

这一环节主要通过小组合作探究的方式,引导学生发现文章第1自然段写作的奥秘,以及"环境 + 人物"的构成,环境描写中重点学习方位顺序和颜色词的运用,人物描写中重点学习动词对人物形象的作用,为后面的指导背诵和练笔做铺垫。

3.层层递进,指导背诵

在与学生一起找寻了第1自然段的语言奥秘后,我设计了层层递进的指导背诵环节:一是填空背,即将环节二中描写环境的颜色词、方位词和描写人物的动词挖空;二是导语引背,即只保留每一句的开头;三是看插图背诵,在学生背诵过程中引导其配以闰土的动作,代入感更强一些。在指导背诵的过程中,男女生背、单独挑战、齐背穿插进行。

(四)借助插图,模仿创作

根据"教学评一致性"的教学原则,在课堂最后一个环节设计了练笔环节,用以对前期我的教学和学生的学习进行诊断。课后小练笔是要求学生"从自己的照片中选一张,仿照第1自然段写一写",但在实际课堂上,因为学生照片选择的问题,实际操作难度比较大。恰巧本篇文章有两幅插图,一幅是月下看瓜刺猹的闰土,另一幅是给"我"讲新鲜事儿的闰土,也具备练笔的要求。因此,在本节课中,我选择统一观察第二幅图进行练笔,将自选照片作为回家巩固的练笔拓展。

在正式观察练笔前,通过板书回忆第1自然段的写法,并出示练笔的评价标准,做到心中有数。

评价标准:

①仿照第1自然段进行环境描写和人物形象刻画。

②仿照第1自然段进行有序的环境描写和生动的人物形象刻画。

③展开自己的合理想象,生动有趣地描写。

在学生的小练笔中,挑选两篇程度不一样的练笔投影,并请其他学生根据评价标准进行点评,先表扬,再指出可以改进的地方。与此同时,我的评价语也会更具有指向性和期待性,例如:"你的仿写,让我看到了听得津津有味的迅哥儿。""如果你能加入自己一定的想象就更好了。"激发学生的兴趣,鼓励学生进行修改。

最后,引读+提问:面对这样活泼可爱、勇敢机敏的少年闰土,难怪"我"会发出这样的感叹——齐读:"阿!闰土的心里有无穷无尽的希奇的事,都是我往常的朋友所不知道的。他们不知道一些事,闰土在海边时,他们都和我一样只看见院子里高墙上的四角的天空。""你有读不懂的地方吗?""四角的天空究竟指什么?文字背后到底藏着的是什么?"设置悬念,结束第一课时的教学。

五、板书设计

本课板书设计(图8-7)由四个模块组成:课题、小标题卡片、教学方法卡片、人物特点。在整体感知环节,通过师生互动、生生互动,在黑板左侧依次张贴四张蓝色小标题卡片。当聚焦到"月下刺猹"这一环节时,将这一卡片换成黄色,强调突出。在合作探究环节,根据学生的课堂生成情况在黑板右侧张贴"环境""人物"两张卡片,书写"有序""颜色"两个关键词、"带""捏""刺"三个动词。在读讲结合的过程中,总结少年闰土"机智勇敢"的形象特点,并配以板书。通过四个模块的板书设计,呈现本课教学重点,借助教学过程落实到位,实现精准教学。

少年闰土

雪地捕鸟		环境	有序
海边拾贝			颜色
月下刺猹	机智勇敢	人物	带 捏 刺
沙地看鱼			

图8-7

六、教学亮点

本课的教学,努力在以下两个方面实现突破:

1. 教学评统一

本节课的教学重点是基于单元核心要素和课后习题制定的，在课堂教学中，教学目标的落实也是一以贯之的。"教"与"学"的效果都在最后学生的小练笔环节呈现。通过学生作品、师生评价，可以很清晰地了解本节课的教学目标是否落实到位。

2. 教学一体化

鲁迅的文章有其时代特色，课前的导读和绘制小报分享的过程是为本单元的教学做铺垫。课伊始，我们也通过搜集的资料，初步了解了作者和写作背景，帮助学生理解文本内容。与此同时，课堂中教学目标的落实也为课后学生个性化的小练笔打下了基础。

以上就是我对《少年闰土》第一课时教学的思考，请各位评委老师批评指正。谢谢！

（说课者：许薇　指导者：曹爱卫）

第九章
典型示范型说课

第一节 一年级口语交际课《我说你做》说课稿

［教研主题］

  提高口语交际教学的有效性

［教研目的］

  统编小学语文教材中，口语交际成独立板块呈现，充分体现了教材编者对口语交际教学的重视。但在实际教学中，仍有不少老师把口语交际课看成可上可不上，或者没有精心备课就进入课堂。本次研讨，旨在探寻口语交际教学的本质，交流口语交际教学的方法，切实提升口语交际教学的有效性。

［说课主题］

  在游戏情境中交际

各位专家、老师：

  大家好！我今天说课的内容是统编小学语文一年级上册口语交际《我说你做》。

  我将从"文本教学解读""教学目标制订""教学程序设计""教学亮点"四个方面进行说课。

一、文本教学解读

  口语交际是听与说双方的互动过程。有效的交际就是在"听"和"说"

的不断交替中实现的。学生的口语交际能力，也是以"听"和"说"为纽带，螺旋发展的。"善听"和"会说"是口语交际的出发点，也是归宿，是学生口语交际能力的综合体现。

《我说你做》是统编小学语文一年级上册教材中第一次口语交际，其内容及"听""说"的要求如下：

一是导语。"一起来做游戏吧！我来说，你来做。"简明扼要地告知游戏名称。

二是情境图。左边的女孩发布指令"请你抬起一条腿"，右边六个孩子中，一个男孩仍双腿站立，其他五个孩子呈各种单腿站立姿势。

三是游戏延伸提示。学习小伙伴发指令"把铅笔放到文具盒里，把书合上，坐端正。"这既是游戏的内容，也是对学习习惯的强化。

四是交际提示。"注意听别人说话。""大声说，让别人听得见。"这两条提示语指出了本次口语交际"听"和"说"两个方面的具体要求——"听"要注意听，"说"要大声说。

一年级的学生，有意注意的时间并不长，且对"学习"也没有深刻的认识，课堂好玩是极为重要的。让他们在"玩耍"中学知识，通过自身体验获得知识，不把学习知识当作负担，能使他们的头脑更加活跃，学习的心情更加愉悦。因此，本课将借助游戏的方式，达成"知道怎么听才能听清楚，怎么说才能让他人听得见"的听说基础目标。课堂上，我根据教材特点，营造一个又一个交际的真实场景，吸引儿童主动参与交际。

二、教学目标制订

基于对教材和学生情况的分析，我将本课的教学目标制订如下：

①知道游戏规则：说的人，要大声，听的人，要注意听，按指令做动作。并能按规则做游戏。

②能根据别人的游戏表现，说出游戏动作做对或做错的原因。

③初步感受到"认真听、大声说"是良好的听说习惯，愿意在生活、学习中的合适场合里努力实践。

三、教学程序设计

《义务教育语文课程标准（2022年版）》指出，学生应学会倾听与表达，初步学会用口头语言文明地进行人际沟通和社会交往。根据这一总目标要求，本课的"教学程序设计"分为"用游戏开启交际课堂""用游戏了解交际要求""用游戏感受交际乐趣"三大板块。

（一）用游戏开启交际课堂

我邀请学生一起玩游戏"请你跟我这样做"。这是一个幼儿园里常玩的游戏。规则是，我边说"请你跟我这样做"，边做动作，如摸头、拍肩、扭腰等，学生接着我的话说"我就跟你这样做"，跟着做摸头、拍肩、扭腰等动作。课堂一下子活跃起来。游戏玩好后，我会和学生展开这样一段对话：

师：游戏玩好了，小朋友发现没有，这个游戏最大的特点是什么？

生1：我们做的动作和老师做的是一样的。

生2：我们是看老师怎么做，就跟着怎么做。

师：对啊，做这个游戏啊，眼睛要仔细看才行，看清楚了，才能跟着做对。（我边说边贴出眼睛图片，下面写着"看"字）

师：今天，我们再来学习玩一个新的游戏，不过，这个游戏主要不是靠眼睛看，而是靠嘴巴说，靠耳朵听。

（我边说边相继板贴嘴巴图片，下面写着"说"字，耳朵图片，下面写着"听"字）

师：这个游戏的名称就叫——

（这时，我就出示课题：我说你做）

师：这个"我"是谁呢？

生1：是我们小朋友。

生2：还可以是老师。

师：对啊，老师也是课堂里的一分子，老师也可以来说。现在，你们知道"我说你做"是什么意思了吧?

生:"我"怎么说,你就怎么做。

师:对!比如,我说"请你站起来",你就——

(我会示意学生全体起立)

师:我说"请你坐下来",你就——

(学生全体坐下)

这个板块,用儿童熟悉的游戏开启课堂,在师生的双向互动中,揭示了课题,明确了题意,有意思的是,学生一点儿都没有觉察到这是"在学习"。我以为,对初入学的儿童来说,学习是要带有"游戏精神"的,这样,学习才能变得如游戏般轻松愉悦,课堂才能充满趣味和吸引力。

(二)用游戏了解交际要求

知道"我说你做"的意思后,我就和学生一起玩这个游戏。我先请他们"摸摸小鼻子",因为这个指令没有任何歧义,学生都乐呵呵地摸着自己的小鼻子,快速、准确。我就问他们,刚才听到了什么,怎么做的。学生得意地说,他们是认真听清楚我的话,再根据要求做出动作的。我及时表扬他们:"真好,你们都是注意听,听清楚了再做动作。"我顺势在"听"图标的后面板贴上句子"注意听别人说话"。

然后,我们继续玩游戏。我的指令是"请你举起一只手"。结果,有的学生举的是左手,有的举的是右手。我问他们:"你们举的手不一样,你认为自己做对了吗?"学生都说自己是对的,因为"老师只说举起一只手,没有说举起哪一只手"。我大大夸奖他们,会听话,会思考,有自己的判断,真好!并在"听"的图标后面板贴上句子"注意听别人说话"。

学生受到我的鼓励,更加跃跃欲试。这个时候,我要了一个"小花招"。请看教学片段:

师:是呀,看来注意听别人说话是多么重要。游戏继续。注意听我说话,我要发布下一个指令了。

师:(响亮)请你拉拉——(轻声)左耳朵。

(学生有的拉左耳朵,有的拉右耳朵,教师请拉不同耳朵的两位小朋友起立)

师:你为什么拉左耳朵?

生1:我刚才没听清楚你要我拉哪只耳朵。

生2:我也没听清楚。

生(纷纷喊):我也是,我也是……

师:那你们说,这次游戏做错的主要原因是什么?

生:老师,您声音太轻了。

师:哦,看来,游戏要做对,不仅做动作的人要仔细听,发布指令的人也要大声说才行。(在"说"图标的后面板贴:大声说,让别人听得见)

师(真诚地向小朋友道歉):下次发布指令,我一定大声说。

本课交际的两个具体要求,通过具体的游戏情境,让学生自己去接触这两条规则,规则因走过学生的心,自然就能留在他们的心里。若我们采用讲解和教授的方式,直接写出来,让学生读,学生也会记住游戏的规则,但这样的"记住"是一种符号的外加,没有情感色彩,没有情绪体验,学生很快就会忘了,也就不可能真正指导实践。

(三)用游戏感受交际乐趣

明确"我说你做"的游戏规则后,我请学生当了一回小评委,对教材插图中小朋友做错的原因进行分析。学生从说者和听者两个角度去看:可能是做错的小朋友没有认真听,也可能是发指令的小朋友说话声音太轻,他没听到。我借机再次强调,只有听的人注意听,听清楚别人说的话;说的人大声说,让别人听得见,游戏才能玩得好。

然后,我们开始玩闯关游戏。第一关,很简单,我请一个学生上台发指令,指令只有一个动作要求,"请你_____"。第一个学生上台发出"请你摸摸脑袋瓜"的指令,声音响亮,所有做动作的学生,全部做对。此时,

进行了一次多方对话,营造了一个互动交际场:

师(问发指令的学生):他们都做对了吗?

生1:都做对了。

师:那你该怎么夸夸他们?

生1:你们都做对了,都很棒。

师:他们为什么能做对?你把原因说出来,他们下次就会做得更好了。

生1:你们都注意听,都做对了,大家都很棒!

(学生情不自禁地鼓掌,祝贺自己,也感谢同学的夸奖)

师(对台下的小朋友):他刚才夸奖你们了。你们觉得他刚才的表现怎么样?你们也来夸夸他。

生2:你说话很大声,让我们都听见了,你也很棒。

生3:我们做得对,是因为你指令说得好!(说着,竖起了大拇指)

生4:你第一个上台发指令,像个小军官,你表现真棒!

师:刚才我们游戏能做对,因为说的人大声说,让别人都听见了;听的人注意听,都听清楚了。而且,刚才你们还学会互相称赞,真了不起!

游戏,慢慢地成为了开展交际的一个平台,师生、生生之间,凭借游戏,进入了真实的交际场。学生在游戏情境中,交际的欲望被激发了出来,他们交际的情感是真实的,交际的兴趣是浓厚的。他们不知不觉走进了交际课堂,参与了交际练习。

第二关,我提高了难度,要求连续发出两个动作指令,如:请你站起来,把凳子放到桌子下。游戏仍以形成多方交际场为导向,分两次展开。第一次,请两个小朋友上台,一个发指令,一个做动作。做动作的小朋友,急了些,听到第一个指令就做了,师生在交流评价中,得出"要两个指令都听清楚后再做,而不是听到一个指令就去做"。整个过程,学生参与的积极性很高,有对台上两位小朋友的评价,也有对评价小朋友的评价,课堂气氛极其热烈。第二次,请一个小朋友上台发指令,其他学生做动作,全班学生兴趣盎然。

第三关,再提高难度,连发三个指令,这是根据教材内容的调整和组合,让游戏和交际形成了一个完整的回路。教学是这样展开的:

师发指令:请把铅笔从文具盒里拿出来,把书打开,然后坐端正。

(有的学生听到一个动作就开始做,结果后面的动作要求没听清,只能跟着其他学生做)

师(走到一位学生面前):刚才老师看你打开书之前,看了一眼边上的小朋友,为什么呀?

生1:我没听清楚。

师:为什么会没有听清楚呢?

生1:我听到"把铅笔从文具盒里拿出来",就去拿铅笔了,后面没听到。

师:哦,是这样。那你觉得怎么做更好呢?

生1:我应该听完所有的要求再做。

师(摸摸该生的头):其他小朋友还有什么建议吗?

生2:还要听仔细。

师:你直接对他说,好吗? 先要有礼貌地称呼他,再提出你的建议。

生2:小华,在听别人说的时候,你听仔细,这样你就不会做错了。

生1:谢谢你,明明。

师:明明对小华提出了建议,你想对明明说什么?

生3:明明,你很用心地帮助小华,你真棒。

生4:明明,我也要像你一样去帮助同学。(转向小华)小华,这次做错了,没关系,下次认真听,你就不用看别的小朋友了。

生1:谢谢你,倩倩。

师:小朋友,老师真为你们骄傲呢! 你们互相帮助,互相提醒。相信后面的游戏能玩得更好! 记住哦,把三个指令听完了再做动作。我又要发指令了，注意听——"请把铅笔放到文具盒里，把书合上，然后坐端正。"

所有学生注意听，把话听完再做，所有小朋友都做对了。

师（伸出大拇指）：你们太厉害了，注意听，把三个要求都听清楚，再做，都做对了。大拇指送给你们。

口语交际教学中，引导学生走进彼此，开展多方对话，形成交际的场，这是极为重要的，是符合真实的交际情境的需求的。交际情境越真实，学生参与交际的愿望越强烈，交际的话语也越真诚。这应该成为口语交际教学的价值追求。

四、教学亮点

通过本课口语交际教学的实践，我对低年级口语交际教学有了进一步的思考和认识。

1.创设真实情境，学生才"会说"

口语交际课不能太像"课"，只有把它放在学生熟悉的游戏情境、具体的生活情境中，才能让学生有真实交际的需求，才能展开真实的交际。本节课开课伊始的游戏，看似与课堂教学无关，实际却与课堂教学内容相连，甚至起到了关键性的引领作用。孩子们在这样的游戏情境中，自然有什么说什么，完全没有了课堂教学的压抑感和局限感。

2.营造宽松氛围，学生才"敢说"

课堂教学，不是少数优秀生的秀场，是每个学生生命成长的场所。一年级的学生，性格上的个体差异还是很大的，又是入学之初，一些胆小、害羞的孩子，没有当众大胆表达的习惯和胆量。因此，口语交际课，一定要重视游戏情境的创设，让这些学生在游戏中不知不觉地放下心理负担，参与到学习活动中。游戏活动的趣味性巧妙地引领这些学生全身心地融入角色体验中，放开自己进行口语交际活动。在活动中，他们也对"大声说"有了进一步的认知，相信他们今后学习、生活中的语言表达会更自然、更大方。

3. 有了真切体验,学生才"会听"

一年级的学生,大都善于表现而不善于倾听。日常课堂上,通常是小手高举,性子急的孩子甚至嘴里不停地喊"我来",站起来争抢发言的机会。而真实的口语交际,最重要的恰恰不是说,而是倾听!想提高学生的口语表达能力,就要先使他们学会倾听别人的表达,进而完善自己的表达。因此,本课的多个游戏情境中,我都特意在引导学生感受倾听的重要性,让他们学会倾听。

以上是我一年级口语交际课《我说你做》的教学和思考,敬请各位专家、老师指正。谢谢!

(说课者:曹爱卫)

第二节　一年级阅读课《乌鸦喝水》说课稿

[教研主题]

　　夯实低年级阅读

[教研目的]

　　低年级阅读教学，的确任务重，头绪多。要学习基本的语文知识和语文能力，如识字写字、练习朗读、学习阅读、积累运用语言等，还要关注学生良好的学习习惯，如朗读的习惯、书写的习惯、听讲的习惯、发言的习惯等。低年级阅读教学该如何有效整合这些内容，并凸显其年段学习特点，真正做到夯实阅读基础？本次教研，立足"常"字，深入讨论低年级阅读教学的常识问题，落实常规做法，切实提升低年级阅读教学的有效性。

[说课主题]

　　夯实低年级阅读基础

各位专家、老师：

　　大家好！我今天说课的内容是统编小学语文一年级阅读课《乌鸦喝水》。说课的主题是"夯实低年级阅读基础"。

　　接下来，我将从文本教学解读、学生情况分析、教学方法选取、教学目标制订、教学流程设计、板书设计、教学亮点七个方面展开说课。

一、文本教学解读

　　《乌鸦喝水》是一则经典的寓言故事，充满童趣，长期以来都是小学低年段语文的必选篇目。课文以"喝水"为线索，用简洁生动的语言描绘出乌鸦机灵智慧的形象。说明遇到困难，只要肯动脑筋想办法，就能克服困难。

　　本课从教学角度，有这几个方面需要着重考虑：

1. 领悟故事含义

乌鸦喝水时遇到的困难是瓶里水少、瓶口又小,这是无法改变的现状,能改变的是水位的高低。乌鸦就在瓶中放石子,升高水位,让自己喝到了水。这个故事蕴含的道理是"只要开动脑筋想办法,就能克服困难"。

2. 理解故事语言

文章非常短小,全文只有97个字,但语言简洁,结构严谨。文章伊始,作者就用"到处"一词,写出了乌鸦口渴难耐,急需找水喝的焦急心情;第二段用"看见""可是"说明找到水却喝不着的原因;第三段再次写到"看见",说明小乌鸦善于观察,交代解决问题的依据;第四段用"放""渐渐"印证"办法"可行。课后的练习是"说一说乌鸦是用什么办法喝到水的",也就是说,学生既要明白乌鸦喝到水的办法,还要能用自己的语言说清楚。

3. 落实识字写字

该篇课文位于一年级上册第八单元,本单元的人文主题是"观察",作为课文,在发展阅读力的同时,还要承担识字、写字的任务,本课要识记11个生字,学写4个汉字。在识字教学中,"喝"与"渴"两字,形相近,音相似,准确区分是一年级学生识字的难点。

二、学生情况分析

一年级上学期的孩子,已初步具备了借助拼音识字、朗读的能力,但识字水平不高,识字、朗读的能力都比较弱,因此,落实好识字、朗读,才能为阅读打下基础。识记生字,要鼓励学生自己想办法;练习流畅朗读,要给予练习的时间和必要的指导;阅读理解,一年级的孩子对课文会有自己的一些问题和想法,引导他们通过动脑想、动手做、动口说来帮助理解课文,发展阅读能力。

但同时,一年级孩子的有意注意时间还是有限的,教学时,教师要利用多种教学手段,激发他们的学习兴趣。将无意注意转化为有意注意,引导他们积极参与学习,逐步培养他们自主学习的能力。

三、教学方法选取

根据学龄初期儿童感性认识较强、理性思维较弱,且活泼好动、富于想象、喜欢尝试的心理特征,依据教材特点,拟采用以下教学方法,努力使学生"知其然",更"知其所以然"。

①比较法:利用汉字"偏旁表意"规律,让学生通过比较,用"编顺口溜"等方法加强记忆。如"去找水,渴渴渴;用口喝,喝喝喝"。

②体验法:通过对乌鸦的动作、心情的体验,亲自实践"放石子"等教学,理解课文内容,读出课文感情,明白乌鸦喝着水的道理。

③探究法:引导学生去比较和发现,积极探讨尝试想出另外的解决办法,指导学生在真实的生活中如何观察、思考、学习。

四、教学目标制订

《义务教育语文课程标准(2022年版)》对第一学段阅读的要求是:"喜欢阅读,感受阅读的乐趣""学习用普通话正确、流利、有感情地朗读课文""结合上下文和生活实际了解课文中词句的意思,在阅读中积累词语",并在阅读中"获得初步的情感体验""并乐于与他人交流"。基于以上对文本分析和学生情况分析,制订教学目标如下:

①通过熟字比较、字理探源、联系生活等方法认识"乌、鸦、处、找、办"等11个生字,会写"只、石"等4个字。

②学习课文,通过联系上下文、看图、联系生活实际等方法,理解"口渴、到处、渐渐"等词语的含义,并能正确使用"渐渐"词。

③正确、流利、有感情地朗读课文,了解课文内容,体会乌鸦在"找水喝"到"喝着水"这一过程中心情的变化,懂得遇到困难应积极开动脑筋想办法解决的道理。

识字是阅读和写作的基础,一年级上学期的学生,正式学习语文的时间并不长,语文学习的能力还欠缺,因此,我将"识字写字,朗读理解课文"

作为本课的教学重点。又因为低年级的学生，逻辑思维和理性思维较弱，明白遇到问题要自己动脑筋办法来解决，也就成为本课的教学难点。

五、教学流程设计

教学流程设计部分，我今天重点说第一课时的设计。为了更好地落实教学目标，我将第一课时的教学流程分为四个板块：

（一）认识乌鸦，接题存疑

所谓"万事开头难"，一堂新课的导语设计是至关重要的。上课伊始，我就分块逐步呈现乌鸦图片，让学生根据给出的图片碎片猜测出是乌鸦。板书"乌鸦"一词，让学生和小乌鸦亲亲热热地打个招呼，读准"乌鸦"。然后，引导学生通过观察乌鸦的样子，理解"乌鸦"就是指全身长满黑色羽毛的鸟类。再把"乌"和"鸟"字进行比较，发现"乌"比"鸟"字少了一点。也可结合儿童的认知心理，用"乌鸦浑身的羽毛太黑了，黑黑的眼珠藏在里面差点都看不见了"等语言强化字形记忆。也可通过给"乌"字扩词等方法，帮助记忆。如"乌黑的云就叫乌云""乌黑的头发就叫乌发"。乌鸦是一种鸟，所以"鸦"是鸟字边的字。如此激趣导入新课，学生的听觉、思维与想象都被调动起来，不仅认识了乌鸦，还轻松地记住了"乌鸦"两个生字。"多频道"运作，学生学习的情绪一下子被调动起来。

再让学生根据自己最想知道什么，提出"乌鸦为什么要喝水""乌鸦是怎么喝水的""乌鸦有没有喝到水"等问题，唤醒学生学习新课文的内在动力，让他们带着疑问走进故事。

（二）读准课文，整体感知

"书读百遍，其义自见。"正确流畅地朗读课文，是阅读理解的前提和基础。因此，此板块我引导学生多种形式反复读课文。

揭示课题后，我请学生自由读课文，做好两件事：一是数一数课文一共有几个自然段，标上序号；二是借助拼音把课文读正确、读流畅。

学生自由读后，请学生同桌合作读课文，一个人读第 1 自然段，另一个人读第 2、3 自然段。当一个人读书时，另一个人要仔细倾听，如果同桌把字音读正确了，在课本上相关段落边送给他一颗星；如果同桌把句子读通顺了，在课本上相关段落边再送给他一颗星。如果同桌读错了，帮他指出来，并教教他。

学生经过两轮读后，再指名读课文，一人读一段，再次检测正确、流畅朗读的情况。

在初读环节，我采用同桌互读，完成评价单的形式，发挥孩子们学习的自主性，充分朗读课文。在交流时，重点采用各种方法读，让学生在反反复复的读中，读准字音，读通句子。

接着，让学生给三幅连环画排序，用感性的方式检测并促进学生对内容的整体把握。结合学生朗读，重点关注"到处""一个瓶子""小石子""放进""瓶子里"等词语的字音。

学生读准字音后，我借助小乌鸦喝水过程中的三幅图片，让学生按照课文顺序把这三幅图摆一摆，和同桌说一说为什么这么摆。通过摆图片，说原因，了解故事的内容：这篇课文说的是小乌鸦找水喝，找到水了却喝不着水，最后想出办法喝着水的故事。初步感知乌鸦焦急—高兴—失落—高兴一系列的情感变化。

（三）研读首段，领悟喝水之难

"找出乌鸦喝不着水的原因，体会乌鸦的心情变化"是本课教学的重点板块。于是，在正确、流利朗读课文的基础上，我着重用创设情境等方法让学生带着不同的心情投入朗读，尽情发挥想象，朗读中感悟文本内容，体会人物的情感。

当学生能够流利地朗读课文后，就要让学生深入角色，把自己当作乌鸦，体会乌鸦当时的心情。第1自然段的教学，分以下三个步骤：

1.学习第一、二句

一是朗读中识记生字。在读中关注"渴"和"喝"字，在对比中发现两个字的不同点，再借助顺口溜帮助记忆。"找"字，观察甲骨文的写法，左边是只手，表示跟手有关的活动，提示带提手旁的字大多数跟手部动作有关,比如,在《比尾巴》一课中学过的"把"字。"找"右边这部分代表古时候的一种兵器"戈",后来"找"字在写法上发生了变化,左边的部分变成了提手旁,右边的部分变成了戈,整个字表示用手拿着兵器去寻找敌人。

二是抓关键词"到处"展开想象,理解口渴的程度和对喝到水的渴望。引导学生想象:乌鸦飞到过哪里?找了哪些地方?又是怎样东找找、西找找地找水的?体会乌鸦焦急的心情。此处,可以通过创设情境来理解。如,小乌鸦为了找水喝,跑了好多好多地方,但是,都没有找到水,想一想,它可能去过哪些地方找水呀?学生可能会说:"小乌鸦飞呀飞,想找一条小河,可是它怎么找都找不到,于是他只能继续找,继续飞。""小乌鸦可能飞过了高山,想找山泉喝,可是怎么找也找不到。""小乌鸦可能飞过田野,想找池塘里的水喝,可是怎么找也找不到。"教师根据学生的想象反馈,小结:是呀,小乌鸦想找小河、山泉、池塘,可是它到处飞到处找,怎么也找不到水。这就是——到处找水喝。

三是读出焦急的心情。引导学生思考:"乌鸦的口这么渴,到处找水喝,都没有找到水,它心里会想些什么呀?"让学生走进乌鸦的心里,体会心情后,读出感情。飞到了各种各样的地方,但是,都没有找到水,谁来读读这句话?

2.学习第三、四句

一是借助问题,自主学习。"小乌鸦虽然找到了水,但是它有没有马上喝到?为什么呀?"请学生在第1自然段找到原因,并把相关的句子用横线画出来。

二是借助图画,寻找原因。"同学们,老师这里有三个瓶子,哪一个瓶子会是小乌鸦找到的瓶子呢?"请学生仔细观察,结合课文关键信息"水不多而且瓶口又小",并说出原因。

三是角色代入,读出感情。乌鸦找到的瓶子,瓶口小,里面的水又不多,如果你是这只小乌鸦你会怎么想呀?让学生角色代入,读出生气、郁闷、着急的心情。并通过联系生活实际,如"办公室""办事处"等,识记"办"。

3. 齐读第 1 自然段,体会乌鸦心情

请学生把自己想象成小乌鸦,把整段话连起来读,读出感情。

第二课时,重点学习第 2、3 自然段,通过让学生表演、做实验、播放视频等理解课文内容,抓住学生感兴趣的问题"瓶子里的水为什么会渐渐升高",并将其作为研究对象,抓住"一个一个"和"渐渐"等重点词语,通过往瓶子里放石子的实验为学生提供一个研究问题的情景,让学生观察、思考,多方交流,这样既有利于学生对课文内容的深入理解和梳理条理,又降低了理解文本的难度,同时,提高了学生理解记忆的能力。让学生走进角色,在角色中感悟文本。

此外,启发想象,鼓励创新。一年级的学生虽然年纪小,但已具有初步认知能力和形象思维能力,对一些事物也有了自己的一些简单看法。第二课时,还可拓展学生的发散性思维:如果旁边没有小石子,乌鸦该怎么办呢?既培养学生善于思考的习惯,又锻炼学生口语表达能力。从而让学生明白,遇到困难应该动脑筋想办法解决。

(四)复现字词,书写汉字

至此,第一课时的阅读理解内容部分基本结束了。本课要识记的生字,也在阅读过程中进行了认读,但没有集中识记。结课前,需要进行汇总认读,帮助巩固。

因此,我把本课时要识记的生字编写成一首儿歌,内容如下:

> 小乌鸦,口渴了。
> 到处飞,找水喝。
> 找到了,小瓶子。
> 瓶口小,水太少。
> 喝不着,怎么办?
> 怎——么——办?

先请学生自由读,再配上音乐拍着手读,最后把生字进行个别认读。

生字会认后，再学写"只"和"石"两个汉字。

汉字的书写，是一项动作技能。动作技能的掌握，需靠练习才能真正落实。我先请学生仔细观察这两个字，发现这两个字相同的地方是都有一个"口"，不一样的地方是"只"的"口"在上，"石"的"口"在下。写好笔画，是写好汉字的前提，教一年级上学期的学生写字，一定要一笔一笔教到位。教师范写"只"字，提醒学生要注意"口"的第二笔横折要微微往左斜，下面的撇、点的起笔和收笔基本都在同一条线上，撇、点要对称，不能一边高一边低。学生伸出右手食指，跟着教师书空。看明白后学生在"课堂作业本"上描一个写两个，要仔仔细细描，认认真真写，要一个比一个写得好。同时，教师巡视，提醒学生注意书写姿势，指导有困难的学生。

"石"字，教师注意提醒的是，写"石"字的时候，要注意第二笔长撇要撇出去，下面的"口"字要写得略扁一点就更好看。教学流程与"只"相同。两个字都写完后，投影学生作业，根据写字要点进行反馈点评。点评后，再次练写一个。

在本课的最后，我安排了儿歌复现、书写指导环节，通过表演读儿歌，既及时巩固了生字，又避免了低段孩子注意力不够集中的限制，让学生对课堂充满新鲜感，充满兴趣。写字指导渗透抓定位笔画将汉字写端正的方法，力求让学生养成良好的书写习惯。

六、板书设计

好的板书是一篇袖珍版的文章，是课文精华的体现，好的板书应具有深刻的启发性。本课板书（图9-1）力求体现板书的功能，设计时，按照故事的发展顺序，凸显文章的重点，体现文章的思路，有利于学生的背诵。

乌鸦喝水

为什么？	找水喝（图）	到处
怎么喝？	喝不着水（图）	水太少
喝到没？	喝着水（图）	瓶口小

图9-1

七、教学亮点

在教学中，我融理解于朗读中，把识字与阅读整合在一起，通过多形式朗读、课堂表演、观看视频、做实验等帮助学生理解语言，有效地避免了低年级学生注意力有限、学习不够专注的情况，让学生对课堂充满新鲜感，充满兴趣。在这样快乐的学习过程中，不仅学到了语文知识，还培养了学生自主学习的意识，让学生养成了善于思考的好习惯。

这节课，我的设计有以下三个方面的亮点：

1. 教学环节问题化

采用问题化教学，紧扣题目设计主问题，把"学"的责任和任务都移交回学生，让"学"真正地在课堂里发生。题目中的"喝水"就是全文一个线索，具体可以设计成三大问题：乌鸦是怎么找水喝的？乌鸦为什么喝不着水？乌鸦最后怎么喝到水的？这样的环节设计，有效地避免了教学的零碎烦琐，保障了学生"学"的主动性，也保证了"学"充分展开的可能性。

2. 教学设计板块化

本文朗读板块设计，要求具体，层次分明，既有朗读方式的要求，又有对内容把握的要求，遵循了"总体感知—细节理解—总体把握"螺旋式上升的文本阅读的思维认知规律。

3. 教学活动操作化

低年级儿童的学习，是动作、形象优先的。教学活动的设计，只有符合他们的认知规律，才能取得良好的学习效果。课文采用拟人的手法，学生在潜意识中是以第一人称的态度来学习课文。为了引导学生更好地理解本文，我设计摆一摆连环画、课中操、实验操作等学习活动，通过学生多器官、全方位的参与，积极开展言语实践，引导他们建构对课文的整体感知。

（说课者：曹爱卫）

第三节　二年级双绘本创意读写课《最奇妙的蛋》《古利和古拉》说课稿

[教研主题]

　　借助绘本开展读写活动

[教研目的]

　　创新是一个民族进步的灵魂，是一个国家兴旺发达的动力，也是一个人在工作上乃至事业上永葆生机和活力的源泉。创新能力的培养，应是学校教育教学的追求。如何在语文教学中培养学生的创新能力，是目前我们应该关注和重点研究的课题。

[绘本选择]

　　《最奇妙的蛋》，2009年6月明天出版社出版的图书。

　　《古利和古拉》，2008年南海出版社出版的图书。

[说课主题]

　　用创意点亮课堂

各位专家、老师：

　　大家好！我今天说课的课型是二年级绘本创意读写课，所选用的文本是图画书《最奇妙的蛋》和《古利和古拉》。我先谈谈自己对这两个文本的解读及思考。

一、文本教学解读

（一）《最奇妙的蛋》

　　这是一个由德国儿童文学作家赫姆·海恩用亮水彩创造的童话世界。故事讲了很久很久以前，有三只母鸡咯咯地吵个不停，都说自己是最漂亮的母鸡。她们各有各的特长，因此吵不出个结果来，决定去请教国王。国王说："长得好看不好看并不重要，重要的是你们都会做些什么。你们三个,哪个下出的蛋最奇妙,我就封谁当公主。"圆圆下了一个最完美的蛋——白净、椭圆,就像磨得光光洁洁的大理石,莹莹发亮,好看极了;琪琪下了一个最大的蛋——这么大的蛋,连鸵鸟看了都要羡慕;毛毛下了一个最奇怪的蛋——这个蛋四四方方,每边都像用尺划过一般的直,每一面的颜色还各不一样,面面都非常鲜艳。

三个蛋,一个最完美,一个最大,一个最奇怪,选哪一个为最奇妙的蛋呢?国王也不能判断,最后只好把三只母鸡都封为公主。

赫姆·海恩一直认为,绘本是为了使孩子快乐,并带给孩子一些隽永的道理。他还认为,如果一本儿童绘本没有蕴含让大人看了也感动的意义,那么,这本书就没有出版的价值。

《最奇妙的蛋》蕴含的道理以及让大人也感动的意义是什么呢?我以为应该是:"奇妙"没有统一的标准,与众不同,创意无限,是最值得赞赏的。

(二)《古利和古拉》

"《古利和古拉》的每一页,每一个角落,都洋溢着家的温暖和快乐。这是从爱中诞生的绘本。"日本松居直先生如是说。

的确,田鼠古利和古拉善良可爱、无忧无虑,最喜欢做的事情是"做好吃的,吃好吃的"。他们在森林里捡坚果,发现了一个大鸡蛋,想了很多办法也搬不回去,只能回家拿做蛋糕的材料和工具来,在森林里烤蛋糕。蛋糕烤好了,他们又和森林里的动物们一起分享,吃了个净光光。孩子听了这样的故事,都会感慨:"我生活的世界真美好!""与人分享是多么快乐!"

不过,除了爱、快乐等旨趣外,这个故事的结尾是这样写的:"古利和古拉用大大的蛋壳做了一辆汽车!哈哈!它们一边唱歌,一边开着蛋壳汽车回家了。"多么富有童趣的想法!多么大胆奇妙的创意!

二、线索联结与整合

两种绘本,不同作者,不同内容,但是都有一份对创意无限的追求。这两种绘本组合为读写结合的教材,可以以第一种绘本为引子,借此帮助孩子们打开"奇妙"的窗口——每个人都有属于自己的"奇妙";每一种"奇妙"的形式都值得称道;"我"可以拥有"我的奇妙"……第二种绘本作为教学的主要内容,欣赏故事后,让孩子们想想、画画、说说、写写:古利和古拉会用鸡蛋壳做成什么?又发生了哪些美妙的故事?

三、教学目标制订

二年级的学生,不乏想象力,让他们根据提示进行想象,也不是难事,关键在于领悟作者想象的"奇妙",并能根据线索展开"奇妙"的想象。结合二年级学生的学习特点,根据以上对文本的分析,制订本课教学目标如下:

①听老师讲《最奇妙的蛋》,通过交流讨论,初步感悟"奇妙"的内涵。

②听老师讲《古利和古拉》,通过画画、说说、写写"古利和古拉会用鸡蛋壳做成什么,发生了怎样的故事",感受创造的美妙。

四、教学流程设计

(一)读《最奇妙的蛋》,感悟"奇妙"

我先出示课题"奇妙的蛋",学生齐读后,用红色圆圈圈出"奇妙",让学生根据自己的理解,说说最奇妙的蛋会是怎样的蛋。学生有的从形状展开想象:"奇妙的蛋是蛋中蛋,就像套娃一样。"有的从颜色展开想象:"奇妙的蛋是彩色的蛋,有各种颜色。"有的从作用展开想象:"这个蛋是一个荷包蛋,一生下来就可以吃。"

这个环节,我紧扣"奇妙",唤醒学生的好奇心,尽情发挥想象。学生想象的翅膀一旦打开,创意之花就会像葫芦花一样,时机到了,自己就会"啪"的一声打开。

然后,我顺着学生的话语说,"这是我们小脑瓜中想出来的'最奇妙的蛋',每个小脑瓜里都有不同的最奇妙的蛋,是吧?看看故事书中最奇妙的蛋又是怎样的呢?"学生的阅读兴趣马上被激发出来,我顺其所需,开始绘声绘色地讲述故事,带着学生很快进入故事情节,学生边听边看图。

故事讲完后,我会问学生,"这三个蛋奇妙在哪里?"学生会从蛋本身的奇妙和孵出奇妙蛋的小鸡两方面来回答。因为故事有光，会照亮孩子语文学习的路。在教师的讲述过程中，学生会从图像、文字、声音中，立体感知到"奇妙"的表现方式没有固定的标准，"各妙其妙，才是最妙"。

（二）读《古利和古拉》，再次感悟"奇妙"

当学生对"奇妙"有了自己的理解后，我再用多媒体课件出示《古利和古拉》的封面，让学生读读书名，看看封面，猜猜哪个是古利，哪个是古拉。

学生会通过图文结合来阅读理解：戴着蓝色帽子，穿着蓝色衣服的田鼠是古利，书名中古利的名字是蓝色的；戴着红色帽子，穿着红色衣服的田鼠是古拉，书名中古拉的名字是红色的。

"图文结合衍生意义"是绘本阅读一项极其重要的技能。通过封面的尝试阅读，让学生从图像和字体的颜色来推论。借着比较容易的观察，让学生在真实的事例面前，得到肯定和鼓励，对低年级的孩子来说，非常有必要。这是一种很好的维持学习的动力，同时，也能帮助他们明确学习方法，厘清学习要求和目标。

猜读封面后，师生共读绘本故事。共读的过程，以教师讲述故事为主，中间可根据实际需要，结合说说、读读、唱唱、猜猜、做做等，具体有这些共读方式：

①说一说。小动物是怎么吃蛋糕的？指导用恰当的词语表述，尤其是动词。

②读一读。分角色读采橡子和栗子时的对话。

③唱一唱。师生按节奏唱一唱"古利古拉歌"。

④看一看。古利和古拉都想出哪些办法来拿蛋？

⑤猜一猜。蛋那么大，古利和古拉最后想出什么办法来了呢？

⑥做一做。做一做"抽鼻子""咕噜"等动作。

这部分是阅读的主体，我采用多种方法让孩子参与阅读，如唱一唱"古利古拉歌"；猜一猜古利和古拉看见了一个很大很大的什么呢；做一做"咕噜""抽鼻子"等动作;想一想古利和古拉会用哪些办法把鸡蛋弄回去;说一说小动物的那个好吃劲儿……孩子们在聆听故事和参与阅读的过程中,兴致浓厚。

(三)自主创编"奇妙"的故事结尾

故事主体读完后,我并不急着呈现故事末页,而是问学生:"古利和古拉会用鸡蛋壳做什么?"让学生展开想象,说一说,我根据学生的回答,随机在黑板上画简笔画,并写上事物名称。如学生说:"可以把蛋壳朝下,做成房子!"我立即夸他想法奇妙,并在黑板上画了一个鸡蛋壳房子:圆圆的屋顶和围墙,一个拱形的门,一个田字形的窗,还有一个烟囱,缕缕炊烟袅袅上升。

有了示范后,我问学生:"古利和古拉还会用鸡蛋壳做成什么?"让学生自主想象,并用简笔画的形式画出来,在边上写上名称。

等学生都画完后,先四人小组交流,评出组内最奇妙的想法,然后在全班交流。同时告诉学生:"听了大家的介绍,如果觉得自己的想法还不够奇妙,可以修改。"

对于低年级的孩子来说,想象能天马行空,但是落在纸上,就不知道如何下手。教师面向全班,共同示范,是最好的引领和帮助。整个画画、说说的过程,就是共同示范、个别练习、交流分享、补充完善的过程。这样的一个绘画过程,也是把脑海里的图像进行具象化的过程。学生的想象会非常奇妙,如想象成亭子、滑梯、碗、篮子、摇篮、帽子、花盆、小便桶……当各具形态的事物展现在纸上时,学生在脑海里把鸡蛋壳想象成某种事物的那一刻,已然在心里编织着一个个奇妙的故事。他们的故事中,不仅有空鸡蛋壳做成的东西,还有古利和古拉,他们正在说着话,做着有趣的事……

这是第一次想象——空蛋壳可以变成什么。这就可以了吗?不够,到此为止,只是发展了想象力,但是,并没有发展言语能力。所以,还要开展二次想象,创编故事。"古利和古拉把蛋壳变成这样东西以后,猜想,他们接下来会用这样东西干什么?又会发生什么有趣的故事呢?"请学生再次展开想象,把这个小故事写下来。学生自由创编后,组织班级交流分享。

此环节围绕蛋壳做成的事物,学生展开创造性想象。此时,学生会将想象的事物与自己的生活趣事联系起来,让写话转变成生命的一种自由言说。

故事有了,不过,或许还不够完善。还可以和作者的结尾进行对比,完善自己创编的故事。此环节的教学,我先续讲故事结尾,看看作者是把鸡蛋壳变成什么了,再引导学生发现作者在画蛋壳车的时候,还画了哪些东西,让学生完善自己的画面,像作者一样,添画一些东西,让整幅画看上去更饱满、更好看。

学生对美的感知、对美的表现,都是需要学习的。此环节,其实是自制绘本的一个前奏。教师从作家创编故事的合理性、构图的丰富性等方面,提升学生对美的感知力和表现力,创编好单页绘本。

五、教学亮点

借助绘本,在课堂开展师生共读,是激发儿童阅读兴趣、培养阅读能力的有效途径。借助绘本,一步步吸引学生走进故事,创编故事,是培养学生写话能力的绝佳方式。这节课,在创意读写上,主要体现在以下几个方面:

1. 读写兴趣的有效唤醒

兴趣是最好的老师。低年级的课堂,最怕的是上着上着,学生"不见"了,学着学着,老师唱独角戏了。这节绘本创意读写课,借助绘本精美的画面,不断带给学生阅读发现的喜悦;凭借绘本简洁又富有内涵的语言,不断激发学生阅读的乐趣,再加上教师采用唱一唱、演一演、做一做等多样化的教学方式,召唤学生参与阅读,使读书变成了一种美好的享受。

再者,在写方面,低年级的学生对"写什么""怎么写"往往不知所措。但本课借助绘本,围绕蛋壳展开创造性想象,借助简笔画把思维固定下来,又将想象的事物与学生的生活趣事联系起来写几句话,让学生有东西写,且能写出东西。

整节课，学生在兴趣盎然的读写活动中，思考着，想象着，始终保持着浓厚的学习兴趣。

2. 猜想能力的有效发展

猜测和推想能力，是创造思维不可或缺的一部分。

本课在阅读推进的过程中，在不影响整体感知的基础上，抓住一些重要情节或情节发展的转折点，启发学生以图文为依据，展开猜测，推想后面的故事情节，想象情节变化的多种可能性，将语言表达与思维训练融为一体。

尤其是最后一个环节，抓住孩子们最感兴趣的情节：蛋糕吃完了，剩下的大蛋壳，古利和古拉会将它们做成什么呢？引发了孩子们无限的想象，再借助简笔画，让孩子们饶有兴趣地在想想、说说、画画中放飞思维，给孩子们提供了广阔的想象创造的空间。

3. 言说能力的有效提升

绘本的图画不是对文字的阐释，而是另一种讲述故事的形式，具有独特的生命力。图画中精彩的细节，更是发展学生言说能力有趣有料的载体。

本课重点抓了两处绘本图画阅读的点来发展学生的言说能力：

一是古利和古拉看到这么大的蛋，如何搬回家呢？让孩子们通过看图，明白古利和古拉所用的方法，并尝试着做一做，亲身体验方法的可行性，为后面的言说厘清思路，确定该如何遣词造句。

二是蛋糕做成了，香气扑鼻，森林里的小动物们是如何吃蛋糕的？绘本故事里的语言只有一句——"那个好吃劲儿，就别提了"，图画却画了十多种动物各种不同吃蛋糕的样子，引导孩子观察动物们的动作、神态，通过不同的动词来描述动物们津津有味、狼吞虎咽地吃蛋糕的情景。

这样的言说，有内容、有方法，学生的语言品质有提升，言说能力也得到有效提升。

（说课者：曹爱卫）

第四节 三年级阅读课《童年的水墨画》说课稿

[教研主题]

　　儿童组诗教学

[教研目的]

　　儿童诗短小、精悍，语言质朴、富有内涵。儿童诗的教学，往往给人"只可意会不可言传"的感觉。儿童诗的教学，在理解品味语言的同时，又要让学生展开想象，走向文字描绘的意境中，感受诗歌的美。

[说课主题]

　　"大概念"视角下的儿童诗教学

各位专家，各位老师：

　　大家好！我今天说课的内容是统编小学语文三年级下册第六单元第1课《童年的水墨画》中的第一首儿童诗《溪边》。

一、"大概念"视角下的文本教学解读

　　《童年的水墨画》是统编小学语文三年级下册第六单元的一篇阅读课文。这个单元的语文要素是"运用多种方法理解难懂的句子"。本课的练习有三条：一是"朗读课文，背诵《溪边》"，指向朗读背诵；二是"说说你在溪边、江上、林中分别看到了怎样的画面"，要求学生边读边想象，把文字转换成画面；三是"联系上下文，说说诗句的意思"，学习和运用"理解难懂句子"的方法。

　　显然，从单元语文要素和课后练习看，《童年的水墨画》除了认识本课的5个生字，学写11个汉字外，阅读理解方面的重点是"想象画面"和"理解难懂的句子"。"边读边想象画面"在本册第一单元里就有初步学习，学生是有学习经验和基础的。"理解难懂的句子"虽然是第一次作为语文要素提出，不过，在三年级上学期，学生已经学过"运用多种方法理解难

懂的词语"。理解"难懂的句子"和"难懂的词语",有很多方法是相通的。那是否意味着学习没有难度呢?并非如此!

《义务教育语文课程标准(2022年版)》第二学段"阅读与鉴赏"明确提出:"能联系上下文,理解词句的意思,体会课文中关键词句表达情意的作用。""诵读优秀诗文,注意在诵读过程中体验情感,展开想象,领悟诗文大意。"

《童年的水墨画》是一篇组诗,由《溪边》《江上》《林中》三首小诗组成,分别描绘了"溪边钓鱼""江上戏水""林中采菇"三个画面。每首诗相对完整和独立,与其他诗之间又有内在的联系。

三首儿童诗的内在联系是:主题都表现童年的快乐;内容都写童年的课余生活;写作方法都采用了水墨画的写意手法,先描写背景,再刻画特写,诗句短小,画面丰富;语言平实质朴,用字精准,平淡中蕴含深意。

前两个特征,三年级的学生通过自主阅读,基本能把握,后两个特征,对他们来说就有难度,但又恰恰是落实单元语文要素,达成课程标准目标的关键所在。后两个特征,学生要准确把握很有难度。如《溪边》,"人影给溪水染绿了""草地上蹦跳着鱼儿和笑声"等诗句中,"染"字的运用,"笑声"和"蹦跳"的搭配,都是文学化的表达,字眼里流淌着诗意,给学生的理解带来了困难,他们会不解:人影怎么会给溪水"染"绿呢?"笑声"怎么会"蹦跳"呢?

因此,教学《童年的水墨画》,如果仅仅从单元语文要素的角度去设计教学,学生关注点是"我'怎样'去理解难懂的句子",而对"我'为什么'要这样去理解""在真实的阅读中,我会'如何运用'这些方法来理解"等基本问题就很少会去思考。"大概念"视角下的教学设计,则在解决第一个问题的同时,让学生主动思考第二、三个问题,以更好地达成深度阅读。

其实,作为教师也要思考清楚这两个问题,如此,教学才能深入,并保证方向的正确性。

"学生为什么要理解难懂的句子?"因为只有理解了那些难懂的句

子，才能与作者进行思想沟通，提升书面交际的能力。

"在真实的阅读中，学生会'如何运用'这些方法来理解？"理解难懂的句子，方式方法是多样的，联系上下文、结合生活经验、抓住关键词、结合写作方法等，都能有效地帮助学生理解。在真实的阅读中，这些方法要根据读物的文体、文本的特点、个人阅读习惯等灵活运用。

二、"大概念"视角下的教学目标制订

本单元教学核心目标的制订，需从"短期目标"和"长期目标"两个层次考虑：

短期目标：借助联系上下文等方法理解难懂的句子。

长期目标：能够结合不同文体的语言表达特点理解难懂的句子，达成与作者进行思想沟通，提升书面交际的能力。

根据上述教材分析，结合三年级学生已有的认知结构和心理特征，《童年的水墨画》第一课时的教学目标，则可确定为：

①通过字源探析、联系生活等方法，认识"墨、染、碎"等3个生字，学写"墨、染、竿"3个生字。

②用"联系上下文、联系生活实际、抓关键词"等方法理解难懂的句子。

③朗读课文，了解三个不同场景描写的内容。有感情地朗读、背诵诗歌《溪边》，想象诗歌描绘的意境，感受童年生活的自由快乐。

三、"大概念"视角下的教学程序

本课教学程序分四大板块，分别是：了解水墨画，预想画面场景；读文识字，整体感知画面；细观《溪边》，品味赏析画面；观察比较，学习书写汉字。

下面，我分板块展开细说。

（一）了解水墨画，预想画面场景

我先后出示墨、墨汁和水墨画，请学生说出名称。并结合学生所说，简单介绍：墨主要原料是煤烟、松烟等，它们的主要成分是碳；在砚台里加上水，用墨研磨，就成了墨汁；用浓淡不同的墨汁画出来的画就叫"水墨画",也称为"国画"。让学生对"水墨画"怎么来的有一个大致印象。

然后,出示教材里出现过的《江南》水墨画插图,请学生欣赏,并与荷花照片对比,大致了解水墨画的特征:一是写意不写实,往往用笔简约、凝练;二是干湿浓淡的层次,似像非像的物象,能使人产生丰富的、悠远的想象。为理解诗歌的意思做铺垫。

这个板块的最后一个小环节是齐读课题,存疑:"童年的水墨画会画哪些场景?""童年的水墨画会怎么画?"

(二)读文识字,整体感知画面

正确、流畅地朗读是理解的基础和前提。本课的教学,我先请学生自由读课文,把课文读正确,读流畅。在此基础上,进行第一个学习活动,即让学生思考这组儿童诗写了哪几幅"水墨画"(图9-2)。

> 学习活动一
> 读课文,想想诗歌描写了哪几幅"水墨画"?

图9-2

朗读反馈的方式是请3个学生读课文,一人一首诗歌,结合正音识字。其中,需重点正音、理解的是"染"字。"染"字,下面的"木"表示从植物中提取色素,三点水表示把提取出来的色素放到水里,"九"表示次数很多,即把织物放进有色素的水里反复着色浸染。再出示字典中"染"的释义,让学生根据课文语境选择字义"用取自草木的色汁浸泡丝帛绢布,使之着色"。并出示相关的扎染、印染的图片,让学生直观感知"染"的效果,是一层层、一圈圈晕染开去的,为后面的"人影给溪水染绿了"打下理解的基础。

学生能正确、流畅朗读课文后,借助问题,引导他们整体感知课文内容:《童年的水墨画》写的三个场景分别是"溪边钓鱼""江上戏水""林中采菇"。

(三)细观《溪边》,品味赏析画面

学习永远是学生自己的事。没有学生的自主学习为前提,教师的讲解

就是在隔靴搔痒。如果学生自己没有思考,没有体会,教师就急着去引导他们,启发他们,这是没有任何意义的。正所谓"不愤不启,不悱不发"。

"《溪边》这幅水墨画里到底画了什么,又是怎么画的呢?"我以这个问题引导学生开展第二个学习活动。(如图9-3)

> **学习活动二**
> (1)边读边想象:再读《溪边》,你看到了怎样的画面?
> (2)说画面标记号:用自己的话说一说脑海中的画面,读不懂的地方标上记号。

图 9-3

学生根据学习活动提示,充分展开自主学习。反馈环节,我根据这首儿童诗的写作特点,分镜头分诗句展开教学,引导学生想象画面,达成深度理解。

第一、二行诗歌,重点采用"结合写法理解"和"抓关键词理解"。学生朗读诗句,说自己想象的画面的过程中,引导他们围绕诗句"比喻""拟人"的写法,从"镜子""绿玉带"等词语中,感受溪水和山溪的平静、清澈,体会溪边树木的葱郁,想象溪水被染绿了。也可抓住"梳妆"这个动词,来想象垂柳站在溪边,随风飘动的样子。

第三、四行诗歌,重点采用"抓关键词理解"和"结合上下文理解"。结合上下文,重点理解"人影为什么会被溪水染绿了",因为垂柳倒映在溪水里,溪水也变绿了。再抓关键字"染"来理解诗句,通过和"人影给溪水映绿了"这一句子对比,理解"染"字,用的是水墨画的笔法,透过"染"字,仿佛看见人影被绿绿的溪水慢慢晕染开了。"映"字,就像是拍照片,画面清晰但没有晕染的感觉。通过比较,学生体会诗人用字的贴切和精准。再结合问题——"为什么是'红蜻蜓'?"感知、想象红色和绿色两种色彩鲜明的对比美。

第五、六行诗歌,重点采用"结合生活经验理解"。借助学生提出的"人影为什么碎了""笑声怎么能蹦跳呢"这两个问题,想象孩子们钓到鱼后的欢欣雀跃之情。

理解诗句意思,想象出画面后,再请学生有感情地朗读诗歌:第一、二行,平静、舒缓;第三、四行,读出对比和变化;第五、六行,读出开心和兴奋。

至此,学生对文本的理解、对画面的想象都已实现了基本的要求,短期目标已经达成。哲学原理告诉我们,任何一个事物,都是共性与个性的统一体。"大概念"视角下的阅读教学,不但要求教师有较强的文体意识,关乎某类文体共性的教学内容,更要发现"这一篇"的独特之处。这独特之处,往往是"这一篇"文本的价值所在,也是教学的重点和难点所在。在《童年的水墨画》里,文本语言和水墨画之间的联系就是这一篇的独特之处。

因此,我设计的第三个学习活动是四人小组合作学习,要求和步骤如图9-4。

学习活动三 四人小组合作学习

(1)找:从哪些诗句中读出了"人"?用横线画出来。

(2)想:诗人为什么只写"人影"不写"人"?这样的写法和水墨画的特点相比,有哪些相似的地方?

(3)读:把对诗句的理解用朗读表达出来。

图9-4

学生四人小组学习后,以小组为单位反馈。首先交流"有人"的诗句:从"人影、钓竿、笑声"都可以看出有人。再交流诗歌和水墨画比较,相同的地方在于,都没有直接写事物,通过其他事物来印证人的存在,体现"写意"的手法,带给人无限的想象空间。最后再请学生读出自己对诗句的理解。

至此,主要教学板块已经完成。存疑:《江上》《林中》又是怎么写的呢？哪些语言和水墨画之间有相似的地方？还有，课文中为什么不用我们黑板上的四字小标题，而用"溪边""江上""林中"作为诗题？借助这些问题，继续研究、感受诗歌语言的艺术和水墨画绘画艺术的相同之处。

（四）观察比较，学习书写汉字

学完诗歌，学生还要练写三个上下结构的汉字。经过两年多的书写练习，三年级的学生已经具有较强的书写能力，也已养成了良好的书写习惯。本课的汉字书写，可以让学生自主观察和书写，教师只需对学生普遍认为难写的汉字进行范写指导即可。

本课要写的三个上下结构的字"墨、染、竿"，学生通过自主观察，发现三个汉字的结构特点："墨"，上大下小；"染"，上下基本同等大小；"竿"上窄下宽。

再征求学生意见，找出最难写的字——"墨"。教师范写、指导："墨"，"黑"字做部件时，要写紧凑一些，四点底要均匀铺开，第一点朝左，最后一点略长；"土"写得扁平。学生书写，教师巡回个别指导。最后交流评价，再次书写。

四、板书设计

本课板书（图9-5）的主体分两部分，第一部分是横向的三个短语，第二部分是纵向理解难懂句子的方法。

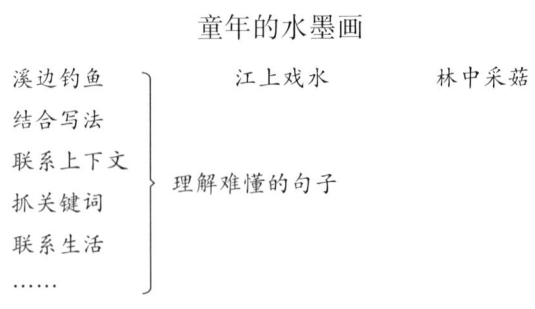

图9-5

横向的三个短语，前面两个字描述乡村孩子童年生活的场所，后面两个字提示了所做的事情，三个短语，就是对三首儿童诗内容的概括，也是自由快乐童年的缩写。纵向大括号里的词语，是理解难懂句子的具体方法，这些方法，不是老师呈现的，是根据学生学习的实际，提炼概括出来的，与相关诗句的理解，是能建立联系的。

五、教学反思

本课是"大概念"视角下的阅读教学，其优势主要体现在以下三个方面：

1.关注跨学科知识的渗透与学习

水墨画是绘画的一种，因其"写意不写实"的特殊技法，带着赏画者丰富悠远的想象。本课三首儿童诗的写法，也有"水墨画"的特点。课堂教学，就抓住这些共同点，从欣赏水墨画、了解水墨画特点着手，到借助水墨画特点理解诗句，想象画面，最后到比较水墨画和诗歌语言的相似之处，感知诗歌的语言特点。这样的教学，打通了学习之间的概念，实现了跨学科知识的渗透。

2.采用多种方法理解难懂的诗句

本课的诗句，对于三年级学生来说，是有难度的。教学过程中，除了联系上下文理解，还采用了其他方法，并注意层层铺垫。单就"染"的理解，就走过了以下几个步骤：在无意识的国画赏析中感知"染"，在生字识记中理解"染"，在画面想象中领悟"染"，在有感情地朗读中表现"染"。

3.转变学习方式，让"学"引领课堂

让学生具备终身学习的能力，这句话不应该只是贴在墙上的口号，而应实实在在落到课堂上。"学习的能力"怎么来？只有不断从课堂实践中来。课堂，必须让"学"来引领整个教学的进程。本节课的三个学习活动，有效地转变了教学的方式，实现了在"学"基础上的有效"教"。

（说课者：曹爱卫）

第五节　三年级下册"复述故事"单元说课稿

[教研主题]

　　开展单元整组教学　落实单元语文要素

[教研目的]

　　统编小学语文教材从三年级开始,每个单元都有一个单元篇章页。在篇章页里,明确提出"单元人文主题"和"单元语文要素"。"单元语文要素"一般一条指向阅读,一条指向写作。一个单元有三至四篇课文,"单元语文要素"的落实,是横向一篇一篇推进,还是根据语文要素落实的实际需求,把三四篇课文看成一个整体,纵向推进?本次教研,展现更多落实语文要素的单元整组教学新样态,以促进教师深入思考如何立足单元整组开展教学。

[说课主题]

　　"大概念"视角下的"复述故事"单元教学

各位专家、老师:

大家好!我今天说课的内容是统编小学语文三年级下册"复述故事"单元。

我将从以下四个方面进行说课:一是单元解读,二是"大概念"的基本内涵,三是复述故事单元"大概念"的提取,四是"大概念"视角下的复述故事单元教学设计。

下面,我分板块进行说课。

一、单元解读

统编小学语文三年级下册第八单元以"有趣的故事"为主题,编排了《慢性子裁缝和急性子顾客》《方帽子店》《漏》《枣核》4篇课文,单元语文要素是"了解故事的主要内容,复述故事"。在此之前,学生在单篇课文学习中,有过借助图片、根据提示等进行讲故事练习,这是教材首次把"复述故事"作为单元语文要素进行集中学习,编写意图是"指向对故事内容充分了解和把握基础上的详细复述"。教材编者建议教师要处理好阅读理解和复述的关系,教学时"避免对课文面面俱到、琐碎分析,要引导学生重点关注故事中的主要情节,让人意想不到的内容,体会故事的'有趣',把时间更多地用在学习怎样复述故事上"。

教材的课后练习和教师教学用书的教学建议,为一线教师指明了复述故事单元可以"教什么"以及"怎么教",但"为什么教这些""为什么这么教"教师心里仍然是没有底的。因此,教学时,难免出现教学目标定位偏差,教学内容选取失当,教学方法刻板僵化等问题。

"大概念"视角下的"复述故事"单元教学,能有效解决以上问题。

二、"大概念"的基本内涵

要对"复述故事"单元的大概念进行提取,首先要理解什么是"大概念"。

布兰思福特认为"专家的知识是通过大概念来组织的,反映专家对学科的理解深度"。可见,"大概念"是一种高于知识的上位观念,是认知结构中重要的关联点。"大概念"能不断吸纳、组织信息,让学习者形成专家思维的方式。浙江大学刘徽教授把"大概念"定义为"可以被界定为反映专家思维方式的概念、观念或论题,它具有生活价值"。

大概念的"大"体现为具有生活价值。刘徽教授认为,学科学习会因为有了大概念这个固着点而被赋予现实意义,掌握得更加牢固和持久。不仅如此,大概念也是学习的自我生长点,学生靠大概念自主学的内容远比教师能讲的多,并且在他们的未来持续发生作用。

就"复述故事"单元来讲,这个"大"主要体现学生要借助课堂习得的复述技能,在日常生活中能根据目的、对象等不同,灵活运用不同方法和策略复述别人的话、读物的内容等。

大概念的"概念"不仅限于概念,而是远超日常理解的概念。就"复述故事"单元来讲,"复述故事"的大概念不仅仅是把故事复述出来就可以了。更关键的是,还要理解为什么要学习复述,面对具体的情境该如何复述。

简而言之,"大概念"统领下的复述故事单元教学,要指向忠实于故事主要信息,按照故事的脉络进行复述,在了解复述的方法和意义后,主动监控自己的学习行为,有效提升学习效果,最终指向真实生活中根据不同场景、不同文本、不同对象的灵活复述。

三、"复述故事"单元"大概念"的提取

(一)"复述故事"的定位

有了对"大概念"的基本理解以后,就"复述故事"单元而言,"大概念"该怎么提取呢?

1. 词典里的定义

《现代汉语词典(第 7 版)》对"复述"的解释有两条:一是把别人说过的话或自己说过的话重说一遍;二是语文教学上指学生把读物的内容用自己的话说出来,是教学方法之一。"复述故事"指向第二条。

2. 与"讲故事"的区别

第一学段多次出现"讲故事"的练习,第二学段"复述故事"和第一学段"讲故事"最大的区别在于以下几个方面(见表 9-1):

表 9-1　第一学段"讲故事"与第二学段"复述故事"的区别

区分项	第二学段"复述故事"	第一学段"讲故事"
与原文关系	忠实于原文	基于原文
话语形式	用自己的话	自己的话、原文中的话
听众	自己、他人	他人

"复述故事"要忠实于读物内容,要用自己的话讲,听众可以是自己也可以是他人;第一学段"讲故事"是基于读物内容,对是否用自己的话

讲没有明确要求，学生可以用自己的话，也可以用故事中的原句，听众更多的是他人。

3. 课程标准的要求

"复述故事"在《义务教育语文课程标准（2022年版）》第一至三学段要求里，都有明确的阐述：第一学段"表达与交流"里提出"听故事、看影视作品，能复述大意和自己感兴趣的情节"；在第二学段"阅读与鉴赏"里提出"能复述叙事性作品的大意"，"表达与交流"里提出"听人说话时能把握主要内容，并能简要转述""讲述故事力求具体生动"；第三学段"阅读与鉴赏"里提出"阅读叙事性作品，了解事件梗概，能简单描述印象最深的场景、人物、细节"，"表达与交流"里提出"听人说话认真、耐心，能抓住要点，并能简要转述""表达有条理，语气、语调适当"。

横向看，三个学段都有"复述故事"的要求，只是第一学段在表达与交流教学中提出，第二、三学段在阅读与鉴赏和表达与交流里都有提到。可见，"复述故事"是三个学段都需关注的教学内容。

纵向看，三个学段的"复述故事"的能力要求呈螺旋上升的态势。第一学段，只要求在日常的学习、生活中，复述故事和影视作品的大意或自己感兴趣的情节。第二学段，要求学生通过阅读教学，掌握"复述故事"的基本技能，并能在日常生活中把握主要内容转述别人的话，具体生动地讲述故事。第三学段，则要求更进一步了，要求能描述自己印象最深的场景、人物、细节，能抓住要点转述，还要根据表达的需要，做到语气、语调的适当。

显而易见，"复述故事"这一教学内容，在小学三个学段的学习，经历"初步感知""理解运用""形成能力"三个螺旋上升的层级。

（二）"复述故事"单元"大概念"的提取

结合具体课文，"复述故事"单元"大概念"的提取可以从以下几方面思考：

首先，复述故事不是自己随意编故事、讲故事。复述故事要忠于原文，要把原文的重要信息复述清楚,这就涉及对故事内容的把握。本单元语文要素前半部分指向"了解故事主要内容",四篇课文后面的练习是借助表格和示意图梳理故事内容。因此,"复述故事"单元第一条大概念可确定为:复述故事要忠于原文的重要信息,能借助梳理出的主要内容把故事复述清楚。

其次,本单元复述的是故事。故事和其他文本最大的区别在于人物形象的鲜活,故事情节的有趣等。本单元选编的四个故事亦具备以上特征,两篇精读课文的课后练习,还分别提出以下要求:"分角色朗读课文,注意读出裁缝和顾客对话的语气""选择喜欢的部分,和同学分角色朗读,体会故事的趣味"。在口语交际里提到要"注意语气、表情的变化,加上适当的手势"把故事讲得"吸引人",要体现课程标准里提出的"力求具体生动"。因此,"复述故事"单元第二条大概念可确定为:复述故事要把握角色特点,用语气、动作等来塑造人物形象。

最后,复述故事毕竟不是背诵故事,而是用自己的话把故事内容讲出来,无须一字不漏、一字不差。根据不同的对象、目的、要求等,复述故事的言语方式需做适当调整,本单元"语文园地"里安排了"用自己的话转述别人的话"专项练习。因此,"复述故事"单元第三条大概念可确定为:复述故事要用自己的话,根据对象、目的、要求等不同可进行适当调整。

四、"大概念"视角下的"复述故事"单元教学设计

(一)教学设计理论依据

众所周知,知识的结构是"事实"和"主题",过程的结构是"策略"和"技能",知识和技能是两个不同的类别。但埃里克森提出的"三维"模式则用概念性知识(理解)把事实性知识(知识)和程序性知识(技能)有效地组织了起来,构成了一个立体的三维模式,彻底打破了"知识结构"和"技能结构"的界限。埃里克森的三维模式用"KUD"来明确目标,即知道(know)、理解(understand)、做(do)。其中,知道的是"事实",做的是"技能",而理解的是"概念"。"KUD"的核心是"U",只有"理解"了,

才能"知道"得清楚,"做"得到位。

"复述故事"单元设计以埃里克森的"KUD"三维模式为指导,提取出来的三条大概念,均从"准备""建构""理解"三个阶段层层落实。

(二)教学设计结构概述

"大概念"视角下的"复述故事"单元教学设计思维导图9-6。

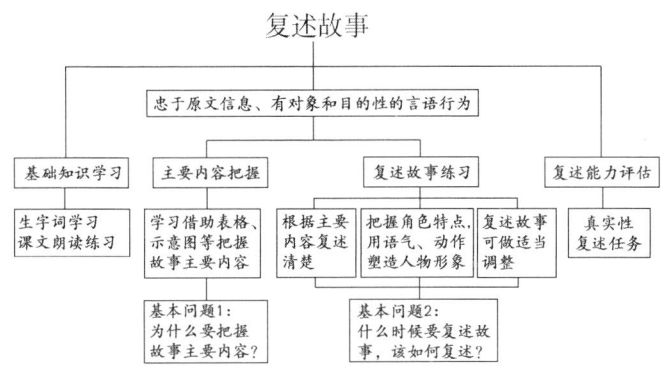

图 9-6

"复述故事"单元的大概念是"忠于原文信息、有对象和目的性的言语行为"。本单元教学操作的关键点在以下四个方面:一是语文基本知识与技能的学习,如识记和理解本单元的生字新词、理解词句的意思、练习流畅朗读课文等;二是学习把握故事的主要内容,保证故事内容的"准确性";三是根据提取的主要内容能清楚地用语言表述,体现复述故事的"目的性"和"灵活性";四是复述能力评估,结合真实的复述任务开展评估。

其中第二、三方面是对复述大概念的具体回应。这两个方面的课堂具体操作,要体现"复述故事"的性质,即"准确性""目的性""灵活性"。

"复述故事"的准确性,教学时,可借助表格、示意图等方式帮助提取文本的主要信息,以确保关键信息不遗漏。"复述故事"的"目的性"和"灵活性",需要复述者把握角色特点,用语言、动作来塑造人物形象,根据复述对象、要求和目的的不同,调整复述内容和方式。

（三）教学目标、过程与评估

1. 单元教学目标

（1）常规目标

①认识32个生字，读准5个多音字，会写25个汉字，会写26个词语。

②分角色朗读课文，能读出故事中人物对话的语气，体会人物特点。

③默读课文，交流自己觉得有意思的内容，体会故事的有趣。

（2）"大概念"统领下的核心目标

①能借助表格、示意图等梳理故事主要内容，复述故事不遗漏重要情节。

②练习借助故事中人物的语气、动作来塑造人物形象，把故事复述得生动。

③练习根据听众的对象、目的、要求等不同用自己的话进行复述。

2. 单元教学过程

"复述故事"单元教学设计以下五大模块：模块一"走进'复述故事'"（1课时）；模块二"学习基础知识"（2课时）；模块三"学习把握主要故事内容"（3课时）；模块四"练习复述故事"（3课时）；模块五"真实性复述任务达成测评"（2课时）。

备注出来需几课时，是该内容整体的教学时间量，而非完整的常态课时量。以上内容根据学习的实际需要。具体阐述如下：

（1）"走进复述故事"

了解什么是"复述故事"，布置真实性学习任务。可围绕以下问题展开：本单元学什么？阅读篇章页，明确本单元学习任务。浏览目录，大致了解单元编排内容和特点；"复述故事"和以前学习过的"讲故事"有什么不同？联结已知，初步了解"复述故事"的概念，结合学生认知实际，随机穿插理解"交流平台"里关于"复述故事"的论述；什么时候需要"复述故事"？布置真实性复述任务。

（2）学习基础知识

从多音字、生字、难读的句子几个方面设计预学单，课堂上通过多种方式重点练习学生难读易错的词句,掌握识字、理解词语的方法。通过自由读、小组合作等方式流畅朗读四篇课文。

(3)学习把握主要故事内容

学习借助表格、示意图等把握故事的主要内容,分三课时开展教学。

第一课时:准备阶段,思考讨论:"有什么办法可以帮助把握故事的主要内容?"建构阶段,以《慢性子裁缝和急性子顾客》为例,学习借助表格把握故事主要内容,思考讨论:"表格中有哪些内容,为什么要这样列表格?表格后两栏该怎么填写?"理解本课是按时间顺序来写,后两栏填写要关注人物对比的语词,并借助表格,说说故事主要内容。运用阶段,尝试借助表格把握《方帽子店》的主要内容。

第二课时:准备阶段,思考讨论"除了借助表格外,还可以用什么方法来把握故事的主要内容?"建构阶段,思考讨论"为什么《漏》采用了示意图加文字的方法来梳理故事的主要内容?"理解《漏》是按照地点转换的顺序来写的,示意图提示了五个不同的地点,文字提示在该地点所发生的事情,说说故事的主要内容。运用阶段,仿照《漏》示意图和文字提示的形式,按照时间或者不同的地点转换的顺序,提取《枣核》一文中的关键信息,设计一张故事情节图,并说说故事主要内容。

第三课时:准备阶段,回忆梳理:"我们通过了哪些方法来概括故事的主要内容?"建构阶段,"我们还曾经用了哪些方法把握故事的主要内容?"勾连前期经验,罗列梳理方法。运用阶段,以课堂作业本中的课外阅读文章为例,也可以从本学期学习的故事类课文中,选择一篇文章,借助表格、示意图、文字提示等方法,用自己喜欢的方式提取故事信息,说说故事内容。

(4)练习复述故事

依托四篇课文,进行复述故事练习,分三课时展开。

第一课时:准备阶段,创设情境:"把故事复述给爸爸妈妈听,除了主要内容,还想把哪些内容告诉爸爸妈妈?"知道要抓住人物的语言、动作等来复述。建构阶段，以《慢性子裁缝和急性子顾客》中第一天为例，圈画出最能体现急性子和慢性子特点的语言、动作，练习复述。运用阶段，在原表格基础上，添加语言、动作等关键词，练习复述整个故事，回家复述给爸爸妈妈听。

第二课时：准备阶段，创设情境："邀请某出版社的美术编辑一起将《漏》制作成一本图画书，派班级代表把故事复述给编辑听。"建构阶段，以第6—9自然段为例，学习抓住人物的心理和动作来复述，再小组合作，迁移方法复述其他内容片段。运用阶段，同桌合作复述，选出代表给美编打电话复述故事。

第三课时：准备阶段，创设情境"邀请他人来听你复述"，讨论分享复述时应注意什么，完成复述邀请卡。建构阶段，自主复述，相互复述，分享展示。应用阶段，送复述邀请卡，并完成复述，请听众在卡上勾选评价。

（5）真实性复述任务达成测评

结合单元起始课里提出的真实性任务，组织测评，对学生的复述能力进行评估。

3.单元教学评估

设置真实的评估情境，评估学生复述故事的能力。例如，为丰富学生的校园文化生活，培养学生的语言表达能力和表现能力，开展"校园'复述故事'达人"大赛。

具体评估标准如表9-2。

表9-2　统编小学语文三年级下册"复述故事"单元真实性任务考察指标

等级	等级描述
3.0	能提取故事的主要信息，清楚、完整地复述故事，复述过程中能根据听众表现，调整复述策略
2.0	能提取故事的主要信息，清楚、完整地复述故事
1.0	能根据提取的信息，比较清楚地复述故事
0.0	不能提取信息，不能复述故事

正如威金斯所言:"学校教育的目标是使学生在真实世界能得心应手地生活。"学生若能清楚地知道自己学的是什么,理解所学知识技能之间的内在联系,并能在真实的生活中加以运用,能熟练地应对核心任务中的真实挑战,那学习必将是愉悦而有意义的。

以上是我对"大概念"视角下开展单元整组教学、落实单元语文要素的一些粗浅思考,敬请各位专家与老师指正。谢谢!

(说课者:曹爱卫)

第六节　五年级自选文本《朋友》说课稿

[教研主题]

　　指向高阶思维的阅读教学

[教研目的]

　　赵镜中教授指出，阅读有三个目的：一是培养独立阅读的能力；二是练习批判和思维的能力；三是形成阅读品位和策略。反省当前的阅读课堂，又有多少课堂真正在为提升学生的阅读力而教？本次教研，我们期待有更多的老师一起参与讨论、尝试阅读课堂的变革。

[选文再现]

朋　友

　　在意大利，有一个名叫皮斯阿司的年轻人触犯了国王。皮斯阿司被判绞刑，在法定的日子里将被无辜处死。

　　皮斯阿司是个孝子，在临死之前，他恳求能和远在千里之外的母亲见上最后一面，以表达他对母亲的歉意，因为他不能为母亲养老送终了。他的这一要求告知了国王。国王感其诚孝，决定让皮斯阿司回家与母亲相见，但条件是，皮斯阿斯必须找一个人来替他坐牢，否则他的这一愿望只能是镜中花，水中月。这是一个看似简单其实几乎不可能实现的条件。有谁肯冒着被杀头的危险替别人坐牢，这岂不是自寻死路吗？但，茫茫人海，就有一个人不怕死，而且真的愿意替别人坐牢，他就是皮斯阿司的朋友——达蒙。

　　达蒙住进牢房以后，皮斯阿司回家与母亲诀别。人们都静静地看着事态的发展。日子如水，皮斯阿司一去不回头。眼看刑期在即，可皮斯阿司仍然没有回来的迹象。一时间，人们议论纷纷，都说达蒙上了皮斯阿司的当。

行刑日是个雨天，当达蒙被押赴刑场之时，围观的人很多，有的同情他的遭遇，有的嘲笑他的愚蠢，说他愚不可及。但，刑车上的达蒙，抬着头，挺着胸，不但面无惧色，反而洋溢着慷慨赴死的豪情。

追魂炮被点燃了，绞索已经挂在了达蒙的脖子上，一些胆小的人早已吓得紧闭双眼，他们在内心深处为达蒙深深地惋惜，并痛恨那个出卖朋友的小人皮斯阿司。但，就在这千钧一发之际，在淋漓的风雨中，皮斯阿司飞奔而来，他高喊着："我回来了！我回来了！"

（以下是课尾呈现内容）

这真是人世间最感人的一幕。大多数人都以为自己在梦中，但事实不容怀疑。

这个消息很快传到国王的耳中，国王不相信，他亲赴刑场，要看一看自己优秀的子民。

最终，国王万分喜悦地为皮斯阿司松了绑，并亲口赦免了他的罪行。

[说课主题]

为培养阅读力而教

各位专家、老师：

大家好！我今天说课的内容是五年级自选文本《朋友》。为什么要选这个文本进入课堂学习呢？我想先和大家分享自己对《朋友》这一文本的解读及选文思考。

一、文本教学解读

《朋友》是一篇课外选文，讲一个叫皮斯阿司的年轻人触犯了国王，将被无辜处死。临死前，恳求能回家和母亲诀别，国王答应了他的请求，但同时提出了一个几乎不可能实现的条件——找一个人替他坐牢。朋友达蒙挺身而出，冒死替代，皮斯阿司回家看望母亲。日子如水，皮斯阿司却一去不回头，大家都以为达蒙上了皮斯阿斯的当。达蒙被押赴刑场，在行刑的前一刻，皮斯阿司飞奔回来，替下达蒙。国王深受感动，亲口赦免了他们。故事按照事情的起因、经过、结果三个部分层层展开，旁观者的议论和猜测，更反衬出皮斯阿司和达蒙之间的友情。

小学高段的学生，对道德知识，从比较肤浅的、表面的理解逐步过渡到比较精确的、本质的理解。在对道德品质的评价上，从只注意行为的效果逐步过渡到比较全面地考虑动机和效果的统一关系。

就"朋友"这一概念来说，高年级的学生，不会简单地利用一些外在的行为本身，如"他今天给了我吃的""他陪我打球了"等来判断友情的深浅，而会进一步思考行为背后的原因是什么，目的指向是什么。在这个心理阶段，和孩子一起阅读、讨论关于"朋友"话题的文章，是他们接受与欢迎的。"朋友"主题，贴近学生的内心，阅读时，更容易引发先备知识的启动，学生自然而然会带着已有的知识和经验去理解文本的主旨，并且容易把文本和自己以前阅读过的与友情相关的书籍、和自己的生活实际等自然联结，扩展和丰富"朋友"的概念。

再者，《朋友》这一文本，篇幅不长，人物不多，但每个人都直指读者的内心——我们的心中不也经常会有"这些人"在来回走动，指挥着我们的言谈举止吗？有时我们会像国王一样霸道，也会像他一样被真善美感动；有时我们像旁观者那样，没有对事物有过亲身的体验，但却喜欢在边上说三道四，随意指责……对这些人物的阅读反应又会如何？给予批判或赞赏的缘由又是什么？

还有，难道国王就可以任意地处死一个无辜百姓吗？当时的制度是怎样的？如果在法治社会，国王的行为被允许吗？这些问题，会促进学生不断地深入思考。

最后，文章的架构，也给课堂教学提供了多元组织的无限可能。比如，把结尾隐去，让学生根据前期阅读，推测事情的结果；又如，通过提问，让学生自己随着问题,反复读文章,直面文章语言,在语言深处,寻找关于"友情""专制"等概念的答案。

对文本语言形式、内容及内涵的理解,对一个已经学会阅读的人来说,自然是没有太大难度,很自然能发现语言形式中的秘密,能联结生活实际,联结自己的内心世界,产生丰富的阅读反应。但是,对于刚刚学习阅读的小学生来说,有很多地方,凭他们的能力是难以自行读懂的。

这样一个贴近学生心理,又能诱发他们深入思考的文本,用作教学生阅读,优化学生阅读策略的教学材料,是最适切不过的。

二、教学目标制订

①通过画人物关系图的方式,了解《朋友》这一故事的梗概。

②通过问题讨论,增进对"朋友"主旨的理解;通过抓故事节点、画情节线等方法领悟故事讲述的关键。

③通过开头与结尾的对比读、提供相关阅读资料等,引导学生结合现实生活,发表对"法治"的个性见解,探寻文本隐含的主旨。

三、教学程序设计

《朋友》这一课是怎么开展教学的呢?主要分成以下几个板块:一是课前谈话,唤醒已知;二是检索信息,了解梗概;三是推论联结,领悟内涵;四是多元审读,发表个性观点。

下面,我分板块进行具体解说。

(一)课前谈话,唤醒已知

上课前,让学生说说自己走过的这十二三年的生命旅程中,谁是自己的好朋友,能成为好朋友的原因是什么。如果暂时觉得还没有最要好的朋友,也可以谈谈自己想和什么样的人交朋友。

有学生会根据共同的爱好来说。如他们有共同的爱好——看书。我就可引导,共读一本书,彼此分享感受和体会,其实是共同经历了一段美好的旅程。有共同志趣的人,友情往往会非常稳固,能一起走得更远,建议他们好好珍惜这段友情。

有学生会根据性格相似点来说。如两个人性子都很直,一方有什么不对的,另一方会毫不留情地指出来,并督促他改正。这是诤友啊!生命中有这样的朋友陪伴在身边,能让我们少犯很多错误呢。

网络时代,有学生或许会说自己的好朋友是某位网友。我们不必感到诧异,要追问为什么这位网友能成为他的好朋友。或许学生会说出很多令人信服的理由,比如学习很好,有不懂的问题,网友都会耐心地帮助解答。但同时,也要给学生建议,要控制上网时间,眼睛还在发育期,要好好保护。

……………

从学生的交流中,我可以看出,五年级学生对朋友的界定,已经从外在的物质需求转到了内在的精神需要,追求朋友间思想情感上的共鸣。我此时可以做一个小结,如:"同学们,我们都有自己的朋友,有的朋友真诚,有的朋友善良,有的和你有共同的爱好……这些都是我们真实人生的体验和感受。相信随着我们年龄的增长,阅历的不断丰富,对'朋友'会有更深的理解,对自己想交什么样的朋友也会有越来越清楚的认识。"为走进今天的学习内容做好铺垫。

(二)检索信息,了解梗概

课前,我给学生布置一个思考作业:课文中的主要人物是谁?次要人物有哪些?他们之间分别发生了什么事,用一两个关键词来表述,并画出"人物关系图"。

课堂上,先请学生上台来展示自己画的"人物关系图",并做解说。学生的"人物关系图"一般会如图9-7所示。

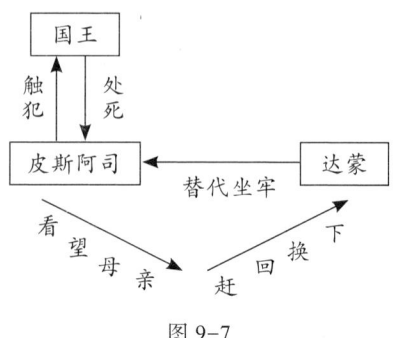

图9-7

对于图 9-7，学生一般会这样解说：一个名叫皮斯阿司的年轻人触犯了国王，将被无辜处死。临死前，皮斯阿司想去见母亲最后一面。皮斯阿司回去看望母亲，达蒙代替他坐牢。日子流逝，到了行刑日，皮斯阿司还是没有回来。达蒙被押赴刑场，就在行刑的前一刻，皮斯阿司赶了回来，换下了达蒙。

显然，这样的关系图和表述，都还有改进的空间。我可以追问学生，谁能提提建议，把这个关系图画得更准确些，表述得更清楚些。学生从关系图中人物的位置、表述事情准确性等方面共同修正，我此时要及时肯定和表扬学生，如"能抓住重点，不落下关键条件""注意人物事件之间的逻辑层次"等。通过交流更正，形成如图 9-8 所示的人物关系图。

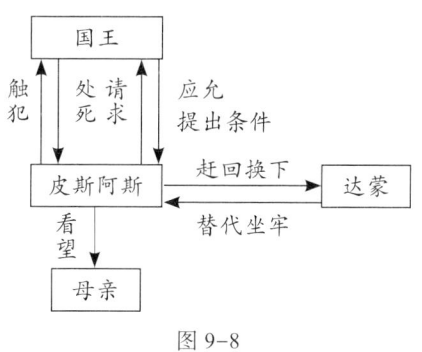

图 9-8

这是对课文内容的一个简单统整。作业只有一项，但完成作业的过程中，学生需要运用多项阅读策略。如"启动先备知识策略"，学生画出的人物关系图不同，正说明了他们在阅读文本时，是都带着已有的知识和经验去理解，初次阅读时，每个人文本理解和建构意义不同，画出的关系图也会有差异。再如，"建立联结策略"，学生在画人物关系图时，已然把书中的人物、事情进行了文本内部的联结。要用关键词概括出人物之间的关系，必须采用"找出重点策略"……一项作业，涉及多项策略的运用。学生在画人物关系图的时候，未必考虑到自己要用怎样的阅读策略来完成，我在点拨评价中，让学生体会到阅读是有方法的，阅读策略是可以这样运用的。

（三）推论联结，领悟内涵

"提问题策略"和"推论策略"是推动深入阅读的两大关键策略。这点，东西方观点完全相同，我国宋朝朱熹有名言，"学贵有疑，小疑则小进，大疑则大进"。

学生预习文章后，自然会发现有些地方读不懂或有疑问，需要进一步交流和讨论。我建议学生把他们最想和同学进一步讨论和探究的问题罗列出来，然后，把全班同学提出的问题进行整理和归纳，最集中的问题在课堂深入讨论。

经过试教统计，"为什么达蒙甘愿替皮斯阿司坐牢，而且临刑前面无惧色，反而洋溢着慷慨赴死的豪情？"是萦绕在孩子心头的主问题，试教班级共32人，有29人提出。

事实上，这个问题也是解开其他问题的一把万能钥匙。这个问题解决了，其他诸如"皮斯阿司明明可以借机逃生，为什么还要在最后关头赶回来受死？""国王为什么虽然让皮斯阿司回去探望母亲，可却又提出几乎不可能实现的条件？""为什么国王要找一个人来替他坐牢，他有什么意图？"等零零散散的问题也就迎刃而解了。

毫无疑问，这个问题应该被列为课堂讨论的主话题。我可以引导学生从这些语句中读出达蒙为朋友心甘情愿、赴汤蹈火的坚毅：

皮斯阿司触犯国王无辜处死的语句。皮斯阿司只是触犯国王，并没有触犯法律，被国王判处绞刑，实在是很"无辜"的，一个年轻的生命就这样将被处死，实在是让人心痛。

皮斯阿司死前牵挂母亲，要与母亲诀别的语句。可以看出，皮斯阿司是一个很孝顺的人，临死前想到的是自己的母亲，唯一的愿望是与母亲诀别，这样的孝子，是值得帮助的。

皮斯阿司冒雨赶回的语句。皮斯阿司明明可以不再回来，这样他就可以和母亲一起生活，给母亲养老送终，但是他很守信，在最后一刻赶回来替回达蒙，承担起自己的责任。这样的朋友是值得达蒙为他赴汤蹈火的。

达蒙愿意主动替他坐牢的语句。可以看出,达蒙对皮斯阿司非常信任,相信不管在什么情况下,皮斯阿司都会和自己一样,不会撒下对方不管。彼此之间,有着坚不可摧的信任。

这种基于文本本身的解读有错吗?当然没有错!

但从阅读"是为了增强自我,了解自我的真正利益"(美国哈罗德·布鲁姆)这个角度说,把阅读置于自己的生命之外,应该算是一种虚假的阅读。这样的阅读对人心灵的触动和成长会有多大意义呢?通过阅读,学生对友情、对朋友的理解到底有没有真正的生长?走出课堂,学生真的能像课堂里所言,对朋友如此信任和无私吗?

教学必须把话题深入,把学生内心真实的想法"逼迫"出来。

我问学生:"同学们,刚才的阅读,从语言文字中,我们见证了达蒙和皮斯阿司之间深厚的友情。但我也在想,生命只有一次,人死了,不可能复生。如果达蒙真的被绞死了,那他就再也看不到这个美丽的世界了,再也见不到自己的朋友了,再也不能去做各种有趣的事了。你们觉得,临死前那一刻,达蒙真的就是那么心甘情愿、无怨无悔吗?"

在这个问题里,学生必须有自己的判断和意见,而这种判断和意见并没有绝对的、正确的标准。我让学生先不急着回答,再次默默地读课文。等大家读得差不多了,请学生用举手的方式表明自己的观点。从试教结果看,"死而无怨"和"死而有怨"几乎各占一半。而且不少孩子,随着话题的深入,观点出现了摇摆,甚至是改变。选取试教中的一个对话片段,反映学生对友情、对生命的体认。

袁桓(死而无怨):我从课文第4自然段中读出,达蒙是死而无怨的(生读第4自然段)。如果达蒙死而有怨,这时候留给达蒙的时间已经不多了,马上就要行刑了,如果有怨,达蒙应该是后悔,皮斯阿司这么不讲信用!可是,大家看,刑车上的达蒙是"抬着头,挺着胸,不但面无惧色,反而洋溢着慷慨赴死的豪情"。达蒙此时心里肯定在想皮斯阿司没有及时赶回来,一定有他的原因。如果他是为了能在老母亲身边，给她养老才不回来的，那用我的死换来皮斯阿司一家的幸福和快乐，是值得的！

老师：袁桓还是认为达蒙至死都对朋友深信不疑，想着朋友未能及时赶回是有迫不得已的苦衷的。谁有不同意见？

叶心怡（死而有怨）：我找到的那句话和袁桓是同一句。但我读出的是：达蒙是死而有怨的。因为刑车上的达蒙在赴刑场的路上还是那么相信他的朋友，相信他能赶回来，所以他是"抬着头，挺着胸，不但面无惧色，反而洋溢着慷慨赴死的豪情"。但同学们想象一下，那么信任朋友的达蒙，如果皮斯阿司没有及时赶回，达蒙肯定会为朋友的不讲诚信而怨恨。因为前面达蒙只是代替他坐牢，没有说代替他去死。

袁桓：文章前面是没有说达蒙愿意代替皮斯阿司去死，但是他应该有心理准备的，因为茫茫人海没有一个人敢去，达蒙却敢去，说明他是不怕死的。

叶心怡：这只能证明达蒙对朋友的信任，相信朋友会说到做到——代替坐牢就是代替坐牢。

（袁桓一时不知该如何应对）

老师：袁桓，听了叶心怡的观点，你有什么想补充的？

袁桓：我觉得她的观点也有道理。毕竟被朋友欺骗，在感情上是很难接受的，更何况，这一次是以自己的生命为代价的。或许达蒙也会死而有怨，那样的话，他应该会想：反正我要被处死，走出监牢没有希望了，如果自己死了，皮斯阿司就不会死。这样想着，找点心理安慰吧！

老师：你的意思是说，达蒙会想，以我的死换来朋友的生和朋友一家的幸福生活，也是值得的，是吗？

袁桓：嗯——没办法的时候自我安慰吧，他应该是有一点怨气的。比较纠结，毕竟生命只有一次。

课堂讨论推动着学生对友情、对生命的深入思考，阅读不再浮在文字的浅表，而是透过文字，直抵内心。这种触动心灵的阅读，虽然没有统一的标准答案，但要相信，留在学生生命里的印迹，比考试得 100 分会更深刻，更难以磨灭。这样的阅读体验，也势必会影响他们今后的阅读——把文本和生活世界、和自己的精神世界紧密地联结，通过阅读，形成自己判断的能力。

借着问题，引领学生根据文本信息进行推论，引导学生从提问中启动思考与想象，并联结生活经验与知识背景，对文章做合理的推测与联想，这样就能由外而内，从情节进入思维探究与感受共鸣，这也是让阅读从走马观花发展为心智活动的关键能力。

（四）多元审读，发表个性观点

学生对皮斯阿司和达蒙之间友情的认识，不再是单一的、符号式的，融入了自己的情感。在这样的感情驱动下，他们会对故事结局有着各自的期待。

我呈现给学生的文本中，故事到皮斯阿司赶到刑场就结束了，接下去故事会怎么发展呢？我让学生根据自己对皮斯阿司和达蒙的了解，对朋友的理解，进行推论，创写一个属于自己的故事结局。或许，有的学生会写皮斯阿司替回达蒙，了无遗憾，奔赴天国；有的学生会写达蒙为了让皮斯阿司可以照顾他的母亲，毅然代替朋友赴死；也有的学生不忍心有如此悲惨的结局，指责苍天，为何如此不厚待那些真诚善良的人……

交流学生续编的故事时，作为课堂的主导者，我万万不可从道德角度去评判和指导他们该如何，该怎样。生命只有一次，谁都珍惜，伟大的友情是否一定要超越生死？我没有权利为学生下定义，这种问题的答案需要学生自己用一辈子去寻找。也许，耗尽一生，也未必能找到。我们只有听从自己的内心，才会让人生少一些遗憾。

学生交流后，我问他们想不想看看作者写的故事结局。学生自然是想的。我出示了文章最后三个段落。学生默读，沉思。我请他们谈谈对结局的看法。有学生认为这个国王还是蛮仁慈的，知道自己错了，能够解下威严的外衣，当众改正，了不起；有学生认为，这个国王虽然是知错就改，但是做事未免太随心所欲,如果没有达蒙这样的朋友,皮斯阿司就会被无辜处死,滥杀无辜,怎能服众;有学生认为,国王有这样的行为,主要是法制不健全,如果有一套完整的法律,国王就不会犯这样的错误……

如果说,一个文本的阅读,读者和主要人物对话,是沿着正门进入房子,那作品中的其他人物,就是为读者打开的一扇扇窗,透过这一个个窗口,学生还可以看到房子里不一样的景致。

对国王的品读,就如为学生打开了一扇重读《朋友》的窗口,学生从人性、社会制度等方面审视国王的行为。虽说观点尚显稚嫩,但是,民主、公平、法治等意识和概念已见雏形。这样的阅读联结,打通了学生与文本、学生与自我、学生与社会的通道。学生在审视和内省中,不断地发展自我、完善自我。

四、教学亮点

以上是《朋友》一课的选文原由、目标制订和教学过程的阐述,通过试教,有几点心得和大家交流分享。

1. 选文要求:符合学生的身心发展规律或语言学习规律

现在,语文学习不再是围绕应试,而是以促进学生全面发展,实现学科育人为价值导向。一本教科书也不是学生学习的所有内容,我们必须根据学生的身心发展规律和语言学习规律,有针对性地选择一些优秀的文本进入课堂,在共读中,实现语言和精神的成长。

2. 学教方式:借助主问题支架实现学习难点突破

传统教学往往以师问生答,琐碎分析的方式推进,学生被动学习,被动思考。本节课借助问题支架,一个板块围绕一个主问题展开学习过程,学生在阅读、思考、辩论等学习活动中不断提高自己的认知能力和思辨能力,学习路径清晰又可自我监控,学习也就比较有成效。

3. 育人价值:为走向真实的生活而阅读

本文是一篇自选文章,主题是即将进入青春期学生最关心的"朋友",对学生的现实生活具有很强的指导意义。通过本课的学习,学生真正在思考"什么是真正的朋友",从深层次思考"朋友"的内涵。借助对"朋友"的讨论,去观照更多的社会现象和社会问题,从而使阅读从文本走向生活。

以上是我对自选文本教学的思考与实践,敬请各位专家与老师指正。谢谢!

(说课者:曹爱卫)

第七节 六年级阅读课《我的伯父鲁迅先生》说课稿

[教研主题]

阅读教学中小组合作学习的有效性

[教研目的]

提高学生学习积极性与课堂学习效率,培养学生团结合作精神与交流合作能力,高效的小组合作学习是一种行之有效的学习方式。

反观目前小组合作学习阅读课堂,或多或少会有一些流于形式、班级参与度不高、学生进行深度学习时间有限、教学内容与语文要素落实不到位的现象。本次教研,期待有更多的老师一起讨论并优化基于高效小组合作学习的阅读教学课堂。

[说课主题]

基于高效小组合作学习的长文阅读教学

各位专家、老师:

大家好!我今天说课的内容是统编小学语文六年级上册第八单元《我的伯父鲁迅先生》。我将从"文本教学解读""学生学情分析""教学目标制订""优化学习方式""教学程序设计""教学亮点"六个方面展开说课。

一、文本教学解读

本单元以"走近鲁迅"为人文主题,将"借助相关资料,理解课文主要内容"和"通过事情写一个人,表达出自己的情感"作为语文要素。本单元的四篇课文中,前两篇为精读课文,是鲁迅写的文章;后两篇为略读课文,一篇是鲁迅侄女周晔写的回忆性散文《我的伯父鲁迅先生》,另一篇是当代诗人臧克家写的现代诗。编排目的是从不同视角呈现鲁迅,让学生初步体会其人物形象,感受其精神境界,了解其文学成就。

本文是周晔在其伯父鲁迅逝世九周年时，回忆记叙了关于鲁迅的六件事情，借以怀念与赞颂鲁迅的文章。通过阅读提示可知，本课学习中学生要通过快速默读课文，概括出文中各个事件的小标题，体会作者对鲁迅的敬爱和对鲁迅逝世的悲痛感情，结合课外资料，进一步感悟鲁迅的人物形象。

首先，作为略读课文，本课又是一篇较长的文章，在篇章结构上，编者析出"深受爱戴""趣谈水浒""笑说碰壁""乐放花筒""救助车夫""关心女佣"六件事例，采用了"隔行分段"的方式，在一定程度上为学生快速理清事例并准确概括小标题节省了时间。

其次，根据阅读提示的要求，通过默读课文将六件事的大致内容理清，并用小标题概括；要让学生自主研读后，小组交流，抓住关键词句，体会每件事中的人物形象和作者的情感再进行汇报；还要补充课外资料来理解较难理解的句子。在一节课中落实这些教学内容，时间是非常紧迫的，甚至会导致学生只是将课文内容粗略了解，对作者情感的体会也不尽深刻，而对鲁迅人物形象的分析更只是停留在本单元前两课的了解与认识上，也就无法更深入地落实本单元的语文要素。

再者，面对这样一篇长文，在理解几件关于鲁迅事例的基础上，学生能够从中体会鲁迅治学严谨、关爱晚辈、乐观幽默、顽强斗争、追求美好、忧国忧民等人物形象和精神境界，也需要教师提供一定的学习支架和进行必要的资料拓展。如学生在理解鼻子"碰壁"时，需要介绍当时的社会背景，理解在当时黑暗社会背景下"碰壁"的深层含义。

因此，在有限课堂时间内真正高效地完成这些重要的教学内容是本节课教学设计的重点。本课教学设计尝试如下：分析教学内容中关于鲁迅先生六件事的人物形象和情感的教学活动，采用小组合作学习，进行详略设计，先由开篇事例"深受爱戴"引发学生思考，小组汇报三件重点事例，再经老师链接到其余两件事例，以提高课堂教学效率。

二、学生学情分析

作为小学与初中的衔接学级,六年级上册编排了"鲁迅单元"。通过一个单元的集中学习,学生能初步感知人物的特点及其作品风格,进而为进入中学进一步学习鲁迅相关文学作品做好铺垫。

但根据学生的心理特点和认知规律,除极个别喜好文学作品,涉猎较多文学作品的学生对本单元鲁迅生平及其作品有所了解外,大部分六年级学生对鲁迅及其生活的年代了解不多,生活体验更是甚少,且此类相关性作品具有深刻的思想性,文中很多细节更是蕴含深意。因此,学生在阅读课文时缺乏人物和社会代入感,这使学生对部分内容难以读懂,加大理解难度。而六年级学生在查阅、搜集、整理资料上已具备一定能力,可以借此拓展资料,加深学习理解。

教学时,在教师的指导下,学生要从多方面、多视角进行研读;带着问题,运用已经学会的阅读方法,将前三篇课文的学习经验迁移运用到本节课学习中,并进行高效的自主—合作—探究式学习。进一步激发学生阅读现当代文学作品的兴趣,在阅读过程中提高阅读能力,落实本单元语文要素与本课教学目标。

三、教学目标制订

基于以上对教材的解读及对学情的分析,制订本节课教学目标如下:

①通过浏览、默读等方式理解课文大致内容。

②借助列出相关鲁迅几件事的小标题,培养学生梳理概括文章的阅读能力。

③通过高效小组合作学习(学习单学习、整组汇报等)研究重点事例,链接其余事例与相关资料,体会鲁迅人物精神与形象。

本课教学重点为通过学生自主研读后小组交流,抓住关键词句,体会每件事中的人物形象和作者的情感,完成学习单,进行汇报;通过补充课外资料来理解难词难句的小组合作学习,体会鲁迅人物精神与形象。教学难点为通过小组合作学习来合理、高效地达成预期教学目标。

四、优化学习方式

根据单元选篇与本文文本特点,教师在教学时,指导学生采用多种学习方式。

1. 借助预习单预习课文,学习基础字词,大致理解课文内容

课前整理好学生难读难写难理解的字词,课堂进行巩固指导;借助预习单上主问题"课文写了关于鲁迅先生的哪几件事",帮助学生梳理事例,把握课文主要内容,也为后面给事例列小标题做好铺垫。

2. 通过自列小标题,学生进行课堂个别自主学习

高效小组合作学习的基础一定是每个学生对文本都能具备基本的掌握和一定程度上个性化的理解。所以,给予每位学生充分的自主学习时间是非常必要的,再根据学习能力的程度,适当调整问题的数量或问题的难易。本课学习中,学生通过自主浏览课文,默读课文,结合课堂作业本,完成小标题的命名;交流分享,比对选优,确定小标题。以此进一步熟悉与理解课文内容,为下一学习活动打好基础。

3. 以学习单为学习支架,小组合作学习,分享汇报

根据五件事例分别设计五张独立学习单,多件事例,无法面面俱全俱深,就借助一件事例的独立学习单重点合作研读与学习。先自主思考并在课本上进行批注,完成后小组讨论,记录,汇报与补充,各司其职。学习进度较快的小组可挑战更多的事例研读,以提高学生学习的积极性,提高课堂效率。

4. 拓展相关课外资料,班内交流,深化学习理解

六年级学生在查阅、搜集、整理资料上,已具备一定能力。本单元的教学重点是"借助相关资料,理解课文主要内容",这就要求在本课的课堂学习前,学生要查阅并整理关于鲁迅生平及当时社会背景的相关资料,并简要呈现出来,以便于在课堂学习时,能运用这些课外资料解决教学中遇到的相关学习问题。这除了使学生对鲁迅人物形象和精神有更清楚的认识与理解外,也是对已掌握的学习方法进一步的巩固和深化。当然,教

师也要提前筛选与准备好学生课前整理的资料,以减少课堂上的资料筛选整理时间,提高课堂效率。

五、教学程序设计

我将本课教学设计为以下几个板块:一是课题导入,知逝世;二是概括事件,列标题;三是小组合作,知形象;四是拓展延伸,识鲁迅。下面,我将分板块进行具体解说。

(一)课题导入,知逝世

正确、流畅地朗读是理解的基础和前提。我先出示整理学生完成的预习单中难读的词语"追悼""吊唁""硼酸""敷药""绷带",结合语句,进行朗读正音。齐读课题,引导学生发现作者在称谓上除了"伯父",还有"先生",体会作者对鲁迅深深的敬爱之情。

学习作者的写作是语文课堂阅读教学中所应有之技。让学生快速浏览课文,发现本文篇章结构上的特点——隔行成段,每一部分介绍一件事,提示学生在写作上可以借鉴这样的写法。

最后一个小环节,我请学生反馈预习单中关于第一件事的概括,并追问:"作者周晔在这场追悼会中最想了解的是什么?"至此,学生会带着"众人为何对鲁迅如此爱戴"的问题默读后文,走进鲁迅生前的故事。

(二)概括事件,列标题

首先,我先请学生带着问题默读课文,并在文中做批注圈画,再次熟悉文本,引导他们进一步整体感知课文内容。结合课堂作业本范例小标题"趣谈水浒",在预习单中已完成的几件事的描述中概括小标题,批注在隔行处。可做简单提示,在概括小标题时,要注意简洁明了、突出重点、做了什么事情(图9-9)。

> **学习活动**
>
> 默读课文第2至27自然段,思考:
>
> 文章讲述了鲁迅先生生前的哪几件事?仿照课堂作业本上第2件事例的小标题"趣谈水浒",在书上给每件事情加小标题。

图 9-9

接着,学生自主交流反馈。同时,明确在概括小标题时,意思相近即可,如果认为其他同学概括得比自己更适合,则自行修改。最终,确定其余事例小标题为"笑说碰壁""乐放花筒""救助车夫""关心女佣"。

(三)小组合作,知形象

第一步,我以"回顾单元学习要求,提示通过事情写一个人,表现自己的情感。通过本课中周晔写下的这几件事,我们会看到一位怎样的鲁迅先生呢?我们又能体会到作者想要表达怎样的情感呢?"为引,激发学生的求知欲。

第二步,我会出示小组合作学习流程(图9-10)。启发学生习作有详略,我们的课堂上有限时间内的学习内容也要有详略。小组讨论确定,从"趣谈水浒""笑说碰壁""救助车夫"三件事例中选出最感兴趣的一件来重点研读。

> **小组合作学习流程**
>
> 1.小组确定重点研读事例。(20秒内完成)
>
> 2.自主研读,进行批注。(3分钟内完成,借助关键语句,在书上圈画或批注关键词:鲁迅是一位_____的人?)
>
> 3.小组交流,填写学习单。(3分钟内完成,提前完成后举手向老师示意,该小组可挑战新的学习单进行下一件事的研读)

图 9-10

第三步，自主学习与小组合作学习相结合，完成学习单。

我出示学习单与小组合作注意事项（图 9-11），学生学习。

"鲁迅是一位怎样的人？"
——小组合作学习

研究事件（从《课堂作业本》小标题中选择）		
我们的发现与思考	画出关键句摘录关键词	
	由此，我们读出了一位（　　　）的鲁迅先生。	
	☆☆我们感受到了作者（　　　）的感情。	
	我们的疑惑（选做）	

小组合作注意事项：
1. 分工明确，人人参与。
2. 意见不同时，个人意见先保留。
3. 完成后举手示意，可挑战新的学习单进行下一件事的研读。

图 9-11

我根据各小组学习能力的差异性，除了普适性学习单，还设计了针对不同事例的个性化挑战题（图 9-12），适时让学生深入思考与研读，加深对该事例所要表现的人物形象和精神的理解。

挑战："趣谈水浒"
1. "我"是怎么读书的？（用文中的两个词概括）我们能根据课文内容理解这两个词的意思吗？
2. 从"哈哈！还是我的记性好！"这句话中，我们感受到鲁迅读书的态度是怎样的？

挑战："笑谈碰壁"
1. 鲁迅真的是在指"自己的鼻子碰到墙壁上"吗？
2. 四周为什么黑洞洞的？

挑战："救助车夫"
1. 我们能用几个词语来形容黄包车夫或他的生活处境吗？
2. 看到黄包车夫，鲁迅脸上为什么会变得那么严肃？他在为谁叹气？
3. 他可能在想些什么？

图 9-12

此外，一件事例的学习单和挑战题都完成的小组可继续挑战新的事例研读。这也是为学有余力的学生提供更多的学习内容，深化这部分学生的理解。

第四步，全班交流分享，以小组为单位汇报主问题"鲁迅是一个怎样的人"。

"趣谈水浒"小组汇报

（整组上台汇报，1人主讲，1人投影，其余成员补充）

汇报预设：关爱晚辈、治学严谨

小组汇报后，我再向其余同学追问：你们同意吗？对于关爱晚辈、治学严谨的鲁迅有补充吗？回放课文批注，"我"之前是怎么读书的？文中的两个词——囫囵吞枣、张冠李戴。而鲁迅委婉地告诫"我"，说明他对读书学习的态度是很严谨的，他希望作为晚辈的"我"认真仔细，养成良好的读书习惯，也看出他是一位十分关爱晚辈的人。（学生将关键词写在对应小标题下）

"笑说碰壁"小组汇报

汇报预设：幽默乐观、敢于抨击黑暗的旧社会、顽强的斗争精神

小组汇报后，我再向其余同学追问：听到这儿，你有疑问吗？再进行师生合作朗读，我读"我"的话，学生读鲁迅的话："可是到了后来，碰了几次壁……在座的人都哈哈大笑起来。"

接着，存疑：这里的"碰壁"真的指的是鼻子碰到了墙上吗？为什么"四周黑洞洞的"？请学生补充当时社会背景资料（投影资料）。请一位本组外的同学读，其他同学认真听，启发学生对"碰壁"和"黑洞洞"新的理解："四周黑洞洞"指的是社会黑暗，"碰壁"指的是鲁迅受到打压和挫折。

引导学生小结，鲁迅面对这样黑暗的势力，随时有可能发生生命危险，他却还能"笑说碰壁"，难怪我们读到了一位幽默乐观、敢于抨击黑暗的旧社会、具有顽强斗争精神的鲁迅先生。（学生将关键词写在对应小标题下）

"救助车夫"小组汇报

汇报预设：善良、关心底层劳动人民、忧心百姓、忧心国家

学生从鲁迅救助车夫的过程中，"半跪着"等动作细节感受到车夫生

活艰难，而鲁迅是一位善良的人。出示相关语句，学生通过朗读，进一步体会情感。

诱发思考：在这件事例中，作者想表达的仅是鲁迅对一位车夫的关心吗？引导学生深入关注到当时无数像这样处在水深火热之中的社会底层劳动人民。因势拓展名句："横眉冷对千夫指，俯首甘为孺子牛。"

链接事例"关心女佣"与"乐放花筒"

在学生以小组合作学习的方式重点研读与交流了前三件事例后，其余两件事例的简要体会将由我引导与启发，以快速把握重点，提高课堂效率。

我先引发学生思考：文中还写到一位女佣阿三（出示文中关于女佣的情况介绍），同样是可怜的底层百姓。为何要选择两个事例来写呢？这是为了体现鲁迅先生什么品质？默读此事例，从文中画出相关语句。当他看到饱经风霜的黄包车夫时（出示语句），启发学生理解鲁迅是在为黄包车夫、女佣、底层劳动人民、身处于黑暗社会的所有中国人而叹气与忧虑。至此，学生体悟鲁迅善良、关心底层劳动人民、忧心百姓、忧心国家的人物形象也就水到渠成了。

再让学生聚焦救助车夫后，鲁迅"不再有那种慈祥愉快的神情了"的神态描写，链接到在"乐放花筒"中他有过慈祥愉快的神情。学生快速阅读最后一件事例，体会鲁迅这样的伟人率真、慈祥的一面。

在这样的学习情境下，我将学生的思绪拉回到课文最开始的追悼会上，再次感受作者的心情。"周晔明白了伯父受众人爱戴的原因，我们也能感受到了周晔心情的（悲痛），于是，我——"在我的引读下，请学生入情入境入感地朗读语句："我呆呆地望着来来往往吊唁的人，想到我永远见不到伯父的面了，听不到他的声音了，也得不到他的爱抚了，泪珠就一滴一滴地掉下来。"

小学语文教学中，提升学生的语文素养，朗读作为重要途径之一，教师要创设恰当的朗读情境,为学生营造浓厚的朗读氛围。通过以上教学活动的实施,学生对鲁迅忧国忧民、善良可亲、顽强乐观的人物形象会有更丰富的情感体会。

(四)拓展延伸,识鲁迅

作为略读课文,在教师的指导下,学生运用多种学习方法自主学习部分教学内容,启发学生对一位人物的了解、把握、评价,可以是多角度、多途径、多元化的。

因此,在本课学习前,我将从学生搜集关于鲁迅的资料中,筛选补充部分鲁迅文学作品、他人评价、鲁迅名言,整合后出示给学生,自主阅读。让学生多视角更全面地认识鲁迅,也激发学生课后对鲁迅作品的阅读兴趣以及对伟人的崇敬之情。

1. 悼念挽联

笔耕大野,胸怀日月光和热。墨洒长河,夜度春秋慨而慷。

至死无妥协心,百折不挠真勇士。一生反恶势力,万身莫赎此伟人。

2. 萧红《回忆鲁迅先生》与郭沫若《民族的杰作——悼念鲁迅先生》选段

3. 鲁迅名言

(1)只要能培一朵花,就不妨做做会朽的腐草。

(2)惟有民魂是值得宝贵的,惟有它发扬起来,中国才有真进步。

(3)伟大的心胸应表现出这样的气概——用笑脸迎接悲惨厄运,用百倍勇气来应付一切不幸。

4. 鲁迅文学作品

《阿Q正传》《故乡》选文选段。

六、教学亮点

以上是我对《我的伯父鲁迅先生》的说课阐述,通过试教,关于高效小组合作学习,有三点心得与大家分享交流。

（一）改变观念，建立高效小组合作学习的语文课堂

一些传统课堂教学中，教师进行知识的"灌输式"教学，学生的兴趣点和关注度越发低迷，若学生专注度不够，任何先进的教育教学理念与精心的教学活动设计都只是徒劳。不仅师生之间，学生之间也是互动的关系，应有思维的碰撞与交流而非简单的被动学习，以保证学生的学习质量。从学习关系上看，小组合作学习是调动学生学习的积极性与促进学生之间交流的必要途径。从学习方式上看，一些略读课文需要学生自主学习与运用并交流已习得的语文知识，小组合作学习是其重要方式。

但有些课堂中虽有小组学习的形式，却依然存在只是优生课堂，后进生拖着走；课堂气氛看似活跃，实际思维的深度不够；大大增加了过余教学时间等局限。这其实也是没有将小组合作学习的优势充分发挥，劣势因素未提前规避等造成的。小组合作学习的重要性不言而喻，但简单的形式化小组合作学习的弊端又层出不穷。这时，在师生的共同努力下，建立高效小组合作学习的语文课堂成为建设未来优质课堂的必行趋势。

（二）全面改进，优化高效小组合作学习的活动设计

首先，建立高效小组合作学习的语文课堂，并不是完全摒除教师指导，而是由教师精心设计教学活动，全面预设学生学习行为，恰当地把控课堂流程，在学生遇到困惑点时，"点拨引导"，适时启发教学生长点，引导学生自主思考与探究、合作与交流。例如，我在本课教学活动的设计中，未让每个小组将全部事例逐一研读，而是择三选一重点研读，由我在剩下两件事例中选取重要教学点学习，在一定程度上提高了课堂教学效率。

其次，高效小组合作学习中组长与每一位组员职责分工须明确，对小组合作学习流程要熟悉，包括每个环节、每个步骤、每次反馈以及注意事项。这就要求在小组合作学习前，充分设计好小组合作学习的学习流程。根据不同的学习主题与任务，适当调整每次的学习流程，并做好注意事项的提示。在小组合作学习活动中，要想在一节课中顺利地进行所有教学设计的实施，必须要对每个环节、每个学习步骤所用的时间进行预设、计时，甚至还需要预留小部分时间来机动安排，这就对教师预设学情以及课堂把控力提出了更高的要求。

再者，由于小组合作学习中学生汇报的内容与时间都是不可控因素，使得汇报时间可能过长，其他文本内容不够熟悉，以致学习理解不够深入，后续教学活动无法按时进行。所以，学生课前要足够掌握与熟悉文本，形成自己的阅读理解，完成基础性反馈预习单。而课后，在学生已感受到学习知识的乐趣，对相关内容有着更大求知欲时，可以适当给学生补充阅读材料，让其小组自由合作完成也不失为对课堂学习内容的一种有意义拓展。我让学生课后自主阅读鲁迅相关作品并交流分享即基于此目的。

除此以外，学习单的分层设计也尤为重要。高效、有意义的小组合作学习不能仅仅只是简单的问题设计，要对学有余力的学生有更高的要求，给予他们更有价值的挑战题，锻炼他们的能力。而对于一些理解力较弱、速度较慢的学生则要以鼓励的方式，教阅读方法，给予更多的指导与帮助，完成课内较为基础的学习活动。

最后，高效小组合作学习中，教师应关注与保证学生全员参与小组学习及其课堂学习的积极性。学生学习获得的成就感与学习积极性不仅要依靠教师的评奖机制来获得和调动，还需通过其他小组成员的组内监督来实现。而每节小组合作性学习课后，也要借助自评、生评和师评相结合的多对象评价、多角度评价等，来优化小组合作学习，全面激发学生兴趣，小组成员"人人有事做"，都参与小组合作学习、管理与评价。这样，每个学生都具有满满的主人公意识和团队意识，自然而然地就形成了较为高效的小组合作学习课堂，提高课堂效率，也就能实现学生在语文素养上，个体与集体的共同进步与发展。

（三）长期浸润，持续高效小组合作学习的教学实践

学生小组合作学习的素养和能力的提升不是一朝一夕、一蹴而就的，它是在平时教学甚至是每一节语文课堂中逐渐提升的，是一项长期的教育教学工作。教师只有在小组合作学习的长期实践中，真正关注并指导每

个学生的语言表达、语言理解、小组合作与交流等语文实践，才能在学生主体地位真正得以确立的基础下，发挥更大的教育教学价值，建立高效小组合作学习的语文课堂，助力学生更好地提升语文素养与锻炼语文能力。

以上是我对《我的伯父鲁迅先生》一文，关于高效小组合作学习的思考与实践，敬请各位专家与老师指正。谢谢！

（说课者：杨婷　指导者：曹爱卫）

参考文献

[1] 秦忠义，董丞明.说课探索[M].郑州:河南教育出版社，1993.

[2] 丁昌田.核心素养导向的说课[M].天津:天津教育出版社，2018.

[3] 方贤忠.如何说课[M].上海:华东师范大学出版社，2008.

[4] 叶建云、林高明、朱其珠.说课实战训练教程[M].福州:福建教育出版社，2012.

[5] 李秉德.教学论[M].北京:人民教育出版社，1999.

[6] 郑金洲.说课的变革[M].北京:教育科学出版社，2007.

[7] 赵成喜.说课的技巧与艺术[M].长春:东北师范大学出版社，2010.

[8] 谢安平、林高明、邓园生.说课实战训练教程(小学语文卷)[M].福州:福建教育出版社，2013.

[9] 吴忠豪.从教课文到教语文[M].北京:高等教育出版社，2012.

[10] 李海林.言语教学论[M].上海:上海教育出版社，2000.

[11] 谢锡金、林伟业.提升儿童阅读能力到世界前列[M].北京:北京师范大学出版社，2016.

[12] 吴忠豪.小学语文课程与教学[M].北京:中国人民大学出版社，2010.

[13] R.M.加涅.教学设计原理[M].上海:华东师范大学出版社，2014.

[14] 薛法根.为言语智能而教——薛法根与语文组块教学[M].北京:教育科学出版社，2014.

[15] 赵镜中.提升阅读力的教与学[M].台北:万卷楼图书股份有限公司，

2011.

[16] 格兰特·威金斯，杰伊·麦克泰.理解为先模式——单元教学设计指南[M].福州:福建教育出版社，2018.

[17] 林恩·埃里克森，罗伊斯·兰宁.以概念为本的课程与教学:培养核心素养的绝佳实践[M].上海:华东师范大学出版社，2018.

[18] 格兰特·威金斯，杰伊·麦克泰.追求理解的教学设计[M].上海:华东师范大学出版社，2017.

[19] 刘徽."大概念"视角下的单元整体教学构型——兼论素养导向的课堂变革[J].教育研究，2020（6）.

[20] 人民教育出版社,课程教材研究所,小学语文课程教材研究开发中心.义务教育教科书教师教学用书(语文二年级下册)[M].北京:人民教育出版社，2018.

[21] 王宁.核心素养与语文课程[J].人大复印报刊资料.2017年（1）.

[22] 曹爱卫.低年级阅读教学设计策略[J].小学语文教与学,2018（6）.

[23] 第二届全国统编小学语文教科书优质课观摩交流活动.https://www.pep.com.cn/xw/zt/xkzt/xy2020/.

后记

2021年1月20日下午,我正在家里看书,因看得入神,并未留意手机信息。等我放下书卷,发现手机里竟然有不少留言,其中江西教育出版社总编辑桂梅的留言就有5条。

那天下午3:34,桂总编发了三条短信联系我,遗憾的是,我没注意到,没及时回复。4:36,她又联系我,这次留言明确提出了想约我编写《小学语文说课指导》一书,问我是否有兴趣,可是,我还是没注意到,仍没有及时回复。4:42,她再次留言,详细说明了为什么想编写这本书,此刻,我才看见,连忙回复,表达了感谢,只是不知道编写体例、要求等,担心自己不能胜任。

说心里话,自己虽然参与过说课,也指导过年轻老师说课,但是并没有系统地研究过。如果是简单地把现成的说课稿整理成册,意义并不大。因为,一线语文教师看到的只是个案,而不明了"说课是什么""为什么要说课""说课的类型区别在哪里""说课的内容和要求分别是什么"等一些本源性问题。如果编写成书,对这些问题要有最基本的思考。

大概听出了我语气里有些犹豫,桂总编耐心、详细介绍了出版社的想法,并说明,这也是我师父薛法根老师的意思。她说,薛老师认为，交给我来编写，是可以放心的。我知道，师父向桂总编推荐我，是希望我在说课这方面做一个系统的梳理，同时，也促进自己对语文教学有更深入的理解。

我答应了桂总编的约请。当天就着手收集整理关于说课的文献资料，边读边记，边记边思，边思边书，整整半年，几乎未曾停歇。理论部分，我是基于"实用"角度撰写，或许在大家看来，不够严谨成熟，但若能给一线老师的"说课"带来些许启发，也就满足了。实践部分，是结合教学研究的实际，把自己说课和指导青年教师说课的稿子分类呈现，便于一线老师针对性地阅读和实践。

因水平有限，书里难免有不足之处，恳请阅读这本书的您多多批评指正。在此，表示感谢。

当然，这本小书的出版，最该感谢的是总编辑桂梅和师父薛法根，是他们俩的鼓励、督促，让我有了这次学习、提升的机会。感恩。

最后，感谢江西教育出版社为这本书付出努力的所有编辑和工作人员。谢谢大家！

曹爱卫

2021 年 7 月于湘湖人家